张謇自叙传谱辑注

徐乃为　辑注

上海古籍出版社

本书的编辑出版由南通大学学术基金资助

序

徐乃为先生的百万字著作《张謇诗编年校注》是家父绪武公作序的,那是二〇一五年的事,至今才得以由中华书局出版,已经过去了六个年头。当徐先生捧来这部上下两大册书表示对家父的感谢之时,又携来了关于张謇先生另一类著作的一部笺注稿——《张謇自叙传谱辑注》。

先祖张謇先生在漫长人生中的不同时段,有时出于社会之需,有时出于对自己人生的阶段性回顾与感悟,有时出于对历史、对社会的交代,包括因家族变故而撰写的葬礼、祭祀文章,以及编撰族牒、家谱等事项,叙写下不少涉及自己身世及家族成员乃至家世流变的文字;综合这些自叙文章,能展示他一生与家族的大致历史。徐先生细心地搜集整理了这些文章,得正文二十八篇,附录若干篇,并加校勘注释,得字二十余万,形成了又一部校注书稿,命名为《张謇自叙传谱辑注》。其中,《归籍记》、《啬翁自订年谱》、第一次收录的张謇在科考时亲自撰写的家世履历——两份"亲供",以及叙写他父亲、母亲,以及徐夫人的许多重要文章都悉数在册。这些文章均是以"自叙"与"家传"为主旨收录,今合称"自叙传谱",主题明确,内容集中,收录详尽。

这是张謇先生自己的叙述,因此是认知张謇先生人生的最重要、最直接、最可靠的历史文献。

　　阅读这些文章,有一定的难度,譬如《归籍记》,除了文字障碍以外,还涉及科举文化,涉及民风习俗,涉及嗣继寄归,涉及利益恩怨。不作深入的研究与综合,是较难读懂的。再如《啬翁自订年谱》,所载的重要历史事件,对张謇先生来说是亲历,对后人来说就是过往的历史,遥远而陌生:如关于入朝平乱的,关于自己科考的,关于甲午战争、庚子之乱的,关于辛亥革命的,关于南京民国政府、北京北洋政府的,其实就是一部近代史的缩影。人繁事杂,时过境迁,若非对近代史作出深入研究与仔细考察,难以搞清其中林林总总的细节。

　　就是两份简单的"亲供",所涉的教师分别有二十七人与三十三人之多。第一份中,把老师分为授业师、受知师,而第二份中则分为授业师、受知师、肆业师,其他文章中,还多出一个"问业师"来,这是什么缘故?科举时代的老师究竟有怎样的特点?为什么翁同龢、潘祖荫、盛昱、夏同善、孙云锦、吴长庆、李小湖、张裕钊等高官硕儒都成了张謇的老师?我们看了这本书,就能了解个中因由。而张謇先生之所以成为中国近代史上一个重要的政治家、实业家、教育家、学问家、诗人,也就不难理解了——那就是:张謇求学的转益多师、张謇历练的艰苦卓绝正是他成才的重要条件。

　　徐先生的注释,在一些关键疑难之处会作出自己的分析判断,这十分难得;这不仅有益于一般读者阅读,也有益于研究者的进一步深入研究。例如,吴圣揆招赘张朝彦以后,为什么不久分家了?女婿张朝彦是西迁,至金沙之西的西亭;而岳父吴圣揆却东徙了,远至海门的常乐;而且,并不富裕的吴老重新决定为已娶葛氏为妻的外孙张彭年再另娶金氏,从而有张謇的诞生。徐先生认为,张朝彦极有个性,不愿兑现入赘时孩子姓吴以兼祧吴氏的承诺,固执地让三个儿子姓张,取名为张彭年、张彭庚、张彭龄。这使吴圣揆十分不快,导致翁婿分家,并且不顾自己的年迈,再从老家栟茶引来贫家女金氏给大外孙张彭年作二房夫人,并约定,金氏所生须得姓吴。徐先生的这一分析是有道理的。再如,关于张謇与西亭老师宋璞斋之间的恩怨,就宋璞斋提出要与张家在通城合买两间房子,将张謇犹如入赘宋家一事,徐先生有自己的看法,他认为张謇在这里的记述应当有所偏颇,隐瞒了若干事实。宋璞斋的话语中应当含有这样的意思:张謇天性优异,学习勤奋,因此科举有望,可从秀才走向举人,从举人走向进士。然而,假如始终仅在西亭就学,仅以优贡生宋紫卿为师,显然是走不远的,不利于"更上一层楼"的科考之路。为张謇前程计,应当就学于通城的几个大书院,以利进一步拜师访学,加强与师友的交流切磋,从而走成科举之路。因此,这里有为张謇着想的意思,至少是"买房居通"的意思之一。这一分析也是妥当的,徐先生注释中并引张謇两处诗,称早年读书有负"黄泥山之约",其所指应当是当初宋璞斋为他设计的居通读书之路,这种印证,使判断显得充分。当然,后来张謇入幕江宁,广拜名师,切磋学艺,进入另一番更空阔的天地,这自然是宋璞斋、张謇始料未及的。总之,徐先生的注释,绝不仅仅是翻翻工具书,解解字词典故,而是把人事放在历史的背景之下,深入分析,然后作出研判。

自从 2012 年新版《张謇全集》发行以后,张謇研究出现了欣欣向荣的气象。无论是论文、著作,还是专题研讨会,都有量与质的跃升。尤其是去年冬天习近平总书记来通参观张謇纪念馆以来，张謇研究出现了难得的好的态势。显然，张謇研究的队伍需要扩大，张謇研究的触角需要深入。张謇研究要从认知张謇开始，而研读张謇的自叙传文应当是"认知张謇"基本途径之一，从这个意义上说，徐先生的这本校注是及时的。翻阅家父为徐先生《张謇诗编年校注》作的序言，赫然有这样一段话：

> 南通大学徐乃为教授携来……《张謇诗编年校注》，并提出对张謇著述分类笺注以推动张謇研究的设想，引起我深深的思考。

"对张謇著述分类笺注"，确实是推动张謇研究的一项基础工作。如今已经开了一个头，仍有许多方面没有展开。徐先生倒是在完成诗集的校注后，又开始了这一工作，这是我们应当深深感谢他的。

张謇研究应当多头并举、分层突破。宏观说来，可以是研究其政治理想的，可以是研究其法治理念的，可以是研究其实业道路的，可以是研究其所提倡的社会模式的；微观说来，也可以仅举教育、科举，也可以仅对文艺、哲学；总之，可以如徐先生所作的文献的整理、校勘与注释，也可以是文化理念的追索；可以是改革开放、现代化建设的借鉴，也可以是城市建设、村落主义实践的延伸……

作为张謇先生的后人，我们欢迎各种形式的张謇研究，我们倾听所有关于张謇研究的建议，我们感谢一切为张謇研究付出辛劳的学人。

徐乃为先生的《张謇诗编年校注》，作为国家社科基金后期资助项目,是退休后立项的,而整个课题的研撰则耗时十余年,等待出版又历六年;徐乃为先生送来这部《张謇自叙传谱辑注》,则是在"诗校注"结束后,与他的其他研究交替进行中逐渐形成构想而成稿的。徐先生已经年逾古稀,他是满怀着对张謇先生的崇敬,满怀着对乡邦文献的挚爱,满怀着对学术的执着而作这些研究的。看着他苍苍的白发与清癯的面容,我十分感动。如今他送来这部新书稿,邀请我写一篇序言。我与他作了深入的交流,翻阅了这部书稿,就我这些年的经历,融入一些思考,写上这些文字,作为一篇序言。

张慎欣　于南通

目　录

六、关于其他亲人

前　言

夫名人之传记，有公传与私传之别，有他传与自传之异。其亦各有其殊，各有其宜。

"公传"，史官所撰正史之人物传焉。如《史记·高祖本纪》《汉书·李广传》《清史稿·林则徐传》等。张謇逝于逊清之亡后，已无此体例，因无其同类若曾国藩、李鸿章、谭嗣同等所列于《清史稿》者。但其后却亦有稍类似于此"公传"者：中华书局所出《中华民国史资料丛稿·民国人物传》，本为撰"中华民国史"所准备，故其中朱信泉所撰《张謇传》，正类"公传"或曰"正史"者，值得注意。

"私传"，传主亲人所撰焉。其素材得特殊之便，其记述有特殊之视，其评价带特殊之情。张孝若所撰《南通张季直先生传记》，儿子写父亲，即私传焉。此种传记，历史上本不多，当然十分重要。本书附录张孝若《先考季直府君墓志铭》，又一篇"私传"也，因可知其特色焉。

中国近代史中，张謇是重要人物，为他作传的甚多，如刘厚生之《张謇传记》，章开沅之《张謇传》……而"五四"以后，媒体、出版物有了极大的发展，坊间有各种冠以"张謇传"的"传记"与"小说"。因作者所处时代之别、身份之异而各有视角，各有评价。章开沅先生，近代史宗师焉，张謇研究开其山，张謇传论结其后。纵者，连张謇于历史进程；横者，置张謇于社会发展。研析深入，评述剀切，自有其重要地位焉。

本书名"自叙传谱"者，含义为自叙、自传以及家族传谱等。自叙与自传并不等同："自叙"者，"叙写而涉及自身者"也；自传，则自写传记也。张謇虽无名"自传"之文，而类"自叙且自传"之篇者却不少。《日记》类似之，《自订年谱》类似之，《归籍记》类似之……《日记》过于庞大，今姑置于侧；《自订年谱》犹《日记》之精选浓缩，其与《归籍记》则为此类文之尤为重要者。

与自叙传相关的是家传，指张謇在所修家谱等书中关于张氏家世之迁变、世代之传递的记叙，包括祖上小传、父母行述、妻妾有关记述、墓志铭及其他各类祭文等，其中自有相关于自身者。此亦是反映张謇人生经历之重要资料。

《孟子》云："颂其诗，读其书，不知其人可乎？是以论其世也。"而今张謇研究热已高涨，研究队伍正扩大。因此，研究张謇，应当知张謇其人；知张謇其人，当读张謇其传；读张謇其传，应当从研读张謇自叙、家传开始。张謇之此类文章，虽多在《张謇全集》，却又不尽在一卷之中，颇不易识别搜寻，笔者乃仔细披览扒剔，汇成一册。而有些则搜自全集之外，为首次挖掘所得，如两篇科举考试之"亲供"，搜集自《清代朱卷集成》。此类文章，涉及诸多专门知识与背景材料，不便阅读，因加校勘笺注，为方便查阅。

文章之编排，不以成文时间为序，而以方便对张謇人生之认知，按一定层面的逻辑作分类编排。大致是：关于张謇；关于张謇之父；关于张謇之母；关于张謇妻妾；关于张氏族谱；关于其他。所收附录,主要是张謇的诗文;《自定年谱》后附张孝若所撰张謇墓志铭,是本书唯一非张謇之文。

本书宗旨,为广大读者、研者提供较为全面的自叙、自传、家传之读本;而自叙传之局限性与特殊性,亦人们所知闻,幸读者思且辨焉。

一、关于张謇

张謇《归籍记》书影

年 谱 自 序[1]

民国十二年(1923)

古人无所谓年谱,有之则后人敬仰前哲,缀缉其言行事迹,参比而为之,无自订者。自订自謇始。謇曷为自订?记一生之忧患示训子孙乎?忧患士之常,非也。记学问乎?学殖薄而无专长,粗窥文字而不足离古人自立,亦非也。[2]记出处乎?本于亲训,夙无宦情,迫而强从,前不足三月,后不过二年,不足记,尤非也。[3]然则曷为自订?夫今之世,非中国上下五千年绝续之会乎![4]五帝以前,史所不能质言者,吾不敢知。[5]由今日而企五帝之世,其国体为君主,则可断言。嬗民主而开天,尤非今莫属也。[6]惟君主,故更数十年或数百年必有争,争故预其争当其争者,千万人蒙其害,而一二最强伯善争者享其利。[7]利至于无餍足而莫之止,乃复有争;此大较也。[8]民主启于法于美,亦千万人不胜一二人专与争之害而为此制。[9]制此者以减害,以平争,为此善于彼之冀幸,我踵而行之十有四年矣。[10]散一二人之专,为千万人所欲之专,而争如故;合千万人之争,附一二人之争,而争逾甚。[11]其故安在?一国之权犹鹿也,失而散于野则鹿无主,众人皆得而有之而逐之而争以剧,一人捷足而得之则鹿有主,众无所逐而争以定。[12]此虽名法家言,而事实如此,不可诬也。[13]然一人独有众之所欲,得而又私而不善公诸人,则得亦必终失。夫私也,若何而善公诸人?则孟子所谓"舜禹之有天下也而不与焉"是也。[14]世固不能皆舜禹也,不能舜禹而欲其公,固莫如宪法。自清光绪之季革命风炽,而立宪之说以起。[15]立宪所以持私与公之平,纳君与民于轨,而安中国亿兆人民于故有,而不至颠覆眩乱者也。[16]主革命者目为助清,清又上疑而下沮,甲唯而乙否,阳是而阴非,徘徊迁延而濒于澌尽。[17]前此迁延徘徊之故,虽下愚亦能窥其微,虽上圣不能瘳之痼。[18]謇当其间,有一时一地一人一事之见端而动关全局者,往往亲见之,亲闻之。[19]当时以为恨,后时则且以为不足道。然而黄帝以来,五千年君主之运于是终,自今而后百千万年,民主之运于是始矣。

乌乎!岂非人哉,岂非天哉!謇年二十有二始有日记,至于七十,历四十有八年,视读古史殆易数姓。[20]此四十八年中,一身之忧患、学问、出处,亦尝记其大者,而莫大于立宪之成毁,不忍舍弃,撮为《年谱》,立身行己,本末具矣。[21]系日于年,固有事在,以供后之作史而论世之君子,倘亦有所取裁。

《张謇全集》⑥第 564 页·原据《九录》

注释:

〔1〕《年谱自序》:张謇自民国九年(1920)始自订年谱,历时三年;据其《日记》知,"年谱"改定于民国十二年十月,"序"当成于此时稍后;《张謇全集》署此文作时为民国十二年,惟本文自谓"踬行民主"凡"十有四年",若从辛亥年始算,此序作时或当稍延后。

此"序",虽是其自订年谱之"序",视其如"自叙传谱"之总序,尤可;视其检视人生之总结,亦未尝不可。文末自谓"亦尝记其大者,而莫大于立宪之成毁,不忍舍弃,撮为《年谱》,立身行己,本末具矣";而其中纵论君主政体与民主政体,谓时当"中国上下五千年绝续之会",联系李鸿章"三千年未有之大变局"之说;又,因其"立宪"与"民主"两观念在社会变革期的重要性,故此文对研究中国近现代史,研究张謇本人,均有重大意义。

〔2〕记一生之忧患示训子孙、记学问、记出处:此三者,作者这里否认了,其实仍是动机之一,此文结束处提到,顺而括之,谓"记其大者"。 学殖:《左传·昭公十八年》:"夫学,殖也;不学将落。"杜预注:"殖,生长也;言学之进德,如农之殖苗,日新日益。"原指学问的积累增进,后泛指学业、学问。 出处:谓出仕和隐处,犹"仕履"。蔡邕《荐皇甫规表》:"修身力行,忠亮阐著,出处抱义,皭然不污。"

〔3〕亲训:父母亲的教诲。此指父母教育他处理好"出"与"处"的关系,尤指不必出仕。 官情:做官的愿望。 前不足三月:指辛亥革命后在南京临时政府中任实业总长的时间。 后不过二年:指在袁世凯北洋政府中任工商、农林总长,水利局总裁的时间。

〔4〕绝续之会:君主时代的结束与当今民主宪政时代的开启的交会之际。

〔5〕五帝:上古传说中的五位帝王,说法不一。其中《大戴礼记·五帝德》:"孔子曰:'五帝用记,三王用度。'"《史记·五帝本纪》张守节《正义》:"太史公依《世本》《大戴礼》,以黄帝、颛顼、帝喾、唐尧、虞舜为五帝。" 质言:说出实质的状貌。

〔6〕嬗:嬗变,演变。 开天:创始。顾炎武《清江浦》诗:"开天成祖代,转漕北京初。"

〔7〕预其争当其争者:那些预期自己有可争之条件与资格者。强伯:强霸;能称雄称霸者。

〔8〕大较：大略，大致。《史记·货殖列传》："夫山西饶材、竹、谷、纑、旄、玉石；山东多鱼、盐、漆、丝、声色；江南出楠、梓……此其大较也。"

〔9〕此句大意是：产生民主的法国、美国，当初也是民众百姓与专制者的流血斗争换来的。　制此：建立这种民主宪政制度。

〔10〕此善：通过"减害""平争"而达民主宪政，此为大善。彼：指百姓。　冀幸：犹侥幸，希冀。　十有四年：谓民主初建、民国初造而至今所历时。

〔11〕散：相对于下一句"合"。　一二人：在位执政者。　千万人：百姓。　所欲：与一二人专之欲同。此分句总说，无论是在位之专者，与不在位而觊觎此"专"者，在未建立民主宪政制度时的争斗则是必然的。

〔12〕"逐鹿"之典：《史记·淮阴侯列传》："〔蒯通〕对曰：'秦之纲绝而维弛，山东大扰，异姓并起，英俊乌集。秦失其鹿，天下共逐之，于是高材疾足者先得焉。'"说明非得一国之权犹鹿被逐而得，众无所逐，争方定。

〔13〕名法家：名家与法家。名家，战国时诸子百家之一，以正名辨义为主，主要代表为邓析、惠施、公孙龙等。法家，古代的思想流派之一，起源于春秋时的管仲、子产，发展于战国时的李悝、商鞅、申不害等人，战国末韩非集法家学说之大成。

〔14〕孟子句：本出《论语·泰伯篇》，意思是舜、禹拥有天下，不是为了自己享受，而是为百姓。

〔15〕革命：指各种改革、变法，如"洋务运动""戊戌变法"等。立宪：制订宪法；特指实行议会制度的君主国家制订约束君主权力的宪法，是众多变革中温和、理性的一种。

〔16〕持私与公之平，纳君与民于轨：用制度来平衡私与公、君与民的关系。

〔17〕上疑而下沮，甲唯而乙否，阳是而阴非：谓迟疑不定貌。澌尽：消亡殆尽。

〔18〕下愚：极愚蠢的人。《论语·阳货》："唯上智与下愚不移。" 上圣：犹至圣，指德智超群的人。《墨子·公孟》："昔者圣王之列也：上圣立为天子，其次立为卿大夫。"

〔19〕当其间：经历上述的过程。 端：端绪，头绪。

〔20〕视读古史殆易数姓：看五千年历史，如同只换了几个姓氏而已。

〔21〕莫大于立宪之成毁：此说立宪的成毁，没有比这更重大的了。张謇是当时倡行立宪的重要人物。

啬翁自订年谱[1]

　　清咸丰三年癸丑　五月二十五日卯时，生于海门常乐镇今敦裕堂前进之西室。[2]一岁。

　　余家自先高祖由石港迁金沙场东五里庙河南头总。[3]清嘉庆元年先曾祖卒，先祖年裁八岁。[4]先祖兄弟三人，府君第三，家颇温饱。[5]先长伯祖既娶分爨，就田于余中。[6]次伯祖不勤农业，外出不归。先曾祖母特爱府君，幼从学村塾。年十六岁时，在塾闻母猝病，急归省，已嗛，不能处分后事。[7]既葬，家日蚀于前，嫁长姊之族诱之博，覆焉。[8]外曾祖东台栟茶吴圣揆公为小瓷商于金沙场，无子，止一女，习知府君忠朴，被给家落，怜之，赘为婿如子，命生子兼祧吴氏。[9]时当嘉庆中叶，嗣胤日繁，虑为外家累，乃迁西亭。[10]旋外曾祖亦迁海门常乐镇，兼治小农。[11]先祖命先君月走七十里一省视，有事则留数日或旬，事竟始归，以为常。[12]外曾祖父卒，外曾祖母高年独居，闻人称先母在室之勤孝，命先祖父、祖母为先君聘娶而侍外曾祖母，申外曾祖母命，生子后吴。[13]先母金氏，故与外曾祖母同贯东台也，时为清道光之季。[14]先君始娶于葛，生伯兄誉（小名长源）。三十年金太夫人生仲兄蓍（小名长庆），咸丰元年生叔兄督（小名长春），三年謇生（小名长泰）。[15]

十一月,先祖卒,年六十有六。

注释:

〔1〕啬翁自订年谱:据《日记》,民国九年二月开始自订年谱,民国十二年四月完成,同年十月改定。关于自订年谱的动机,见上文《年谱自序》。谱用虚龄,所叙时为农历,仍之。注释时间为公历,用阿拉伯数字。

〔2〕清咸丰三年:公元1853年。 癸丑:干支纪年,每岁均列,后不注,请自换算。 敦裕堂:张謇父亲的堂号,后由张謇三兄张詧继承;謇在西宅自建"尊素堂"。 前进:宅第的第一排。

〔3〕金沙场:金沙镇,今通州区区政府所在地。场,早先的盐场。 头总:地名。"头"是序号,犹"第一",因有头总、二总、三总……廿一总等。"总"是明代对南通海滩盐场上各滩荡按序所划分的区域名称,将总(区域)内芦草分与盐灶煮盐。后废盐种植,"总"名留下,此区域名称与村里、保甲一类社区组织交叉并行。乾隆时曾改"总"为"甲",可见其中关系。总,取掌管、统率义,犹这一地域由某人掌管。

〔4〕先祖:已逝去的祖父,名张朝彦。 年裁八岁:在《中宪府君墓志铭》中则"祖九岁而孤,十七而丧母,侮于戚党,一岁而覆其田宅"。裁,通"才"。

〔5〕府君:旧时文中对已故者的敬称,此指祖父。后叙已故父,亦称府君。

〔6〕分爨(cuàn):分家度日。爨:烧火煮饭;灶。 就田:按田就业。 余中:在金沙东。

〔7〕归省:赶回家省视。 喋:闭口;不能出声。 处分:处理;处置。

〔8〕日蚀：一天天消蚀。 长姊之族：别文谓长姊夫家邱氏之侄。 博：赌博。 覆：倾覆，指倾家荡产。

〔9〕东台栟茶：今属如东县。 绐：欺骗。 祧：指承延"香火"。

〔10〕嗣胤：所生子女。 西亭：在金沙之西。

〔11〕旋：马上。 兼治小农：原只是小瓷商，今兼种地，最初记载二十余亩。 按，关于謇祖张朝彦与其岳吴圣揆分家的原因稍作探讨。张朝彦在吴家入赘多年，使吴家颇有积蓄。证据一，吴圣揆分家迁居常乐时仍业瓷外，另置二十亩土地。证据二，张朝彦亦迁居西亭，已买自耕地若干，其开宅建房即是明证，租地上是不得建房的。其能养活七八口之家，并使张謇父亲兄弟读书。其自耕且租土地不少于二三十亩，略称小康。导致翁婿分家的原因当为落实"承祧吴氏"——即所生儿子姓吴，张朝彦显然不同意，故今知张謇父亲三兄弟均姓张。吴氏因此甚是恼火。

〔12〕先君：张朝彦长子张彭年，即张謇之父。

〔13〕命先祖父……生子后吴：吴老夫妇后决定给外孙彭年另娶金氏，继承产业，约法三章，所生姓吴。叙中让祖父张朝彦之"命"与"申"的含义，表明古礼，娶儿媳是父母的职分，是为抬高生母金氏妾的身份。实际上，张彭年后娶金氏（原已娶葛氏）所花钱，尽由吴太夫人（殷氏）出，条件是"生子须姓吴"。

〔14〕同贯东台：都是东台籍贯（今属如东）。

〔15〕始娶于葛：此追叙。葛氏是张朝彦为张彭年所娶，是童养媳。 三十年：道光三十年。

四年甲寅 二岁。

葛太夫人生弟警（小名长发）。

五年乙卯　三岁。

七月，外曾祖母殷卒，年八十有一。

六年丙辰　四岁。

通海大旱，蝗。[1]蝗自北至，作风雨声，辄蔽天日，落地积厚二三寸，户外皆满，先君、先母指谓此害人物。[2]饥民满道，见袖饼啮者辄攫。[3]先母杂蚕豆作饭，见乞者恒辍箸予之。[4]余时能俯槛拾棒击蝗矣。

冬，先君始教识《千字文》。

注释：

〔1〕通海：通州海门地区。

〔2〕风雨声：蝗虫飞行发出的声响。

〔3〕袖饼啮者：袖中笼糕饼的人。　攫：夺取。

〔4〕恒：常。　辍箸：放下自己的筷子。　予之：给食物予乞丐。

七年丁巳　五岁。

正月，三叔父来，知余已识字，命背诵《千字文》，竟无讹，三叔父喜，先君、先母亦喜。遂命随伯仲叔三兄入邻塾，从海门邱畏之先生（大璋）读，命名吴起元，名仲兄吴庆华，叔兄吴首梅。

八年戊午　六岁。

仍从邱先生读。

夏大水，塾前桥与水平，余随三兄上塾，行后，过桥落水。邱先生讶少一人，亟出视，见水涌动，伏桥援之起。

九年己未　七岁。

仍从邱先生读。

七月,仲兄与邻儿嬉,溺水殇,年十岁。[1]

注释:

　　〔1〕仲兄:二哥吴庆华,张氏谱名张蓉。

十年庚申　八岁。

仍从邱先生读。

三月,先祖母吴卒,年六十有四,先君治丧于西亭,余与叔兄轹据案习字、记小账。一族兄挈游城隍庙,入后宫,神夫妇二偶像坐特高,重宇阴閟。[1]族兄命揖,甫揖,坐上笔筒签筒翻倒作声,余惊而啼;道士奔集,抚而慰之。[2]自是先母戒后勿入庙。

先母挈叔兄与余往东台,追荐先外祖母之丧。[3]

注释:

　　〔1〕挈:携带;率领。　重宇:指庙堂中神龛,如两重房屋。阴閟:关门、遮蔽造成阴森森貌。

　　〔2〕甫揖:才刚要作揖。

　　〔3〕追荐:诵经礼忏,超度死者。亦泛称追悼、祭奠。

十一年辛酉　九岁。

仍从邱先生读。

清同治元年壬戌　十岁。

仍从邱先生读。

二年癸亥 十一岁。

自五岁至是七年,读《三字经》《百家姓》《神童诗》《酒诗》《鉴略》《千家诗》《孝经》《学》《庸》《论》《孟》毕,始授《诗经·国风》二册。学属对三四五字,非特不知四声,并平仄声亦不了解。[1]先生命属对,法以上下、左右、昼夜、黑白相对,如是推类。先君见以"日悬天上"对师所命"月沉水底"而喜,谓可读书,谋于三叔父,明年延师于家。[2]是年江南犹陷于寇,避地之人时有至者,余闻人诵《滕王阁序》于市募钱,久之耳熟,问先君曰:"若岂不以'关山难越'四语诉苦乎?"[3]先君颔焉。

注释:

〔1〕属对:泛义是诗文对仗,此说对对子。 三四五字:三字对、四字对、五字对。 四声:古时将文字的声调分为四类,即"平、上、去、入"四声。 平仄:四声中平(阴平、阳平)为平声字,其余三声为仄声。格律诗与对联的规律是在关键字位区分平仄的。如对联上下联的一些字位要求平仄相反。格律诗中一些字位则有"相粘(同)"与"相对"两种要求。

〔2〕"日悬天上"对"月沉水底":词义对仗工整,唯平仄不合。偶字位应相反,此联中"悬"与"沉"均平声,"上"与"底"均仄声;又,下联收底须平声,若"日挂天中"则合。 可读书:指能走科举功名之路。 谋:商量。 延师:自家请私塾教师。

〔3〕寇:太平军。 关山难越:《滕王阁序》全句是"关山难越,谁悲失路之人?萍水相逢,尽是他乡之客",谓逃难人背诵与自己情境相同的语句募钱回家。 若:代词,他;那个人。

三年甲子　十二岁。

八月,湘军克江宁,复之。[1]

先君于住屋外别治一室,室外有五柳,因名仿陶书屋。[2]

正月,延西亭宋蓬山先生(效祁)授叔兄、五弟与謇三人读,无僮仆,洒扫粪除诸役,皆三人任之。[3]先生检视前所读书,音训句读多误,令自《学》《庸》《论》《孟》始尽易新本,授令重读,既背更授,自日三十行,渐增至六七十行或百行。[4]亦授四声,或就《三字经》《四字鉴》《千家诗》为说故事。[5]一日,先生在塾,有武弁骑而过门外者,先生举"人骑白马门前去"命对,应曰"我踏金鳌海上来",先生大喜。[6]先君亦喜甚,归告金太夫人,太夫人曰:"儿诚可喜,但勿过誉之,成败未定也。"

是年五月,先生应岁科连试,复病足,罢课几两月。[7]

六月,先君命与叔兄、五弟随佣工锄棉田草,大苦,乃益专意读书。　　至州三叔父家,侧有药王庙,庭有皂荚树。余用泥水匠垩帚,大书"指上生春"四字于扁鹊神龛之后背,字大一尺七八寸。[8]庙中有砚工朱姓,大称善,逢人便告张氏第四子能书。

十一月,先生应江南乡试,子璞斋先生(琛)获中,先生又为摒挡诸事,计在塾教授不足六阅月也。[9]在塾之日,先君必朝夕起居致敬礼。

注释:

　〔1〕湘军克江宁:同治三年(1864),曾国藩湘军攻克太平天国首都天京(江宁)。

　〔2〕五柳、仿陶书屋:陶渊明作《五柳先生传》以自况:"宅边有五柳树,因以为号焉。"

　〔3〕粪除:打扫;清除。《左传·昭公三年》:"自子之归也,小

人粪除先人之敝庐,曰:'子其将来。'"

〔4〕音训:注音、释义。　句读:断句、标点。　既背更授:已背出的也重新讲授。

〔5〕四声:见上一年注〔1〕〔2〕。　四字鉴:即《四字鉴略》。说故事:指解析其中的典故来历及其内涵。

〔6〕武弁:武官。此联从形式说完全符合联律,内容切合读书之主旨与人生之定位。

〔7〕岁科连试:相连的岁试与科试。岁试,亦谓岁考,明清时省学政主持的每年对所属府、州、县生员所作的质量管理考试。分别优劣,酌定赏罚。升降廪膳生、增广生、附学生之间的等级。科试,亦谓科考,明清时乡试前的资格考试,由学政主持举行,生员达一定的名次等第,方准许参加乡试。其成绩亦可用作递补为增广生与廪膳生的标准。

〔8〕垩帚:用稻草等制成的粉刷墙壁的工具。此经历,张謇在诗中有多次咏及。

〔9〕摒挡:收拾料理;筹措。

四年乙丑　十三岁。

三月,二叔父卒,年四十有六。

是时宋先生年五十有八,故患喘,夜寐恒短。[1]感先君先母于其服食起居忠敬有加,又以上年旷课久为歉,督余益严,日授生书,尝再量难易为多寡,读则抗声先之,读而谐则称奖之。[2]余兄弟故与同寝室,床相接,即寝寐未熟间,问他事或问旦所读书义若何,意惬,则次日告先君而称许。[3]是岁读《论》《孟》《诗》《书》《易》《孝经》《尔雅》竟。学为五七言诗,试帖自二韵至六韵,制艺作讲首。[4]先生每归，必挈与俱，亦令至西亭诗社，分题作诗，或限字为诗钟。[5]

注释：

〔1〕夜寐恒短：晚上常睡不好。恒，常。

〔2〕再量：参上年"日三十行，六七十行，百行"而作增减。抗声：高声；大声。　先之：指示范读书。

〔3〕寝寐未熟：师生均未睡着时。　旦：此谓白天。　意惬：对所读书义的理解表示满意。

〔4〕试帖：指模拟科举考试科目的试帖诗。　二韵：绝句。六韵：清试帖诗是五言六韵或八韵。　制艺：八股文。　讲首：八股文有八个环节，即"由破题、承题、起讲、入题、起股、中股、后股、束股八部分组成"，入题之前三股为"讲首"。

〔5〕挈与俱：带着一起回家。　分题作诗：参加诗社，分得诗题作诗。　限字为诗钟：一种文字游戏。其方法为任取意义绝不相同的两个词，或嵌字，或分咏，创作五言或七言诗两句，以凑合自然，对仗工整为上。相传拈题后以寸香系缕上，缀以钱，下承盂，火焚缕断，钱落盂响，即结束。超时者虽正构成的佳作亦不录。故名。

五年丙寅　十四岁。

读《礼》《春秋左传》，作八韵诗，制艺成篇。[1]第一题为《有心哉，击磬乎》，州试题也，先生命先作一破，余破"磬能传心，心以磬传矣"，遂命赓续终篇。[2]

五月，余东灶民以禁米出江并与盐商争荡之故，乡人推诸生许朝桢为首，抗不遵禁，殴伤州役。[3]州移镇营会缉，仍抗斗，伤营兵，兵有堕水死者。[4]知州以匪乱报督抚请兵，巡抚李鸿章檄提督张绍棠、吴庆华统二营临剿,逮许戮焉。[5]事解,而乡人之惊惶逃徙遍数十里,匝月不绝。

六月,先生以兵警归,未几病卒。时方盛暑,先君闻讯,即挈余兄弟星夜赴其丧,任经纪丧费。[6]

先君命至西亭,从宋紫卿先生(琳)读,宿膳其家。先生,蓬山先生之从子也。[7]

注释:

〔1〕八韵诗:清代科举考试用的一种诗体,又叫"试帖诗",与八股文同试。初为五言六韵,后为五言八韵,格式要求极严。　制艺:八股文。姚华《论文后编·目录下》:"熙宁中王安石创立经义,以为取士之格,明复仿之,更变其式,不惟陈义,并尚代言,体用排偶,谓之八比,通称制艺,亦名举业。"

〔2〕有心哉,击磬乎:出《论语·宪问》:"子击磬于卫,有荷蒉而过孔氏之门者,曰:'有心哉,击磬乎!'……"破:指破题。　磬能传心,心以磬传矣:第一句破题,正确,有话可说。　赓续终篇:老师说,破题破得好,接续做完它。

〔3〕余东:通州地名。　灶民:晒盐煮盐的盐民。　禁米出江:大致是地方政府对外运之米横加征税。　争荡:海滩围垦荡田的主权之争。　诸生:秀才。　抗不遵禁:违抗不遵禁令。

〔4〕州移镇营会缉:州府调动防守的军队合围缉拿。

〔5〕匪乱:视如天平军、捻军等民变。　督抚:总督、巡抚。檄:下军事调动文书。　临剿:前来剿灭。

〔6〕挈:带领。　赴其丧:奔老师之丧。　经纪:纲常,法度。指学生应持之礼法。　丧费:丧葬费。

〔7〕从子:侄子。　宋紫卿:详下《乡试亲供》注。紫卿是张謇

受业师，主要老师。

六年丁卯　十五岁。

仍从学于西亭，间从璞斋先生问业。[1]读《周礼》《仪礼》，苦《仪礼》难读，亦不甚了解。余先世祖父，由口口相传为三姓街张氏，顾三姓街族谱久不修，而先世又率务农。[2]先君性慷爽，贫时亦济人急，既业商稍裕，益事周恤，里人因目为富。通俗，凡三世无隶名学官为生员者，名为冷籍。[3]子弟与试，则学官及廪膳生中之为认派保者，必钩联多索费。[4]三姓街族人兆彪字啸谷者，以武举经商起家。自兆彪习武中举，族习武中举者，咸、同两朝，先后殆十余人。兆彪尝憾族自道、咸后无文士，其于族派，则先君同辈行也。尝语紫卿先生令余应试，而其人为两宋先生所不慊，先君唯两宋先生之言是从。[5]璞斋先生有素所谂之如皋人张駒，因欲余认駒为族，先试如皋，不得当，再试通。[6]

注释：

〔1〕璞斋：宋蓬山子，举人。蓬山先生遗愿，将璞斋女许配张謇。详下《乡试亲供》。

〔2〕此句说虽祖上相传与三姓街张氏同宗，由于族谱年久失修，未能联宗。

〔3〕通俗：南通关于考籍的风俗。　隶名学官：学官处登录在案。　生员：秀才。

〔4〕认派保：认保，县学让参加生员试的童生，由五名廪生认领，担保其家世清白、言行良善，无违反国家法律限禁等事项。派保，无人认保的童生，由县学派五名廪生或增生了解该童生，并担保上述事项。　钩联：学官与廪膳生相勾结。

〔5〕尝语紫卿先生令余应试：张兆彪对紫卿说，让张謇认作宗族参试。　其人：张兆彪。　不慊：不满足；遗憾；不接受。《孟子·公孙丑上》："行有不慊于心，则馁矣。"

〔6〕张駧：详下《归籍记》。如皋籍（今如东马塘）举人，科场"掮客"，以认识学官及僚属能"通关"而招摇撞骗牟利。　素所谂：原本熟悉。　不得当：未得此便当（过关）。

七年戊辰　十六岁。

仍从学于西亭。

正月，璞斋先生介绍张駧与先君晤识。[1]駧兄驹，驹子铨前卒，计以余为铨子，报名注籍，试但一场，取有名而已；试文与駧孙易写，一试即返，州试如之。[2]许院试隽，酬以钱二百千，不隽，但为任駧子与孙之试费。[3]以是为计大巧而值大廉，先君疑不可，璞斋先生谓兹事法当然，不然不谐，且戒毋令先叔知而泄，乃名余曰育才。[4]駧孙故以贫读书于县之抚幼塾，塾不征学资而给食，就学子弟以字分次其入塾之年。[5]駧孙名育英，故蒙其字而名余。[6]余与先君心皆不安，顾已应县、州试，无如何也。

十月，应院试。学使为鄞县童侍郎华，题为《禅谌草创之世叔讨论之行人》。[7]榜发，取中二十六名附学生员，由是酬驹以二百四十千，资不足则署券，而从而居不泄之功索报者，实繁有徒，自此家无宁岁矣。[8]先是，州试余取列百名外，同时通范铸少余一岁，取第二。[9]璞斋先生大诃责，谓："譬若千人试而额取九百九十九，有一不取者，必若也。"余至西亭，凡塾之窗及帐之顶，并书"九百九十九"五字为志，骈二短竹于枕，寝一转侧即醒，醒即起读，晨方辨色，夜必尽油二盏，见五字即泣，不觉疲也，至是余隽而范落。[10]

识海门秦烟锄(驾鳌)、刘馥畴(逄吉)、张子冲(云拺)、黄香山(锡龄)。张、黄长于余,秦、刘长且十年以上,秦又父执也,与为友。[11]

注释:

〔1〕璞斋句:"冒籍"事是璞斋所主导,详下《归籍记》。

〔2〕注籍:获得考籍。 驷孙:是驷子张镕之子张育英(详《归籍记》)。 易写:试卷名字互易。

〔3〕许:答应。 院试:清代由各省学政主持的考试。经府试(南通则谓州试)录取的士子可参加院试。录取者即为生员(即秀才)。 隽:科举考试之中式、中选。鲁迅《呐喊·白光》:"隽了秀才,上省去乡试,一径联捷上去。" 二百千:二百吊;二百缗。据张謇《归籍记》,一吊(一缗)不是一千文,而是八百文,二百千是一百六十两银子。 任……试费:承担考试的杂用(当然少于一百六十两)。

〔4〕法:通行之法。 当然:原本如此,官民认可。 谐:成。 毋令先叔知:先叔,三叔。三叔无子,以张謇为嗣子,故有发表意见的权利,张父恐其阻挠。参本书"代后记"。

〔5〕抚幼塾:为育婴堂孩子办的学校。 以字分次:据入学的年代次序分别命名,作出分类。字:出生,生育。

〔6〕蒙其字:承接其命名。张謇因更名"育才"。

〔7〕学使:省学官。 童侍郎华:童华,参下《乡试亲供》中注。 题:试题。 《裨谌》一题:《论语》全句为:子曰:"为命,裨谌草创之,世叔讨论之,行人子羽修饰之,东里子产润色之。"

〔8〕附学生员:生员依次为廪膳生、增广生、附学生。而新录取均为附学生。 署券:立借据。 繁有徒:有多人。

〔9〕范铸:即范伯子,范当世。

〔10〕骈二短竹于枕:谓将两短竹固定于枕头两侧,将头后发

辫分系两竹,头稍转动即痛醒。此张謇发明,他书未见。　范落:此说范铸仅州试获好成绩,院试未中秀才。

〔11〕秦烟锄等:这些朋友,在张謇后来的日记、事业中亦多有提及。

八年己巳　十七岁。

仍从学于西亭,颇苦籍事索酬之应付。　时而归,并以文质里中徐石渔先生(云锦)。[1]先生,外舅之族也。[2]是岁读《纲鉴易知录》《通鉴纲目》。[3]　识如皋顾延卿(锡爵)、仁卿(锡祥)、陈子璹(国璋)、黄少轩(毓麟),通范铜士(铸)。[4]铜士后更字肯堂,更名当世。顾、陈、黄并同案为县生员,与为友。[5]

注释:

〔1〕质:质疑;以学问中疑惑请教先生。　徐石渔:参"乡试亲供"注。

〔2〕外舅:岳父。《尔雅·释亲》:"妻之父为外舅。"

〔3〕《纲鉴易知录》:清代学者吴乘权编辑的史类文学作品。一百零七卷,一百八十多万字。因纪事简明,头绪清楚,使人一目了然,故叫《易知录》。《通鉴纲目》:书名,南宋朱熹撰著,五十九卷,序例一卷。熹与其门人据司马光《资治通鉴》《举要历》和胡安国《举要补遗》等书,本儒家纲常名教,简化内容,编为纲目。

〔4〕顾延卿等:南通地区当时的著名学人。

〔5〕同案:明清两代称同一年进学;亦指同一年进学者。

九年庚午　十八岁。

仍从学于西亭。科试一等十六名。[1]

七月,从紫卿先生应江南乡试;试卷房考备荐。[2]

先是,蓬山先生示意先君,欲以孙女订婚而未举。先生既卒,璞斋先生室孙夫人爱余甚,而婚亦未订。[3]榜后,孙夫人之兄见余落卷,乃促订,顾举两说为约:一须居城,一与合买宅同居。[4]孙属紫卿先生致其说,先生致书先君而语余。余曰:"人子娶妇以养亲也,娶而异居,不能养亲,不孝。多分兄弟之财以自适,不弟。不孝不弟,不足当蓬山先生与孙夫人之爱,幸谢。"先生曰:"吾书非汝所应答,须归白乃父。"归白先君先母,趣余言。顾先君念蓬山先生与孙夫人之义,婚谢而任其买宅所值之半。[5]

冬,先君为订海门徐氏婚。徐氏初议婚在三年之前。徐氏故农家,富有田业,前议徐氏婚时,余以贫富不相若,白母谢缓。至隶学籍后,议婚者百余家,母以问余,余谓一秀才值不得如许势利,母意家有田,欲得妇知田事。[6]至是前议者复为言,母请周媪往觇,直九月收棉,徐女方持衡册课佃人,媪与其母他谈,女处事不间。[7]媪返语母,遂定婚。

注释:

〔1〕科试:乡试前对生员的资格考试,合格者取得乡试资格。

〔2〕江南:江南省范围有江苏(含今上海市全境)、安徽两省。房考:科举考试的阅卷老师。 备荐:准备上荐给主考,表示试卷考得不错。

〔3〕未订:主语是璞斋的女儿。

〔4〕居城:居南通城。 合买宅同居:今研究者觉得宋说甚无理(下文张也据此驳说)。今思之,璞斋至少还有另层意思:张謇此后当继续准备考举人、进士,仅蛰伏西亭廪生宋紫卿门下读书显然不够,应当到南通进紫琅书院、"黄泥山书院"等处攻读,转益多师,

增加师友交游切磋，始得成功，故应买宅居通，璞斋之居通城即同此因。张诗集中两次说及当初"年来（年岁到来）期读书黄泥山，复不果也"（《还家》自注，《与勘臧久香敬铭登狼山望海楼追悼肯堂梅孙》一诗亦说及）。张确曾有居通读书之愿，这当是宋璞斋为其设计的科举之路。

〔5〕任其买宅所值之半：承担买宅一半费用。（婚未成，璞斋怎好意思接受此钱？）

〔6〕欲得妇知田事：希望儿媳妇懂得管理田产。其时，张家田产绝非初时二十亩。

〔7〕周媪：媒婆。　觇：察看。　衡：秤。　册：账簿。　课佃入：计算佣工拾棉花数量而付酬。　不间：不参与。

十年辛未　十九岁。

从海门训导无锡赵菊泉先生（彭渊）学。[1]　先生以清道光己酉举人教授其县，门下称盛，知名之士率从问业。晚就训导职来海门，海门士亦多从之游。先君欲余往从，丐友为请，先生令先呈所业，得许可。[2]正月下旬往训导署，先生令尽弃向所读之文，以桐城方氏所选四书文，及所选明正、嘉、隆、万、天、崇文授读，每课艺成呈阅，则乙抹过半，或重作，乙抹如前，训督严甚，乃大愤苦。[3]逾半年，抹渐少，复命从事朱子《四书大全》，自是益进读宋儒书。[4]　张驹子镕关通如皋教谕丹阳姜埁南、训导太仓杨泰焌，冒铨名控逆，姜、杨签传。[5]海门师山书院院长王菘畦先生（汝骐），杨同县中表也，余试书院，亦被称录，因付书为地。[6]四月杪单舸往，不听申诉，押于学宫，索重赂。[7]先君请于璞斋先生，先生谢不能为力，余家实不支，而金太夫人郁致疾。阅三月，先君多方贷集百数十金，延某甲往说，仅获放归。

十月，学院江夏彭侍郎久余临通，乃自检举被罔之误，请褫衣顶归原籍。[8]侍郎悯焉，付提调知州桐城孙先生云锦察究本末。[9]先生以海门厘局总办汉军黄太守筱霭（海安）、宣城屠太守晋卿（楷）皆有书讼余冤，乃属璞斋先生理解之，仍谢不顾。[10]先生具白侍郎，规咨部移籍，而别具揭劾姜、杨。[11]未两月，先生受代去，以属后任终其事；后任追寝劾案。[12]方侍郎以案付提调时，仍令应试，试取一等十一名，侍郎语提调："文可第一，虑且移籍，避众忌，故抑置，须勉自晦。"[13]友人黄少轩试名在余后，欲为余谋补廪请贡而递及之，余以方求去，却不可。[14]　始识海门周彦升（家禄），与为友。[15]

岁终，先君送学膳费于赵先生，先生恤余贫，不受。

注释：

〔1〕张与宋婚事未成，势难再就读于宋家，乃回海门从赵氏攻读。　训导：明清时府州县儒学中的学官。　赵菊泉：无锡有声望的老举人，详下《乡试亲供》中注释。

〔2〕丐友：求托朋友。　所业：此前应考的作业。

〔3〕桐城方氏：方苞。　四书文：科举考试中取"四书"（《论语》《孟子》《大学》《中庸》）语命题者，区别于从"五经"（《书》《诗》《春秋》《易》《礼》）语命题者。习惯上阅卷老师看重四书文。　明正嘉隆万天崇：明朝正德、嘉靖、隆庆、万历、天启、崇祯年号。　课艺：八股文的作业。　乙抹：删改文字。删抹称涂，勾添称乙。

〔4〕朱子：朱熹。　朱子《四书大全》：朱熹有《四书章句集注》《太极图说解》《通书解说》《周易读本》《楚辞集注》。其中《四书章句集注》成为钦定的教科书和科举考试的标准。

〔5〕镕：张驹子，后他冒张驹子铨。　关通：以贿赂勾结串通。　冒铨名控递：镕冒用已死的张铨名义成张謇之嗣父控告张謇忤递，张謇原议是铨之子。　签传：签署传票。

〔6〕王菘畦：张謇老师，详《乡试亲供》中注。　中表：此泛指远亲。　称录：称扬并录用。　付书为地：应是"付书与他"之形讹，参下《归籍记》中有关记述。

〔7〕四月杪：四月末。《归籍记》则谓五月初。　单舸：小船。学宫：此指县孔庙（学官官署）。

〔8〕彭侍郎久余：详下《乡试亲供》中注释。　褫衣顶：割去功名。　归原籍：归通州原籍。

〔9〕提调知州：有管领、调度职权的知州。

〔10〕先生：孙云锦。　厘局总办：税官。　汉军：汉人入满军旗籍者。　屠晋卿：详《乡试亲供》中注。　理解：解释此事。不顾：谓不承担自己的责任。

〔11〕侍郎：上文彭久余。　规咨部移籍：按规定移文礼部核定迁回考籍。　别具：另外整理文书。　姜、杨：如皋的学官姜堉南、杨泰焕。

〔12〕受代：旧时谓官吏任满由新官代替为受代。　后任：梁小曙。　追寝：收回；停止不行。

〔13〕虑且移籍：考虑将要移归原籍。　抑置：压低名次。须勉自晦：一定要告诫他自我掩饰、低调。

〔14〕补廪请贡：补廪膳生而请予优贡生。　递及：递补廪贡生而及之。　方求去：正要离此考籍。

〔15〕周彦升：海门竹行（后归通州）人，是海门名士。通州五才子有他。

十一年壬申 二十岁。

仍从学于海门赵先生署,亦从徐先生问业。[1] 以如皋生员归通州原籍,本彭侍郎与孙先生委曲玉成之意,然殊周折。法须先销张镕冒名控案,以余昔为出继,今所为后者有后,听归宗,须原试时廪生保证,由学官知县加勘转州,州详院咨部,部可乃可。[2]而学官仇也,知县袒学官者也,廪生仰学官鼻息者也。[3]余既委曲得廪生保结,至如而杨泰煐欲阻余归通,则又关通如皋知县周际霖据抚幼董董阻留之禀签传。[4]是时余正以求杨详州,在如虑入罗网,深夜昏黑,冒风雨出城,沿濠独行。濠甫浚,泥淖积,路高下崎岖,灯灭,盖不能张。又惧堕坎陷,蹲视数尺外有无水光,徐进,不十步辄一蹲,历三四时,行二里许,将黎明矣。抵友人家叩门,衣履表里濡湿,借而易焉,小坐,天明雇小车间道疾至通。[5]展转销县案,得杨印文,州为详院咨部。当是时,外避仇敌之阴贼,内虑父母之忧伤,进亟学业之求,退念生计之蹙,时在海门,时至如皋,时至如皋之马塘,时至通州,一岁殆鲜宁日。[6]比部文回,仍令补具世系图。[7] 赵先生复命多看名家制艺。[8]入冬,于余文时亦有所许可。师山书院院长太仓孙子福先生(寿祺)屡置余文前列。[9] 是岁读《通鉴》。 始识江都束织云(锦)、畏皇(纶),无锡陶季亮(廷瑞),与为友。[10]季亮故赵先生弟子。

注释:

〔1〕徐先生:徐云锦。徐夫人族中人,详《乡试亲供》中注释。

〔2〕法:按法律程序。 此句讲归籍的几个过程。1. 张镕控递案不成立,销案;2. 出继不成立,证明原拟入继人已有儿子,听任归宗;3. 由张駧侄孙身份复归冷籍,仍得由原廪生作认派报。4. 由如皋学官上报南通州,南通州上报省考院,再行文礼部;5. 礼部认可方可。

〔3〕此说由于如皋学官仇视自己，导致知县袒护学官，学官控制廪生，不利于归籍的实行。

〔4〕此说学官杨泰煐关通知县周际霖、"抚幼塾"塾董扣留张謇学籍，阻止回归南通。

〔5〕此段说为防止如皋方面的暗算，连夜离如皋去南通。参下《归籍记》的记述与注释。张謇之判断或有过虑之嫌，杨固然为难阻滞，似未必加害。

〔6〕阴贼：暗中使坏。　觳（què）：简陋；贫乏。

〔7〕部文：礼部文书。　世系图：即"亲供"中的详细家世等。

〔8〕名家制艺：名家的科考范文。

〔9〕孙子福：详《乡试亲供》的注释。

〔10〕江都束织云（锦）、畏皇（纶）：名士兄弟，张謇好友，太平天国运动中，从江都移居通州二甲，离张謇家不远。　陶季亮：张謇友，后屡有往来。

十二年癸酉　二十一岁。

仍从学于赵先生海门署。　　归籍须补之世系图，里邻亲族及廪保结，呈学转州详院，文既具，自赍至苏州，投于院胥，速院咨部。[1]夏，部报可。[2]首尾已三年，家益不支。伯兄求先君析居，产物悉均分，因籍事所负千金之债，则余与叔兄任之，计尽卖产抵负，犹不足。[3]　　科试，取一等第十五。乡试不中。[4]孙先生知余贫，约明年去江宁为书记。[5]旋屠先生总办大河口厘局，亦招为书记。[6]余以孙先生约在前，且旅省便应各书院试，乃谢屠先生。

是年读《三国志》，方望溪、姚惜抱集终。[7]

注释：

〔1〕保结：是邻里与廪生对考生家族清白的担保证明。　学、州、院：县学、州学、省院。　赍：持；带；送；抱着，怀着。　苏州：清时江苏省的巡抚衙门在苏州。　院胥：省考院的官吏。　速：请。　咨部：行文上报到礼部。

〔2〕报可：批复允许。

〔3〕伯兄：大哥张誉，葛氏母生。　叔兄：张詧，同胞，金氏母生。

〔4〕乡试：此为张謇第二次乡试。

〔5〕"孙先生"句：孙云锦已调任省发审局(官署名。清后期，各省州、县官所不能处理的重要诉讼案件，由督、抚委派候补官审讯，为非正式审讯机关)并正候任江宁知府一类官。　书记：入幕而处理文书之职。

〔6〕屠先生：屠楷。　大河口：在六合县长江口。　厘局：旧时管理征收厘金的机关。

〔7〕方望溪：即方苞。　姚惜抱：姚鼐。两人均桐城派开山祖。

十三年甲戌　二十二岁。

二月，孙先生命仆来邀。[1]十八日只身乘小舟与来人同行过东沟，谒谢屠先生，仓卒解缆，将至黄天荡过江，东风大疾，舵折舟横几覆，舟人号呼，下流一空柴船乘风倏至，得救。[2]入夹江燕子矶，过至草鞋峡宿。[3]明日至江宁，执弟子礼，见孙先生于剪子巷。[4]先生馆余别院，兼与其二子东甫(孟平)、亚甫(仲平)共学。[5]给余月十金，先生发审局差俸，月裁五十金耳。

三月朔，投考钟山书院。[6]校官课者，丹徒韩叔起(弼元)，摈不录，余负气投书，求示疵垢，无一人知。[7]望课借他名再试，钟山院长临川李小湖先生（联琇）取第一。[8]复以他名试经古课于惜阴书院，院长全椒薛慰农先生（时雨）亦取第一。[9]二先生皆传见。[10]既投韩书事泄，薛先生亦诘韩，语孙先生，先生索观书稿，曰："少年使气，更事少耳，须善养。"余惭谢，即日先生为余谢韩。

四月朔，复投课，取亦第一，始诣韩谢。　　从李先生闻治经读史为诗文之法。孙先生介见泾县洪琴西先生（汝奎）、石埭杨仲乾先生（德亨）。[11]洪先生云："须耐烦读书，耐苦处境。"许借书看。

五月，随孙先生勘淮安渔滨河积讼案，因得冯氏、丁氏说淮河利病书，因更求潘、靳书。[12]

七月，随孙先生赴江阴鹅鼻嘴炮台工程局，局借君山下圆觉庵。[13]

八月，孙先生介见凤池书院院长武昌张廉卿先生（裕钊）叩古文法，先生命读韩昌黎须先读王半山。[14]　　读《晋书》。

十月，岁试，取一等四名，经古五名，补增广生。[15]学院翰林院侍讲学士长乐林锡三先生（天龄）。[16]　　归以旅宁所得俸百金，奉先君还债，先君先妣命陈祖先位前而训之曰："通海乡里老师宿儒授徒巨室，终岁所得，不过如此（时银一两，当钱一千六百文。百金，则一百六十千，合俗所谓二百卦也），汝何能一出门即得之？此孙公念汝贫，望汝向上如此。须以为恩，勿以为分，但恩不可轻受，当永记。"又训之曰："家中债，有父母在，可渐理，勿以为念。冀非分财，辱父母。"余悚泣。计所还债，裁五之一耳，度岁仍窘。以婚事故，循俗酿会二百千。[17]

十二月二十一日，徐夫人来归。方与徐氏定婚时，徐故富，阅二三年,以二子习贾,丧资过当,顿落,至斥田产偿负不足。夫人自请于祖母,愿以许给之奁田百亩,鬻以补所乏,祖母不可,乃受三之一,并谢衣饰。[18]余家与近,故闻之。既归,庙见第三日即衣布,黎明起省翁姑。[19]先姒喜语余曰:"新妇殊有志气。"[20]余亦私喜妇得亲欢。　岁除为调解他人事,典质衣物。[21]

是岁始有日记。[22]

注释:

〔1〕孙先生:孙云锦。　邀:邀謇入幕。

〔2〕东沟:今六合东南长江边。　屠先生:屠楷,详上年注〔6〕及原文,此谓见属拜谢。　黄天荡:今南京、镇江二市间瓜埠至青山段长江江道。

〔3〕燕子矶:今南京东北江北一古迹。　草鞋峡:南京幕府山北麓江滩和八卦洲之间,是长江中一条狭长的江岸,弯多水急,形似草鞋,故名草鞋峡,又叫上元门、大窝子。

〔4〕剪子巷:位于南京市秦淮区中华门北偏东。

〔5〕馆:设馆,视如塾师。

〔6〕三月朔:书院授课分为朔课和望课,朔是每月初一,望是每月十五。朔课又称斋课,望课又称官课。是对学生的考核。此投考属"业余"附学,只参加考试,不听课。

〔7〕校课:考试并阅卷。　韩叔起(1822—1905):弼元其名,江苏丹徒人,咸丰二年二甲进士,授刑部主事,是著名学者。

〔8〕李小湖(联琇):当时名师名士。详下《乡试亲供》注。

〔9〕经古课:指赋。张謇日记中关于科举学习与考试中的"经古"即指赋。　薛慰农:当时名师,名士,见《乡试亲供》注。

〔10〕传见:召见。表明重视张謇的文才。

〔11〕李先生：李小湖。　介见：介绍引见。　洪琴西(1824—1886)：湖北汉阳人，道光二十四年举人，为曾国藩、沈葆桢倚用。

杨仲乾：名德亨，安徽石埭人。清恩贡生，候选教谕。咸丰十一年八月，曾国藩请杨德亨于安庆主持忠义局事务。

〔12〕渔滨河：在今淮安市淮安区。　冯氏、丁氏：不详。潘、靳：明代潘季驯与清代靳辅，均善治河，有治河专书。(张謇极重视水利)

〔13〕鹅鼻嘴炮台工程局：张謇后来的幕主吴长庆负责此工程。

〔14〕凤池书院：当时江宁有名的书院。　张廉卿：即张裕钊。晚清著名古文家，详《乡试亲供》注。　半山：王安石之号。

〔15〕增广生：生员(秀才)中廪膳生、增广生、附学生三等中第二等。

〔16〕翰林院侍讲：为皇上(皇太子)讲课者。　林锡三天龄：详《会试亲供》中注释。

〔17〕婚事：此年张謇结婚。　醵会：民间醵资的方式。找若干人成会，定期出资，轮流获资。发起人得第一次集资。利息有变化。

〔18〕奁田：作嫁妆的田产。　所乏：两兄经商的亏空。　张在《亡妻徐夫人墓表》中谓徐夫人奁田十二亩，即三千步(崇启海土地单位)。

〔19〕归：于归；女子出嫁；结婚。　庙见：称新妇首次拜谒祖庙为庙见。　衣布：穿布衣。　省：问候。　翁姑：公婆。

〔20〕先姚：指已逝世的母亲金氏。

〔21〕此谓调解他人的财物纠纷，将典质衣物所得贴补亏欠一方。

〔22〕是岁有日记：其实是上一年癸酉年九月开始有日记。其《自订年谱》民国十二年中有"自订七十前年谱，根据癸酉以后日记，唯日记有缺失者"一句。

清光绪元年乙亥　二十三岁。

正月四日，闻清穆宗崩，新君为醇贤亲王子，于大行帝为弟。[1]慈安、慈禧两太后秉政，懿旨俟今上生子后穆宗，国号初闻曰永康，既改光绪。[2]　　自是每岁十二月归，正二月出，以为常。

二月，理装濒行，母以所闻人言切诫曰："闻誉当如闻毁，则学进；闻毁当如闻誉，则德进；他日任事，亦当如此。"　　在家始从李先生言作书学拨镫法，然仅能施之寸以上之字。[3]七日过江，由福山经带桥至江阴工次，见孙先生。[4]　　读《明季稗史》。[5]

三月，闻慈安嘉顺太后崩。　　鹅鼻嘴炮台之筑，任工程者，庆军统领提督庐江吴公小轩（长庆）也，凤以儒将著称于淮军，平生轻财礼士，孙先生于吴公为父执。[6]去年吴公见所与来往函牍，因识余，至是数过从与谈。而孙先生于余逢人游扬，颇遭同辈之忌，讽刺或见词色，余不欲以新间旧。

六月，借住惜阴书院肄业避之，荐海门秦少牧（兆鹏）为代。

八月，应恩科乡试之后，以文呈李、薛二先生，赞许焉。[7]吴公邀至军中候榜，以余与军中试人文送学院林学士评骘甲乙，置余于甲。[8]余以文字利钝不可知，辞而归，吴公有赠未受。[9]吴公补直隶正定镇总兵。[10]　　榜放，仍不中。　　读《朱子名臣言行录》。

十月九日，至海门为赵先生寿，先生谆谆慰勉，勿染名士气。[11]

十一月,孙先生调河运差,问能偕行否,先君、先母以明年本省有乡试,不欲余远行,谢。[12] 叔兄与里中诸友商办下沙灾赈,先君质衣为助,并倡捐建长乐市石桥。[13] 识泾县朱芸阶(礼元)、嘉兴钱新甫(贻元)、海宁王欣甫(豫熙),与为友。[14]

注释:

〔1〕清穆宗:同治帝。 醇贤亲王:爱新觉罗·奕譞(1840—1891),道光帝第七子,咸丰帝异母弟,光绪帝生父。 大行:古代称刚死而尚未定谥号的皇帝、皇后。《后汉书·安帝纪》:"孝和皇帝懿德巍巍,光于四海;大行皇帝不永天年。"李贤注引书昭曰:"大行者,不反之辞也。天子崩,未有谥,故称大行也。"

〔2〕慈安:咸丰帝之皇后,史称"东太后"。 慈禧:咸丰帝之妃,同治帝之生母,史称"西太后"。 秉政:执政,此说垂帘听政。懿旨:皇后、皇太后的命令。 今上:当今圣上。 后穆宗:作穆宗后代。 光绪:道光胤绪(后代)义。吴兢《贞观政要·忠义》:"每览前贤佐时,忠臣徇国,何尝不想见其人,废书钦叹!至于近代以来,年岁非远,然其胤绪,或当见存。"

〔3〕李先生:李小湖。 拨镫法:镫,同"灯",运笔的一种技法,故亦有譬喻执笔运指如挑拨灯芯。

〔4〕福山经带桥:在今常熟。 江阴工次:即"鹅鼻嘴炮台"工地。

〔5〕《明季稗史》:丛书名。清留云居士辑刊稗史十六种。有顾炎武《圣安皇帝本纪》,黄宗羲的《赐姓始末》,以及《明季遗闻》。

〔6〕吴公小轩:即吴长庆,后张入吴幕,详《乡试亲供》注。父执:父亲的朋友。

〔7〕恩科乡试:此第三次乡试。 李、薛:李小湖、薛时雨。

〔8〕邀至军中候榜：江苏学政衙门在江阴，吴驻军亦江阴，此邀"候榜"之由，其实是延揽张謇。　林学士：林天龄，江苏学政。评骘：评定。

〔9〕"文字利钝"句：说林之评价不等于房师评卷。　有赠：赠礼用以招揽。

〔10〕直隶：直隶省，首都所在之省。　总兵：官名。清时省置提督，提督下分设总兵及副总兵。总兵所辖者为镇，故亦称总镇。稍前称吴"统领提督"，为军中之衔，此处总兵是职。

〔11〕名士气：指文人不拘小节的放达习气。

〔12〕河运差：朝廷将所征粮食经由河道运至京师，称"河运"。谢：推辞，实是为幕吴作准备。

〔13〕叔兄：张詧。　下沙：指海门东部沿黄海地区，今包含启东。　灾赈：按，赈灾有纯善举、邀名与从中牟利等不同情况。

〔14〕朱、钱、王：均张謇日记诗文提及之友。

二年丙子　二十四岁。

正月二十四日，叔兄送至通。往江宁，仍借惜阴书院肄业。院在清凉山麓，横列三院，右为薛先生所居，中祀前总督陶文毅公，后楼三楹，故空无人，上年曾借肄业者。[1]在通时闻零陵王子敷先生（治覃）训子曰："遇富贵人不患无礼，而患无体；遇贫贱人，不患无恩，而患无礼。"[2]其勖余曰："文字骄人，贫贱骄人，富贵骄人，皆可鄙。然贫贱之骄，可免于谄；但忿疾则不可，有圭角亦不可。"[3]所引为吕新吾先生语，以余前辞合肥某公聘也。[4]

孙先生赴河运差将行，延怀远杨黼臣先生（黻荣）课东甫兄弟，先生长制艺，余因亦从之问业。[5]　吴公知余在惜阴，令刘筱泉(长蔚)来邀,客其军幕,治机要文书,不以他事混,俾致力制艺,月俸二十金。[6]余至军,面陈须科试后践约,旋归。 代秦丈授徒于竹行镇黄氏。[7]

四月,应科试。经古制艺正覆四场皆第一,补廪膳生。不应优行试,点名,林公问故,学官枝梧对,林公嘿然,顾册无名,无如何。[8]

闰五月,由通赴浦口,吴公亦以不与优行试为疑,诘焉。余乃告以学官须先具赀而后举,却以未举义不当先赀之故。[9]吴公首肯者再,乃为特筑茅屋五间于其后堂,为读书兼治文书之所。

六月,内人讯。[10]母病疡剧,叔兄刲臂和药进而愈。[11]

总督侯官沈幼丹尚书(葆桢)檄吴公带兵查办建平教案。[12]时江皖民间,盛传纸人剪辫事,疑天主教堂为之,故有仇教之狱。[13]吴公以余乡试近,留未俱行。 读《陆宣公奏议》《日知录》。[14] 识海州邱履平(心坦)、含山严礼卿(家让)、江宁顾石公(云)、邓熙之(嘉缉),与为友。[15] 乡试仍黜,杨先生中解元。[16] 从张先生治古文。[17] 以明年正月父寿六十须早归,荐畏皇为代,候至而归。[18] 籍事所负债尚未了,度岁仍典质。

注释:

〔1〕中祀:中间供奉的。 陶文毅公:陶澍(1779—1839),字子霖,号云汀,湖南安化人,嘉庆七年进士,任翰林编修,后升御史。道光十年任两江总督,谥"文毅"。

〔2〕王子敷:张謇归籍时任通州税官,对张友好,张视如师,详《乡试亲供》注。

〔3〕勖:勉励。 圭角:圭的棱角。泛指棱角,比喻锋芒。

〔4〕吕新吾：吕坤(1536—1618)，字叔简，号新吾，宁陵人。万历二年进士，历官山西巡抚，后孜孜讲学，以明道为己任。 合肥某公：当指屠楷。此说张謇在王子敷处谈及辞屠楷邀幕时，王子敷再次转引吕新吾的话勉励张謇。

〔5〕杨黼臣：张謇视如师。详《乡试亲供》中注。

〔6〕刘筱泉：长蔚其名，安徽凤阳人，官至记名总兵，著《梦亲楼诗稿》，吴长庆部将。

〔7〕秦丈：即秦驾鳌，家乡长于张謇的朋友。 黄氏：黄家私塾。张诗集中有多首黄氏私塾中所作诗。

〔8〕优行试：省学政与督抚主考的高级别考试，录取即廪生与优贡。说林天龄点名不见张謇其人，问经办学官，学官躲闪搪塞。 嘿然：无语；遗憾。 顾册：查花名册。下句述原因。

〔9〕具赘：赘具，旧时拜见师长时送的礼品。汪琬《送陆蔚文序》："举诸生脯修赘具，他师所苛责不已者，悉蠲除之。""却以"句：张謇以为未被推举则不当先"奉赘"，因此未被举荐。

〔10〕内人讯：妻子徐夫人来信。

〔11〕疡：痈疮。 刲臂：古时有"刲股(割大腿肉)疗亲"之说，古以为孝行。

〔12〕沈幼丹(沈葆桢)：时任两江总督。详《乡试亲供》注释。建平教案：光绪二年，建平县(今郎溪县)天主教徒白会清、黄之绅、杨琴锡等，与乡民冲突，乡民云集万人，用木棍将黄、杨打死，放火烧毁教堂一案。唯此案史称"皖南教案"，"建平教案"属另案(发生地亦建平县)，发生于光绪五年，为传教士购买土地案，沈葆桢此时已逝。张记混。

〔13〕纸人剪辫：是民间迷信谣言，附会于天主教教士身上。

〔14〕《陆宣公奏议》：唐陆贽著，一名《翰苑集》，任宰相时所作。内容广泛涉及中唐时期的社会历史问题，具有较高的史料价值。　《日知录》：明末清初著名学者、大思想家顾炎武的代表作品，对后世影响巨大。

〔15〕海州：连云港。　含山：安徽马鞍山。邱等四人均张在江宁认识的要好学友或同僚。

〔16〕此年张謇应第四次乡试。　杨先生：杨蕴臣。　解元：乡试中式第一名。

〔17〕张先生：张裕钊。

〔18〕畏皇：即束织云，张謇家乡好友。

三年丁丑　二十五岁。

正月，为先君六十称庆。

二月，往浦口，至海安镇，值孙先生奉总督密札，查办海门厅同知王家麟禀揭绅士黄景仁、民人杨点以征赋由单讧变案。〔1〕王湎于酒，为蠹吏所蒙而护短，而黄、杨则为民请命者，厅人皆冤之，具告孙先生，至省复为言于李先生，案经孙先生侦察得实，平反昭雪，总督褫王职，定谳。〔2〕　军中课日读《史记》《前汉书》。始于军中识泰兴朱曼君（铭盘）、无锡杨子承（昌祜），因子承识武进何眉孙（嗣焜），与为友。〔3〕　吴公有天津之行，畏皇偕。

三月，游摄山，山有岣嵝碑，由湖南岳麓书院摹刻者。〔4〕观石壁宋代题名，有题曰曲辕子，不知何代人也。〔5〕　孙先生总办通州厘务。

五月，蝗见江北各县，与曼君合陈总督请通饬捕蝗。〔6〕吴公南旋，总督檄以军队捕，公部勒各营，辄未明起，躬自督视，指授方法,蝗灭搜蟜。[7]

七月,游定山。[8]因代友作安徽学院观风试、《太白酒楼赋》二篇,取第一、第三,为学使内阁学士寿阳祁公子禾(世长)所知,与吴公书,甚称道,惕然引愧。[9]

八月,某甲告余,吴公欲为合肥某、庐江某及余与曼君纳资为部郎,意若何。[10]曼君意稍动,余语曼君:"彼二人为吴公乡里后辈,容有是请,而公有是许,我二人特宴会之陪客耳,不可于进身之始藉人之力。且安知我二人之必不以科名进? 徒留此迹,无谓。"曼君乃云然。甲告公,再三返,终谢之,顾公意自忠厚。

九月,学院檄学官慎举优行,学官遂首以余应,岁试经古制艺正覆四场,皆第一。[11]

十月初,试事竣,计在家度岁。彦升、烟锄与论某近事,各有观感。余曰:"观人于不得意时,于不得意而忽得意时,于得意而忽不得意时,经此三渡,不失其常,庶可为士。"[12] 彦升规余《日记》议论多,须改。

十一月,具呈学官详改今名。[13]彦升后有《更名篇》见规,谓謇有直言、謇吃二义也。 孙先生权知江宁府。

十二月,连年年尽辄穷,今年更甚,索逋与告贷者,两难为应也。[14]

注释:

〔1〕孙先生:孙云锦。 总督:两江总督。 同知:同知县、同知府,官名。 杨点:张謇家乡的农民,后成张謇的朋友。 由单:赋税定额的凭证。 江变:民变,指抗拒政府征税。

附:黄景仁、杨点案:1877年,海门厅同知王家麟用发放"预知单"的方式征收赋税,衙役借机敲诈勒索,民怨载道。一天,王家麟官轿经过常乐镇南湾,绅士黄景仁、杨点带领群众拦下官轿,要求撤销"预知单",恢复原有的方法完税。不料厅官不予理睬,于是群情激愤,挤翻官轿。王家麟在衙役护卫下逃回衙门后,发签捉拿黄景仁、杨点归案,并且屈打成招,问成死罪。张謇得悉内情,为民申冤,协助省专员孙云锦理清案情,为黄景仁、杨点平反昭雪。张与杨结为朋友,在诗集中多有吟及。

〔2〕李先生:李小湖,太平天国时避乱海门,知海门官场,故言于他。 定谳:指司法上的定案。谳,议罪。

〔3〕朱铭盘(1852—1893):字曼君,泰兴(时属通州)人,"通州五才子"之一。与张謇同幕吴长庆,同去朝鲜,是张謇早年的重要朋友。 杨子承:早年同幕吴长庆的好友,后离幕;光绪六年进京日记中邸报见"紫丞题名",即是他。 何眉孙(1843—1901):嗣焜其名,江苏省武进人。清候补知府、三品衔。南洋公学第一任总理(校长)。曾幕张树声、李鸿章,被倚重。吴长庆平朝鲜乱,张謇与之相交尤多,成好友。

〔4〕摄山:位于江苏南京栖霞山天开岩侧。 岣嵝碑(禹王碑、大禹功德碑):原刻于湖南省衡山岣嵝峰,故名。明神宗万历三十二年二月,吏部左侍郎杨时乔临摹而刻于此。

〔5〕宋代题名、曲辕子:北宋张邦基撰《墨庄漫录》中有引曲辕子所记的笔记。注者按,《四库全书》中只此一例。

〔6〕曼君:朱铭盘。

〔7〕吴公:吴长庆。 蝻:蝗虫的幼虫。

〔8〕定山:在今南京浦口。

〔9〕观风试:学官在科考以外就观察民情风光而作的考试。祁公子禾(祁世长,1825—1892):又字念慈、子和,号敏斋,山西寿

阳人，祁寯藻之子。咸丰庚申进士，任工部尚书，卒谥文恪。 惕然：惶恐自愧。

〔10〕纳资：按律向朝廷捐资买官。 部郎：朝廷六部的郎官。

〔11〕学院：指省学政衙门。 学官：学政衙门具体操办者。 举优行：省举行优行生考试。 以余应：推举余为应试对象（参上一年优行生试情形）。

〔12〕其常：指士之从容沉着貌。

〔13〕改今名：原学籍为"张育才"，改为"张謇"。

〔14〕索逋：催讨欠债，此指被催债。 告贷：有人以为张有钱而来商借。

四年戊寅 二十六岁。

正月，室人病未愈，以军中之趣，十七日启行。〔1〕先君、先母以谦谨节俭加勉，尤拳拳于爱身。

二月，至浦口，增月俸为二十四金。 闻李先生以八日卒，过江致吊。〔2〕 赵先生乞休归无锡，作叙送之。

三月，知室人病大愈。

四月，江北蝗再见，吴公仍以兵法部勒督捕。

五月，吴公五十初度，同人属为序。

六月，叔兄子德祖溺水殇。〔3〕

七月二十六日，女淑生，十月二十六日殇。〔4〕

九月，至无锡起居赵先生，因访杨子承，同游惠山。〔5〕先生索观近作制艺，谓："佳者独抒己见而不背法，可希作者，但场屋不可如此。士三年一试，经不得率尔人几度挫折。"〔6〕留二日归，归后母病。

十一月二十七日,金太夫人六十生日,严戒谢客,曰:"汝兄弟勉学为好人,使人归美父母,胜于俗之称寿万万。"乃仅治酒食饷戚族子侄。　　闻学院林公卒于官,继任者,吏部侍郎仁和夏子松先生(同善)。[7]

十二月,至江阴吊林公之丧,而丧已前至苏。[8] 会军书促迫,遂折由上海附轮船赴浦口度岁。[9]

注释:

〔1〕室人:古时称妻妾。　趣(cù):督促;催促。《管子·轻重己》:"趣山人断伐,具械器;趣菹人薪蕘苇,足蓄积。"

〔2〕李先生:李小湖。

〔3〕德祖溺水殇:诗集中有专诗,可参。

〔4〕女淑……殇:诗集中有专诗,可参。

〔5〕起居:问安;问好。杜甫《奉送蜀州柏二别驾将中丞命赴江陵起居卫尚书太夫人因示从弟行军司马位》:"迁转五州防御使,起居八座太夫人。"

〔6〕"先生索观"句:大意是赵看了张的应试文,为张未被录取举人而鸣不平,说张文能"独抒己见",不违背法度,应予珍稀,阅卷者不能因其"新异"而摒弃。或告诫张,士子三年一试,当循常法,不可过于标新立异。

〔7〕林公:林天龄。　夏子松同善:夏同善,光绪帝师。详下《乡试亲供》注。

〔8〕丧已前至苏:查当时日记,知林枢在江阴学署系误传,已移枢至苏州。

〔9〕军书:军中命令。　浦口:吴军驻地。

五年己卯 二十七岁。

仍客浦口军幕。

正月,荐崇明施仲厚(祖珍)于黄提督。[1]　　吴公以总督檄督兵开朱家山河,河载两山间,关浦口、六合两县水利,讼几百年,而总督今决之者也。[2]吴公驻工,余不时往。[3]

三月,叔兄报捐县丞。[4]　　呈请总督饬江阴以下水师船救生。

闰三月,归至通。

五月,应科试,经古制艺正覆四场皆第一;优行试亦第一。[5]夏公命见,见谓:"初至江阴,属幕宾磨勘前任校试卷,见于前试诸作,传观交誉,余适至,询何名,则子前名育才也,因告诸宾。"[6]又谓:"前使病危时,手开优生名单,密封付家属,于交印时送来,子名首列。[7]比至通临试,视册不见子名,疑事故不到,不意已更名也,可谓摸索得之,而前官爱士之诚,正不可没。"闻之悚感。

七月,为畏皇被辱于白塔河盐卡,揭讼于总督。[8]　　应总督、巡抚、学政三院会考优行生试。

八月,榜放,余第一,次丹徒张祥书、娄县王保衡、无锡杨楫、江宁叶文翰、吴县邹福保。总督侯官沈公幼丹(葆桢)、巡抚固始吴公子健(元炳)也,吴以事未至,试时总督、学使两院点名。[9]比榜放,沈公已寝疾,入谒不获见。[10]令人传语:"文不可但学《班书》,当更致力《史记》。"[11]时近乡试,有二人送房考荐卷关节,皆谢之,试仍黜。[12]　　谒夏公于江阴试院,谓余曰:"科名不足轻重,要当多读书,厚根柢,成有用之才。"

十一月,归,知叔兄以事至东台。　　母病感冒,医始谓伤寒,易一人,谓冬温,进表解之剂,无汗。[13]某医以麻黄一钱,桂

枝五分续进,而气喘作。[14] 十七日,母语余曰:"病殆不起,善事
汝父。汝大舅家累重,须看顾。有钱须先还债,穷苦人须周济,
不必待有余。科第为士人归宿,门户名号,自须求之,但汝性刚
语直,慎勿为官。汝妇能理家事,我无虑。汝作事勿放浪,好好
做人。"又:"我平日虽诵经礼佛,但身后勿营佛事妄费。"十八日
未刻卒,年六十有一,急足告叔兄,后二日归。[15]

十二月,吴公遣人来告,沈公卒官。[16] 易箦之前,沈公命幕
友陈幼莲部郎(宗濂)传语余,身后为作一文,吴公不知余之丧
母也。[17]

注释:

〔1〕崇明:指崇明外沙,今启东市。　施仲厚:伯厚弟。张诗
集多有与其兄弟唱和诗。　黄提督:不详。

〔2〕朱家山河:南京浦口区一条连接长江的重要河流,是滁河
重要的泄洪通道。明清两朝,屡治未果。自吴长庆督治、张謇佐
治、左宗棠续治,始得成功。吴长庆死后十四年,清政府表彰此河
治理工程,犹建吴武壮公(吴谥号)祠。

〔3〕"驻工"句:军营驻地与河工驻地不在一起,张謇两地
奔忙。

〔4〕捐县丞:通过用钱"捐监生"的方式,捐得"县丞"虚衔,后
运作到江西贵溪等地任实职。

〔5〕"应科试":此说省学官莅通组织的下届乡试的资格试,同
时组织还有州府级的"优行生试",成州府的优贡生。下文中"七
月"的"优行生试"是省级的,规格高,由"总督""巡抚""学官"三方
参与。

〔6〕"见于前试诸作",当为"见子前试诸作",子,称对方。　夏

公：夏同善，是省学官。　　江阴：省试院所在地。　　磨勘：科举时代对乡、会试卷派翰林院儒臣等复核，称"磨勘"。　　诸作：指张謇以"张育才"名义的试卷。　　诸宾：学署官吏。

〔7〕前使：林天龄。

〔8〕畏皇：束畏皇，张謇同乡好友。　　白塔河：安徽天长县流入高邮湖之河。　　盐卡：查私盐的关卡。日记为："畏皇来，知其道由白塔河，受辱于卡员。禀制台。"　　揭讼：提起诉讼。

〔9〕沈公幼丹(葆桢)：两江总督，详《乡试亲供》。　　吴公子健(吴元炳，？—1886)：河南固始县城关人。咸丰十年进士，累功超擢侍讲学士。署湖南布政使、擢湖北巡抚，调安徽，再调江苏。曾署两江总督者三，兼署江苏学政者一。时江苏巡抚。

〔10〕寝疾：谓卧床不起。

〔11〕《班书》：班固的《汉书》。　　传语：主语是沈葆桢，谓专传话张謇，极器重。

〔12〕送房考荐卷关节：此科考作弊招数。房考，阅卷先生。荐卷：把考卷上报主考。　　黜：未中，此第五次乡试。

〔13〕伤寒：一、由伤寒杆菌引起的急性传染病，主要症状为持续发热，病危重。二、中医学上泛指一切热性病。伤寒无汗是严重的标志。

〔14〕气喘作：指呼吸急促，谓难治。

〔15〕急足：指急行送信人。范仲淹《与中舍书》："某拜闻中舍三哥，急足还领书，承尊候已安，只是少力。"

〔16〕沈公卒官：沈葆桢在两江总督任上病逝。

〔17〕易簀：人死前，移出原之寝席，故称人病重将死为"易簀"。　　陈幼莲：名宗濂，福建闽侯人，光绪八年进士，佐江苏督幕多

年。　作一文：作纪念文章,张后作《告太子太保侯官沈文肃公文》。

六年庚辰　二十八岁。

正月十八日,治金太夫人丧,开吊。[1]　读《士丧礼》。[2]
二十六日先君病,与叔兄日夜侍,五日而愈。　延太仓诸生王幼园(元鑫)度葬地于余西、金沙、通城东三处,定用城东小虹桥耕阳原地,本范氏墓外之余地也,四亩弱,归白先君,以海门田八亩易之,而移其租,订易地券。[3]　吴公升授浙江提督,专使赠葬费百金。

三月十日,先君行遣奠、祖奠礼。[4]十一日,启母殡就途。[5]十二日至通。十三日辰刻葬,雨,午后晴。阅二日归。　十八日出门,先君与家人环泣于室,叔兄送二里而别。

三月二十日,与肯堂、曼君同舟至浦口。四月,吴公有陛见之行,余与杨子青(安震)、彭芾亭(汝枟)偕,张先生以事去山东,肯堂以事至扬州,同发。[6]

四月七日,自清江浦开车,经众兴、顺河集、沿河集、峒峿、红花埠、新安镇、李家庄、郯城、青驼寺、伴城、沂州府、瞀阳、垛庄、公家城、蒙阴、羊流店至泰安。[7]张先生往济南,先生于骡车中,辄握牙管,悬空作书,老辈之专勤如此。[8]从吴公登岱,题名快活岭下,题曰："光绪六年四月,浙江提督庐江吴长庆入觐道此,偕乐平彭汝枟、崇明杨安震、通州张謇登岱陟顶。庆于兹山凡六游,而陟顶且三度矣。"游岱庙,观汉柏并唐槐,槐只一,大可数围,中心已空。闻庙祝言,傍枝尚活;其时初春,叶色青葱,为赋二诗。[9]次日复行,经站台、张夏、晏城、禹城、二十里铺、桑园、德州、连镇、南皮、沧州、新集、唐官屯、静海至天津,休息三日;又行经杨村、石马头、俞家围至京,寓内城东安门内沙滩关帝庙。

五月,吴公入觐。　　与友游承光殿、紫光阁,观功臣画像,旋移寓南横街南下洼观音院,游陶然亭、龙泉寺、法源寺、驯象所。　　在京观音院,哭夏先生故幕宾杭州汪子樵以诗。[10] 识桐庐袁爽秋(昶)、合肥张蔼卿(华奎),与为友。[11]　　出都,舟行至天津,海道回南。　　夏先生病痢卒于官,继任者,侍郎瑞安黄漱兰先生(体芳)。[12]　　法兰西寇越南,复侵我领海,海疆戒严。[13]

冬,吴公奉朝命帮办山东防务,公留军六营于浦口、下关、吴淞,移军六营驻登州、黄县,余偕;过扬州,从尹元仲(德坤)借二百金,寄家度岁。[14]　　始识闽县郑苏戡(孝胥),与为友。[15]

注释:

〔1〕开吊:治丧人家在出殡以前接待亲友来吊唁。

〔2〕《士丧礼》:《仪礼》书中讲述丧礼篇章。

〔3〕度葬地:请风水先生找墓地。　城东:通城东郊。　范氏:范肯堂家。　弱:不到。　移其租:其地原出租,今承其地租。　易地券:换地文书。(谓张家与范家换地)

〔4〕遣奠:古代称将葬时的祭奠。　祖奠:于神主前之祭奠;出殡前一天晚上的祭奠。

〔5〕殡:指棺柩。　就途:上路。

〔6〕杨子青(安震):张謇同乡(崇明外沙,今启东)好友。　彭蒂亭:江西乐平人,张謇幕友。　张先生:张裕钊。

〔7〕清江浦:在今淮安市。经山东(含登泰山)、河北、天津至京。小地名略。

〔8〕牙管:象牙制的笔管,亦指精良的毛笔。

〔9〕为赋二诗：张诗集有此两诗。日记所录沿途诗中无此二诗,《九录·诗录》中置于张謇自订年谱的民国十一年,可推测当为自订年谱时所补。

〔10〕夏先生：夏同善。　汪子樵：张诗集有悼汪诗,谓进士发榜日死,倍极哀痛。

〔11〕袁爽秋(1846—1900)：昶其名。浙江桐庐人。光绪二年进士,官至太常寺卿。以反对用义和团排外,被杀。后追复原职,谥忠节。　张蔼卿：华奎其名,字蔼青,安徽省庐州府合肥县人,淮军重要将领张树声之子,进士。

〔12〕黄漱兰(1832—1899)：体芳其名,号莼隐,人称"瑞安先生",瑞安(今温州)人,同治二年进士,与兄黄体立、子黄绍箕、侄黄绍第、侄孙黄曾铭一门五进士。后累官至内阁学士、江苏学政、兵部左侍郎等,支持康有为变法,频上书言时政得失,著名清流。

〔13〕"法兰西寇越南"句：19世纪60年代并吞南圻以后,法国早有侵略越南的野心,1873年法军攻陷河内,1880年侵我领海。

〔14〕"吴公奉"句：吴长庆军移军六营驻登州,后赴朝平乱。尹元仲(德坤)：未详。

〔15〕郑苏戡(1860—1938)：孝胥其名,一字太夷,号海藏,晚清民初政治人物、诗人、书法家。福建省闽侯人。光绪八年乡试解元,曾任湖南布政使等。辛亥革命后以遗老自居。1932年任伪满洲国总理大臣兼文教总长。清末"同光体"重要代表。张謇的重要朋友。

七年辛巳　二十九岁。

仍客军幕在登州。　始驻试院度岁,既移驻蓬莱阁。[1]

与周彦升、杨子青、王少卿辈偕吴公至济南,与巡抚商海防事。

四月,项城袁慰廷(世凯)至登州,吴公命在营读书,属余为是正制艺。[2]公语余曰:"昔赠公以团练克复庐江,为贼所困,命赴袁端敏公军求救。[3]端敏以询子侄,子文诚公以地当强敌,兵不能分,主不救;侄笃臣以绅士力薄,孤城垂危,主救。[4]迁延时日,而庐江陷,赠公殉,嗣与文诚绝不通问,而与笃臣订兄弟之好。端敏后命随营读书以示恤,义不应命。[5]今留慰廷读书,所以报笃臣也。"慰廷为笃臣嗣子。先是,以事积忤族里,众欲苦之,故挈其家旧部数十人赴吴公,以为吴公督办海防,用人必多也;而防务实无可展布,故公有是命,旋予帮办营务处差。[6]军事简,多读书之暇,与曼君、彦升、怡庵诸人时有唱酬。[7]   读《老子》《庄子》《管子》。

八月,葛太夫人卒,年六十有六。[8]闻讯奔丧归,在家度岁。

注释:

〔1〕试院:登州的试院。   蓬莱阁:登州蓬莱阁,今属烟台。

〔2〕为是正制艺:为他匡正提高制艺文(科举文)水平。

〔3〕赠公:吴长庆父吴廷香,优贡生,庐江团练。赠:谓死后受赠名号。   贼:太平军。   袁端敏公:袁甲三,清将,"端敏"是谥号。袁世凯叔祖父。

〔4〕笃臣:袁世凯嗣父。   绅士:指吴廷香及其团练的头领。

〔5〕命随营读书:命吴长庆读书。   义不应命:道义上不接受留营读书,而当上阵雪恨。

〔6〕展布:平铺;分布。此说吴军没什么好的职位安排袁世凯。

〔7〕曼君:朱铭盘。   彦升:周家禄。   怡庵:林葵,善画,福建人,郑孝胥舅舅。

〔8〕葛太夫人卒：参本书《葛太夫人行述》。

八年壬午 三十岁。

正月，台谏奏参江宁猫儿山命案诬枉，朝命刑部大臣至宁审勘。[1]孙先生以前官江宁知府，曾预承审，解淮安府任听勘。余往省，致杨点"公如被冤，愿生死追从"之言。

三月，谳定，先生仅薄谴而已。 荐肯堂于冀州知州吴挚甫先生（汝纶）。[2]

六月二十四日，丁提督至登州，持北洋大臣张总督振轩（树声）书，告日本干涉朝鲜内乱事。[3]次日，吴公往天津，与偕。

吴公奉督师援护朝鲜之命，五日即回防，属余理画前敌军事。[4]时同人率归应乡试散去，余丁内艰独留，而措置前敌事，手书口说，昼作夜继，苦不给，乃请留袁慰廷执行前敌营务处事。[5]

七月三日，拔队，闻命至是七日耳。草《谕朝鲜檄》。[6]朝鲜参判金云养（允植）同行。[7]四日，从吴公乘威远船自登州行至烟台，会镇东、日新、泰安、拱北四船同发于烟台，大风，泊威海卫。六日东渡，七日晨抵朝鲜南阳府。八日入内港马山津，前遣水陆探员次第回。九日黎明登岸，慰廷颇勇敢。十日行五十里，至鱼鳞川。十一日行七十里，宿果川。行经水原府，盖王京南一都会也，其北门外道路广坦，松阴交翠，万石渠迎绍馆水木尤胜。[8]十二，军渡汉江，至距京七里屯子山壁焉。十三日，吴公入京，晤王生父李昰应，午后昰应至军，因宣示朝旨，执送南阳郡，传登兵船赴天津。[9]十六日，因国王密请，督军攻剿枉寻里、利泰院二处，廛宇连属，乱军所在也。[10]阵斩数十人，禽一百余人。余察其中有父子兄弟之偶依共命者，言语不通，杀则易妄，白吴公请国王迅命捕盗将,及司法判书驰至军,讯别首从或非辜,得罪人十,戮焉,余尽释纵。[11]　　移驻枉寻东庙,庙祀关壮缪,尚有南庙,祀同。[12]　　二十四日,吴公谒国王李熙。王馈飨余与慰廷,别赠余三品官服。[13]余以为考古冠服沿革之资,笺谢之。[14]物今存博物馆。二十六日,公遣兵迎还王妃。[15]

八月,日使花房义质谒公,朝鲜自以五十万偿日订约矣。[16]日廷旋以竹添光鸿代花房,竹添能为诗文,其书记嘉藤义三亦通汉文。[17]　　李相于忧中回直隶督任,张公、吴公谋专折特保薛叔耘、何眉孙与余,余坚谢而寝。[18]彦升颇以保荐未优为憾,叔兄以筹办南中转运保知县。[19]　　闻无锡赵先生卒。　　李相欲以庆军属马建忠,而命公回天津,余力劝公引退,并请奏解本职,住京,公初韪之,旋以袁子九、周玉山之言而止。[20]　　有《壬午东征事略》《乘时规复流虬策》《朝鲜善后六策》。[21]回南度岁。

注释:

〔1〕台谏:唐宋时以专司纠弹的御史为台官,以职掌建言的给事中、谏议大夫等为谏官。两者虽各有所司,而职责往往相混,故多以"台谏"泛称之。清雍正元年,又使之同隶都察院,于是台谏完全合二为一。　　奏参:向帝王上书弹劾官吏的过失。　　江宁猫儿山命案诬枉:此案由孙云锦所预审,审成错案。　　审勘:审查核实。

〔2〕肯堂:范伯子。　　吴挚甫(1840—1903):汝纶其名。桐城派后期主要代表作家。同治四年进士,授内阁中书。曾先后任曾国藩、李鸿章幕僚,长期主讲莲池书院,晚年被任命为京师大学堂总教习。

〔3〕丁提督:丁汝昌。　　张总督振轩(树声):时李鸿章丁忧,

张代理北洋总督。 朝鲜内乱事：史称"壬午事变"，清廷派吴长庆领军去平乱，张謇是主幕；袁世凯亦立大功，以此起家。

〔4〕督师：张树声。 防：驻地。 理画：料理，筹画。

〔5〕丁内艰：丁母忧(葛氏)。 不给：犹言不暇，来不及。袁慰廷：袁世凯。

〔6〕草《谕朝鲜檄》：此属预先准备关于出兵、交涉、平乱、治理的外交文书。

〔7〕金云养(1835—1922)：允植其名。朝鲜近代史上的政治家、思想家、文学家。早期亲近中国，是"事大党"的领袖。甲午中日战争以后立场转变，逐渐亲日。当时全权赴清朝报告事变以求援。

〔8〕水原府：今水原市。 王京：朝鲜京城，今首尔。 迎韶馆：犹迎宾馆。

〔9〕王：朝王李熙。 李昰应：与李熙之后闵氏争权。清廷支持李熙与闵后。 执送……天津：经朝鲜南阳郡，登上中国兵船，送往天津，后软禁于保定。 南阳郡：原文作"南阳军"，属音误。

〔10〕枉寻里、利泰院：李昰应余党盘踞处。 廛宇：都市民居、市宅。

〔11〕盗将：此指乱军首领。 首从：为首与胁从。 非辜：无罪；未到治罪程度。 释纵：释放。此句说张审时度势，准确筹划，区别对待，抓住要害。

〔12〕关壮缪：南宋高宗封关羽为壮缪义勇武安王。 东庙、南庙：当是朝王室的祖庙。

〔13〕馈饩：赐宫廷饮食。

〔14〕"考古冠服"句：谓张觉得所赐官服可供考镜古代衣冠沿

革,于是接受。

〔15〕王妃:即闵后。

〔16〕"日使"句:日本亦干预此次事变,试图加强对朝鲜的控制。花房义质一直离间中朝关系,此次兵变朝军攻打日本驻朝使馆,有伤亡,因有赔款(朝方未与清军商量)。

〔17〕竹添光鸿:精通汉文化的日本外交官。

〔18〕专折特保:谓直接保荐封官。 薛叔耘:即薛福成。何眉孙:即何嗣焜。

〔19〕彦生:周家禄。 "叔兄"句:此前张謇已捐县丞,此说拟通过运作谋取中国南方一县"同知"一类官职。

〔20〕庆军:吴长庆军。 属马建忠:交由正出使朝鲜调处的李鸿章亲信马建忠指挥。 袁子九:即袁世凯叔父袁保龄。 周玉山:亦吴幕之宾。

〔21〕《壬午东征事略》《乘时规复流虬策》《朝鲜善后六策》:前两文见《张謇全集》。后文最近已从韩国文献中找出,并见于刊物。此三文当时传遍北京,称誉朝野。

九年癸未 三十一岁。

仍至汉城军幕。 吴公属苏松太道刘芝田(瑞芬)寄千金于余家。[1]盖援朝之初,公有建策速定其乱者酬赏三千金之谕,此犹其意也。余念却则虑违公意,又似余病其少者,乃声明作为无息之借贷。

八月,叔兄至汉城军中。[2] 通海岁歉。

十一月,与敬夫理通海花布减捐。[3]

十二月,得瑞安黄先生讯论时事。[4] 读段、桂氏《说文》。[5]

注释：

〔1〕此段追述。吴率军入朝是大事，从未经历，为调动属下群策群力，乃许下"建策速定其乱者酬赏三千金"，"设计扣留李昰应急送中国，然后缓处其他"是张謇之计（有文献称马建忠所出，非也），结果此事很快解决，因此降为一千金。　苏松太道：苏州、松江、太仓巡道，清官名，《清史稿·职官志三》："寻改置布政使左、右参议，是为守道；按察使副使、佥事，是为巡道。"犹道台。

〔2〕叔兄至汉城军中：后主管财务。

〔3〕敬夫：沈敬夫，当地商人，后随张謇办实业。　减捐：张謇就此事与官府一直有矛盾，张认为捐重不利发展手工业。此事后来发展为"认捐"，即"包税"，减少环节与税收，以争取发展。

〔4〕瑞安黄先生：瑞安，今温州。黄先生，黄体芳。

〔5〕段、桂氏《说文》：段玉裁《说文解字注》与桂馥《说文解字义证》。

十年甲申　三十二岁。

正月，先君命与馥畴诸君议散赈平粜事，从烟台万霞如、龚小石借四百金，助平粜。[1]　　通海办滨海渔团。[2]

二月，订妻常州陈氏。　　闻盛昱严劾枢臣，并及两广总督张振轩，朝局一变。[3]时恭亲王秉国，高阳李相国为辅，高阳又当时所号为清流者之魁杓。[4]自昱劾罢恭邸、高阳，政权归醇亲王、孙毓汶辈。[5]自恭王去，醇王执政，孙毓汶擅权，贿赂公行，风气日坏，朝政益不可问，由是而有甲午朝局之变，由甲午而有戊戌政局之变，由戊戌而有庚子拳匪之变，由庚子而有辛亥革命之变。[6]因果相乘，昭然明白，以三数人两立之恩怨，眩千万人一时之是非，动几甚微，造祸甚大。[7]经言治国平天下，始于正心诚意，是固儒者事矣。[8]故谈朝局国变者，谓始于甲申也。

三月，于常乐议立社仓。[9]

四月，中法议和。　　吴公调防奉天金州，促往。[10]因由沪至烟台，附海镜兵轮，行至金州，则公已病甚。公自朝鲜分其军三营界慰廷留防后，自统三营至奉，不两月，慰廷自结李相，一切更革，露才扬己，颇有令公难堪者，移书切让之。[11]　　以五弟属广东陆路提督蔡绥庭（金章）。[12]

闰五月，吴公命长子保德归应拔贡试，阻之不克。[13]公次子保初刲膺疗父，不效，二十一日公卒。[14]　　军事在朝鲜者，由吴提督兆有继统；在金州者，由黄提督仕林继统，宾客星散。[15]

彦升以公先有赠予五百金之手谕，因索三百金先去。[16]皖人某甲，又以公有幕客各赠薪水三月之遗示，不及候代任，亟向粮台索取，且欲例外多取，粮台不可，则群怨袁恕堂（鸿）；袁开县人，颇孤立。[17]叔兄谓其无他私弊，众因迁怒叔兄，势甚汹汹。余与诸方反复晓譬，七月事乃明白，余先归。　　粤督属蔡提督见招，并促即往，辞之。[18]　　北洋又以粤督之托，属袁子九见招，子九并述北洋意，亦辞。[19]　　在金州，识同知绍兴陈鹤洲，非世俗势利人也。[20]还尹元仲前借二百金之本及息。[21]

九月，闻张总督振轩卒于粤军防次。　　为海门定拔贡事。

十月，至淮安起居孙先生，留十日归。[22]先生约明年将移官江宁，子弟回避，不能应试，命亚甫与余同北应顺天乡试。[23]

注释：

〔1〕馥畴：刘氏，同乡戚友。　　平粜：官仓粮食以本价售与灾民。

〔2〕滨海渔团：承办者即张謇的农民朋友杨点。其性质当属自发民间武装，保卫渔民利益。

〔3〕盛昱：详《会试亲供》中注。清皇室，任国子监祭酒，后成张謇师友。 枢臣：宰辅重臣。

〔4〕恭亲王：爱新觉罗·奕訢（1833—1898），清末政治家、洋务运动主要领导者。道光帝第六子，咸丰帝异母弟，道光帝遗封"恭亲王"。咸丰年间，任领班军机大臣。在第二次鸦片战争中，奕訢受命为全权钦差大臣，与列强签订《北京条约》。咸丰十一年，咸丰帝驾崩，奕訢与两宫太后联合发动辛酉政变，夺取政权，被授予议政王之衔。从咸丰十一年到光绪十年，奕訢任领班军机大臣与领班总理衙门大臣，光绪十年终因中法战争失利被罢黜，史称"甲申易枢"。光绪二十年以善后中日甲午战争失败，复起而任领班军机大臣与领班总理衙门大臣。光绪二十四年逝世，谥"忠"。 秉国：执掌国政。 李相国：李鸿藻（1820—1897），字兰荪，号石孙，河北保定人。咸丰二年进士。同治元年侍讲，迁内阁学士，署户部左侍郎。同治四年升都察院左都御史，加太子少保。历任礼部尚书、协办大学士，调吏部尚书。光绪二十三年以病乞假，旋卒，清廷予谥文正，赠太子太傅。张謇甲午会试、殿试主取张謇。 清流：晚清朝廷一个政治派别。他们评议时政，上疏言事，弹劾大臣，指斥宦官，对外反对列强蚕食，对内主张整饬纪纲。前以李鸿藻为魁首，后以翁同龢为支柱。光绪帝亲政后，他们以拥帝相标榜，称为帝党，以别于后党。 魁杓：北斗星七星中首尾两星的合称，指领袖。

〔5〕恭邸：恭亲王。 醇亲王：爱新觉罗·奕譞（1840—1891），字朴庵，道光帝第七子，咸丰帝异母弟，光绪帝生父。晚清政治家，光绪初年军机处的实际控制者。道光三十年封为醇郡王。咸丰帝

死后奕譞与恭亲王配合慈禧太后发动辛酉政变,所以慈禧太后开始重用奕譞。同治三年,奕譞加亲王衔。同治十一年晋封亲王。光绪帝登基,他又被加封亲王世袭罔替。光绪十年(1884),恭亲王奕䜣所带领的军机处被慈禧全班斥退,奕譞开始以商办之名接掌政权。光绪十一年,总理海军衙门。光绪十六年醇亲王奕譞薨于藩邸,谥号醇贤亲王。奕譞第五子载沣袭封醇亲王爵位,载沣的长子溥仪为清朝末代皇帝。　孙毓汶(1834—1899):字莱山,山东济州人,清朝大臣尚书瑞珍子。咸丰六年以一甲二名进士,擅权术,时入军机,为西太后所宠信。

〔6〕此是局中人张謇晚年对那一段时期政局的看法,下文还突出"朝局变自甲申"一句。

〔7〕几:隐微。

〔8〕经:此段话出自《大学》。

〔9〕社仓:即义仓。古代为防荒年而在乡社设置的粮仓,一般由乡绅筹措掌控。

〔10〕金州:在辽宁大连。　促往:催促张謇从家乡赶快到金州军营。

〔11〕畀:给予;付托。　李相:李鸿章。　移书切让:写信谴责。《全集》标题为《偕朱曼君张謇与袁世凯函》,《申报》原题为《朱曼君、张叔俨、张季直致袁世凯书》)。

〔12〕五弟:张謇异母弟张警。　蔡绶庭(1836—1894):金章其字。安徽寿州籍回族将军。

〔13〕拔贡:科举制度中选贡生入国子监的一种生员。清初定六年一次,乾隆七年改为每十二年(逢酉之年)一次,称拔贡生。同时,经朝考合格,入选者一等任七品京官,二等任知县,三等任教

职……。　阻之：张謇认为吴长庆已病重，长子不可远行，因阻之。

〔14〕刲膺疗父：古时认为孩子割肉疗亲有效且是孝道。

〔15〕吴提督兆有(1829—?)：青年时入淮军庆字营，官至记名提督署天津镇总兵。光绪十二年曾率庆军三营驻防旅顺口。　黄提督仕林：安徽庐江人，淮军将领。褒授总兵之职。甲午战争时期，临阵逃脱，下狱逮问，定斩监候。后经贿赂荣禄，竟获开释，恢复原衔，授武卫军统领，不久去世。　宾客：指吴长庆手下幕客。

〔16〕彦升(周家禄)索三百金事，请参上年注〔1〕所述张謇奖励三千金降一千金事，当指彦升亦曾出过重要计谋。

〔17〕候代任：指接替吴长庆的官员。　粮台：清代行军时沿途所设经理军粮的机构。　袁恕堂(鸿)：当是管"粮台"与辎重粮草者。

〔18〕粤督：张之洞。张孝若在《张謇传》中谓张树声，误。蔡提督：即蔡金章，时謇弟警在蔡幕，因请蔡转致。当时法军入侵越南，张之洞因招张謇助阵。

〔19〕北洋：李鸿章。此说粤督托北洋转致招謇往粤，同时表示北洋亦欢迎。张謇均辞，因有"南不拜张，北不拜李"之说。其实根本原因是张謇拟定中明年的顺天乡试，要仔细准备。　袁子久：袁保龄，北洋系统的能臣骁将，袁世凯叔父。

〔20〕同知绍兴陈鹤洲：张诗集中有多首辞别拜谢陈的诗。

〔21〕"还尹元仲"句：参前《年谱》光绪六年岁末记载。

〔22〕起居：此指问安；问好。　孙先生：孙云锦。

〔23〕亚甫：孙云锦次子。　顺天乡试：非顺天(首都所在省)籍而能应试的，须有"优贡"资格且有回避理由，张謇兼二者。张以学生避老师的身份回避"移官江宁"的孙云锦。

十一年乙酉 三十三岁。

正月,外舅与长子先后卒。[1]

二月,取妾常州陈氏。[2]

三月,至江宁,为孙先生襄校府试卷,拔江宁沈厚圻、上元邱廷銮。[3]

四月,由上海北上,亚甫前二日行,遇于天津。[4]　因袁子九还粤督聘金四十两。[5]　至京,先寓杨梅竹斜街和含会馆。

吊问夏厚庵。[6]　移寓内城东单牌楼观音寺胡同文昌关帝庙。　识黄仲弢(绍基),王可庄(仁堪)、旭庄(仁东),梁节庵(鼎芬),沈子培(曾植),宗室伯熙(盛昱),濮止潜(子潼),王苇卿(颂蔚),张伯纪(云官),丁恒斋(立钧),与为友。[7]

六月,国子监考到,取第一名,录取第四名。[8]　与伯熙谈朝鲜之危,不亟图存,必为人有,因以前策示之,共太息而已。[9]

闻通海水灾,常乐社仓一时难成。闻叔兄拟应乡试,以补监四成无资而罢。[10]　应顺天乡试。

九月十一日,听录,中第二。[11]清代乡人北榜中第二者,顺治甲午盛于亮,乾隆庚午方汝谦,至余共三人。房师商城黄编修梅岑(彝年),座师潘尚书(祖荫)、翁尚书(同龢)、左都御史宗室奎润、童侍郎华;童,院试座师也。[12]　潘、翁二师期许甚至,翁尚书先见余优贡试卷;试前,知余寓距其宅不远,访余于庙,余一答谢。[13]　同榜旧识钱新甫(贻元)、沈子封(曾桐)、杨叔峤(锐)、屠敬山(寄)。[14]　读王氏《说文释例》《古文辞类纂》。[15]朝鲜复有内讧,奸人将通款于俄,其王上表乞援,李相力持听其自主不援之议。[16]　宗室准仲莱聘教其弟,其弟本科同榜也,谢之。[17]　潘师命为《乡试录前序》,翁师命为《后序》。

十月,知蔡提督兵散,五弟归。[18]　　星乱如织,连三夜,为伯熙拟陈朝鲜事。[19]　　制艺问业于黄先生,先生以言事被谴,先有谈相者语先生,防有蹉跌。[20]先生曰:"数定乎? 不如我去寻蹉跌。"　　移居南半截胡同含山严礼卿编修(家让)处。[21]岁除,以用余之三十余金,分赠友人。

注释:

〔1〕外舅:岳父。　长子:岳父之长子。

〔2〕陈氏:此第一个妾。详本书《亡妾陈氏葬志》。

〔3〕襄校:襄助批阅。　拔:选拔。大致是从增生中选拔廪生。

〔4〕"由上海"句:去顺天乡试。　亚甫:孙云锦次子。

〔5〕"因袁子九"句:参上年中事。

〔6〕夏厚庵:夏同善之子,张謇友。

〔7〕黄仲弢、王可庄等:在晚清均是与张謇年相若的名士俊杰。

〔8〕考到:非北直隶省籍的外省优贡生,去参加顺天乡试,须得去国子监报到考。　录取:录取考,获取乡试资格的考试,犹科试。

〔9〕伯熙:即盛昱,国子监祭酒,详《会试亲供》。　人有:常人所应有的筹划。　前策:指《壬午东征事略》《乘时规复流虬策》《朝鲜善后六策》三策。　太息:叹息。

〔10〕补监:张謇是"捐监生",未入国子监读书,只有监生的名头,而无国子监在读学生的乡试资格。　补监:当指要得到参试资格,要补相当数量的金钱与烦琐的手续。

〔11〕听录:听取宣布录取者。　第二:俗为"南元";北元即解元,第一名,例取本省籍人。

〔12〕房师：阅卷老师。　商城：今属河南信阳。　黄梅岑：彝年其名，光绪二年进士。　座师：主考。　潘祖荫(1830—1890)：字在钟，号伯寅，亦号少棠、郑盦，苏州人，大学士潘世恩之孙。内阁侍读潘曾绶之子，咸丰二年探花。数掌文衡殿试，在南书房近四十年。光绪间官至工部尚书。　翁同龢(1830—1904)：字叔平，号松禅，别署瓶庐居士等，别号天放闲人，晚号瓶庵居士，江苏常熟人，中国近代史上著名政治家、书法艺术家。体仁阁大学士翁心存第三子，咸丰六年状元，历任户部、工部尚书、军机大臣兼总理各国事务衙门大臣。同治、光绪帝师。卒后追谥文恭。　宗室：清王室。　奎润(?—1890)，字链云，号星斋，正蓝旗，受庆子，海兰泰孙，同治二年进士。　童侍郎华：张謇生员试时江苏学政，故谓"院试座师"。

〔13〕甚至：甚高。　优贡试卷：指做成"行卷"拜赠有关人士者。

〔14〕同榜：一年考取。　钱新甫：钱骏祥(1848—1931)，新甫其字。浙江嘉兴人历充会典馆纂修，国史馆协修纂修，编书处总校。光绪二十年任山西学政。　沈子封(1853—1921)：曾桐其名，浙江嘉兴人，光绪十二年进士，选庶吉士，授翰林院编修。主张变法维新，提倡西学，沈增植之弟。　杨锐(1857—1898)，字叔峤，四川绵竹人，晚清维新变法时期干将、"戊戌六君子"之一。遗著有《杨叔峤文集》和《杨叔峤诗集》。　屠敬山(1856—1921)：寄其字，江苏武进人。清末民初著名的历史学家、史地学家、蒙古史学家、骈文作家，书法家。

〔15〕王氏：王筠(1784—1854)，山东安丘人，著名文字学家。

〔16〕李相：李鸿章。

〔17〕准仲莱：准良(1853—？)：裕瑚鲁氏，字仲莱，满镶黄旗人，光绪九年进士。

〔18〕蔡提督：即上文说及的蔡金章。　五弟：张警，曾在蔡处幕。

〔19〕星乱如织：指天上流星。此联系时局。　伯熙：盛昱。
拟陈朝鲜事：今收于《张謇全集》中为《代某公条陈朝鲜事宜疏》。

〔20〕黄先生：黄体芳。　谈相：说相面事。　蹉跌：跌跤；比喻受挫、失势。

〔21〕严礼卿编修(家让)：字鸿谦，礼卿其号。安徽含山人。光绪三年进士，散馆授编修，严是张謇在吴长庆幕时的旧友，后会试曾住严处。

十二年丙戌　三十四岁。

候试都下，会试不中，注选教谕，潘师留课其弟，辞。〔1〕
爽秋以杜口不论时事见规。〔2〕

四月，与同年刘仲鲁(若曾)及曼君出都。〔3〕至保定起居张先生，晤延卿。〔4〕

五月，南旋。　读《管子》《晏子》。

八月，璞斋先生以知县候补山东卒，为理料其归葬诸事。〔5〕
至江宁，孙先生介谒总督曾沅甫(国荃)。〔6〕　叔兄谋资引见，不谐。〔7〕　先君谋为乡里兴蚕桑，集资购桑秧于湖州，赊于乡人，并送《蚕桑辑要》。〔8〕

注释：

〔1〕候试都下：上年秋闱中式后未回家，在京城等候春闱之会试。　注选：应试获选，注授官职。(其"获选"指会试中房师上荐

而座师摒弃者） 教谕：元、明、清县学置教谕,掌文庙祭祀,教育县学所属的生员。 潘师：即潘祖荫。

〔2〕爽秋：袁昶(1846—1900),爽秋其字,浙江桐庐人。清末大臣、学者。光绪二年进士,官至太常寺卿。光绪二十六年,直谏反对用义和团排外而被清廷处死,同时赴刑的还有许景澄、徐用仪等四人,史称"庚子五大臣"。《辛丑条约》签订后,清廷为其平反,谥"忠节"。袁昶也是同光体浙派诗人的代表,是张謇的好友。杜口：闭口不言。 见规：规劝自己。

〔3〕刘仲鲁(若曾)：即张謇乡试那次中式的北元。 曼君：朱铭盘。

〔4〕张先生：张裕钊。 延卿：顾延卿,如皋人,通州五才子之一。

〔5〕璞斋：宋璞斋。当年老师,与其女曾有口头婚约。

〔6〕曾沅甫(国荃)：曾国藩六弟,曾国藩治湘军时重要助手,后任两江总督。

〔7〕谋资引见：筹措金钱并谋实职官。

〔8〕《蚕桑辑要》：沈秉成于1884年著成。

十三年丁亥 三十五岁。

叔兄欲求河运差,引见又不遂。[1] 孙先生由江宁调任开封知府。

三月,在家与家人育蚕。 曾总督以江宁书局分校《汉书》见属。[2]

闰四月,购柏秧六百余本、槐秧二百余本,分给乡人。又从袁恕堂乞得油桐子千粒下种备给。[3]

五月，至安庆，偕孙先生往开封任，由枞阳、孔城、六安州、顺河集、冯家集、太和县、淮甸、新镇、周家口、大林港、张市、朱仙镇，六月十六日至开封，寓江苏会馆。　　孙先生命拟《开封到任观风示》并观风题十道。[4]

八月十四日，河决郑州东石桥，初三十余丈。[5]次晨，孙先生往决口查灾。决口越二日，宽至二百余丈，全河夺汴、颍、汝、涡而下灌，横经四五十里，灾民四散奔逃，不可数计。上南厅工员吴县人李祁积怨于民久，至是破腹而投河流。[6]与东甫乘舟经中牟二三堡察看水势，凡堤不决处，所存之料，大率空虚，匪徒且乘危掠夺，饥民灾民，倚土搭柳枝栖止，官犹禁焉。[7]闻决口外五六里，人畜死无算。归告先生，泪下如雨，立诣巡抚请设赈局。河道山东人鞠捷昌不主设局，先生苦争，因与藩司鞠道有隙。[8]先生曰："官不做可也，眼前灾民，不能不救。"　　读《胡文忠公集》。[9]

九月，倪抚军属为主河工计画，拟疏塞大纲。[10]山东京官有任河自觅路入海者，有主复铜瓦厢者，意仍由江苏境耳，不知旧黄河下游已淤塞无路。[11]上书潘、翁二师，力陈其不可。[12]复看潘、靳书，及考宋、明史，凡河决开封以上者，无不大浸淮北，而淮扬转轻，前无道及者。[13]　　高阳李相国鸿藻奉命勘河，河督易李子和(鹤年)，任河务者，并巡抚为三矣。[14]河工局移杨桥庙工。余之应倪公聘也，先与之约，余为孙先生来，不能因抚院而去，第今事棘，工有事则住工次，回城则住府廨，因举何眉孙为代，促之来。[15]　　力白李公，乘全河夺流，大治河，复禹故道，李公惊惮焉。[16]北洋令西人贾海来勘，所言大概与余同，复格不行，则请以切滩取直法治河南险工之河。[17]按前河督梅启照开方图，加以最近测自祥符上泛以西郑州五堡、鸡心滩河分南北两支处始,至下泛北头堡、鸡心滩,亦分南北两支处止,居中就势引直,南自广武山尾以东至荥泽、三堡、鸡心滩七里,接至郑州六堡之间二十里,自八堡至中南头堡七十里,三堡至二十六堡三十里,北自祥河三堡南支至下北十堡四十里,共一百六十七里,可使南而荥、郑、中、祥,北而祥泛五处四十三四里至险之工化而为夷。[18]浚用机器,施工较易。[19]复不行,盖狃于旧河工之说也。[20]是河患终无衰止之日,余去志益决,且恐不速矣。   老于河工者主塞决,而臬司贾、河道鞠皆东人,又唱为年内不能兴工之说。[21]

十一月十六日,与东甫俱归。由陈留、杞县、睢州、宁陵、归德、马牧集、扬集、砀山、黄口、合集、徐州、张集、双沟、龙集、高作、洋河、众兴至清江浦而镇江。

十二月,风雪,附江轮,顿衣物于廊,危坐守之,雪不止,坐达旦,至芦泾港下,雪犹盛。

注释:

〔1〕河运差:历代王朝把所征粮食经由河道运至京师,称为"河运",其差是肥差。   引见:当指引带至吏部云云。

〔2〕曾总督:两江总督曾国荃。

〔3〕袁恕堂:曾是同驻朝鲜的同事(《年谱》光绪十年中叙及)。

〔4〕《开封到任观风示》:此为孙云锦预拟,表示熟悉开封的风土人情与亲民。   观风题十道:《日记》有载,诗题相关开封的历史与治河的内容。

〔5〕此说黄河决堤,以下均关于水灾、赈灾与如何治河的记述。

〔6〕上南厅:管辖"上游南部"治河工程的一工程处。(张謇日记还记有"中河厅")   工员:河工官吏。   吴县人李祁:是上南厅衙署主事余璜的幕宾。

〔7〕东甫：孙云锦长子。　中牟：河南一县名。　搭柳枝：简易棚舍。　官犹禁：恐妨治河。

〔8〕河道：治河首脑。道，道台的职衔。　鞠捷昌：山东烟台人，同治进士，曾任开封太守。　藩司：明清时布政使司的别称，主管一省民政与财务。　鞠道：即鞠河道省称。　有隙：有矛盾。

〔9〕胡文忠公：胡林翼。

〔10〕倪抚军：河南巡抚倪文蔚，任河督。　属为：委托张謇主持。　疏塞大纲：何处该疏通、何处该阻塞的治河总体计划。

〔11〕铜瓦厢：位于河南省兰考县西北部，现在叫东坝头。此句说，地方官员从自身局部利益出发考虑治河方案，寻觅入海口。

〔12〕潘、翁：潘祖荫、翁同龢。

〔13〕潘、靳：明代潘季驯与清代靳辅，均善治河，有治河专书。　大浸淮北：涌入淮河以北。

〔14〕高阳李相国鸿藻：见《年谱》光绪十年中注〔4〕。易：换。李子和鹤年（1827—1890）：李鹤年，字子和，号雪樵，辽宁义县人，历官御史、隶布政使至河南巡抚、闽浙总督等。　为三：巡抚倪文蔚、河督李鹤年、相国李鸿藻。此说政出多门。

〔15〕"余之"句：谓张为开封知府孙来，不能因河南巡抚倪去。　何眉孙：即驻朝时结识的能吏何嗣焜。

〔16〕李公：李鸿藻。　惊悍：惊其才华与胆略。（张所献方案是彻底治理之计）

〔17〕北洋：李鸿章。　西人：欧美人。　贾海：下文任臬司者。　复格：原指房屋的双重斗拱，或指两个出海口。　切滩：水流拐弯垂直冲削河滩（这里指人工垂直取道）。

〔18〕梅启照：字筱岩，江西南昌人，咸丰二年进士，曾任河督。

开方：开凿河道。　祥符：祥符县，在开封郊区。　上泛、下泛：上下游泛滥区域。　祥泛：祥符泛滥区。以上长句，张謇讲述关于彻底治河，如何取道疏浚的方略。

〔19〕此句说用机器疏浚。

〔20〕狃：囿；局限。　旧河工之说：即主"塞决"，不主"疏浚"之法。张主张疏浚。

〔21〕臬司：清提刑按察使司的别称，主管一省司法。　贾：上文贾海。　东：山东。

十四年戊子　三十六岁。

赣榆知县陈玉泉（廷璐）延长选青书院，兼修县志。[1]　太仓知州独山莫善徵（祥芝）延长娄江书院，谢之，荐彦升为代，仍约过江一谈。[2] 刺史，子偲先生弟也，故非常吏，留数日，令子楚生（棠）、族孙少儒（自贤）从学。[3] 刺史亦欲以修志见属，因与王先生及子翔商志例。[4]　刺史复借五百金与叔兄，益以孙先生所借，乃得于四月摒挡入都，以江西候补知县引见。[5]

三月，至赣榆选青书院。　求宋明清名志读之，殆十之六七，乃从事修志。[6]

五月，归。闻亚甫卒，恸焉。[7]

七月，叔兄往江西，十二月，得解京饷差。[8]　为海门任复溥善堂事，诣护院藩司贵筑黄子寿先生、臬司湘乡陈舫仙（湜）为请。[9]

注释：

〔1〕延长：请聘为书院山长。

〔2〕莫善徵（1827—1890）：祥芝其名，号九茎，贵州独山人。

娄江书院：太仓的书院。　谢：辞。　彦升：周家禄。

〔3〕刺史：知州的另称，指莫祥芝。　子偲：莫友芝（1811—1871）字子偲，自号郘亭，莫祥芝之兄，晚清大学者。

〔4〕此说，陈玉泉请张謇修赣榆县县志，莫祥芝请他修太仓州州志。　王先生及子翔：张謇在海门师山书院的山长太仓人王蒘畦，其子子翔亦进士。　商志例：商量州志的体例。

〔5〕此说为其叔兄张詧捐官。

〔6〕殆十之六七：谓旧志只剩十分之六七。

〔7〕亚甫：孙云锦次子。

〔8〕解京饷：押解赋税钱粮，张詧所得之实差。

〔9〕复溥善堂：恢复溥善堂。溥善堂是林则徐任江苏巡抚时，要求各地建立的，这是一个专门收敛无主野尸的慈善机构。诣……请：前往申请。　护院藩司：代理藩司职务者，参上年注〔8〕。　贵筑：今属贵州省贵阳市。　臬司：参上年注〔21〕。

十五年己丑　三十七岁。

正月二十六日，皇帝举行大婚典礼。[1]　作《棉谱》。辑志例，欲成《志通》一书。[2]

正月，北上应礼部会试，不中，挑取誊录四十名，房考内阁侍读长白小舫（熙麟）。[3]　倪抚以郑工合龙，保六品衔教谕即选，列保之前，倪抚问所欲得，答以无功无所欲，故就已选之教谕而被饰之云尔。[4]　叔兄以到省期满甄别，试问江西水利，叔兄尝读《江西通志》，论独详，取第一，得南昌县帮审。[5]

七月，至苏州吊莫知州之丧。[6]

九月，病。娴儿病痢，殇。娴本叔兄女，室人以淑殇而育之者。[7] 　　始识山阴汤蛰先(寿潜),与为友。[8]

注释:

　　[1]皇帝:光绪皇帝。

　　[2]《志通》:似是关于通州的志乘之书。张有此志向。

　　[3]会试:此第二次会试。"挑取誊录"句:挑取,挑选。誊录,用工楷誊清抄录,科举时试卷校阅前的手续之一。此句说房考熙麟,将他荐卷为"四十分之一"(日记为四十四人),被主考潘祖荫摒弃,主考的裁量"率"是在四十人中挑二十名。

　　[4]倪抚:倪文蔚巡抚。　郑工合龙:郑州河防完成。　被饰:谓除旧饰新。此前张謇曾被荐教谕,故如是说。张謇不在乎他人举荐,非得从科举正途出身。

　　[5]期满甄别:犹对试用期的考核。　帮审:犹帮办。

　　[6]莫知州:太仓知州莫善徵。

　　[7]此说抱养叔兄家女儿因痫疾而去死。　淑殇:见《年谱》光绪四年中注[4]。

　　[8]汤蛰先(1856—1917):寿潜其名,浙江山阴县人,光绪十八年进士。与张謇齐名的改革家、实业家,时谓"张汤";汤死,张有组诗哀悼,并为其写家传。

十六年庚寅　三十八岁。

　　小虹桥先母所葬墓地,前以海门田与范氏易者,地隔,范氏收租不便,而墓地不定,固亦非计,因议照时偿地价,而范氏归我庚辰所与易田之契,至是阅十一年。[1]

　　二月,应礼部会试,荐而不中,房考云南高蔚光。[2]高语余,场中误以陶世凤卷为余,中会元。[3]翁尚书命留试学正官,非余意,久于京无力,谢归。[4]

五月,病既愈,侍先君病十昼夜。

七月,叔兄得良口厘差。[5]

八月,却安徽沈抚延为其子课读之聘。[6]　　先君复病疡。

十一月,潘尚书卒于官。[7]尚书故兼顺天府尹,办直隶灾赈极劬瘁,顺天属民尤感之,谥文勤。　　识乌程蒋书箴(锡绅),与为友。[8]

注释:

〔1〕关于张范易地,事见《年谱》光绪六年中叙事。　地隔:范氏嫌易地在海门,路远,收租不便,退还。则张氏通州易得墓地改用时价买下。

〔2〕会试:此第三次会试。　荐:房考上荐与主考。　高蔚光:同治七年进士,时任职礼部。

〔3〕会元:会试第一名。张此处记载有误,混淆了年代。陶世凤是光绪二十年即张謇第五次会试时的同榜进士。陶中会元,张中第六十名贡士。时主考汪鸣銮(翁门六子)受翁同龢之托,关注张卷:"甲午,汪柳门(鸣銮)侍郎主会试,得一卷,又以为张謇,以示同考官翁太史斌孙(翁同龢侄孙)。翁曰:'首二场皆佳,五策似稍短。'汪曰:'此为季直闱中抱病耳。'遂置第一。揭晓则吾邑陶端翼世凤也。"(顾恩翰《竹素园丛谈》,转引自《翁同龢集(四)·试事录存》,中华书局2021年版,第1528页)

〔4〕学正官:管理国子监的官员。　无力:谓身体有微恙,参下"病既愈"句。

〔5〕良口:在今江西,日记亦写"梁口"。　厘差:财税官。

〔6〕沈抚:安徽巡抚沈秉成,张謇视如师,详《乡试亲供》。

〔7〕潘尚书：潘祖荫。

〔8〕蒋书箴：浙江籍举人，后在张謇实业共事。

十七年辛卯　三十九岁。

至东台校县试卷，修县志，时王欣甫权知县。[1]治《易音训句读》成。[2]

九月，省叔兄于江西。[3]

注释：

〔1〕王欣甫：与张謇一生为友，后住南通。

〔2〕《易音训句读》：本书是张謇重要的学术著作。

〔3〕省：省亲；探望。张謇九月八日起身，十月中旬回家。

十八年壬辰　四十岁。

正月，徐先生卒。[1]　　桐城孙先生卒。[2]讣至，为位而哭。[3]海门乡人，闻而会者数百人，杨点至服斩衰服，哭尤哀。[4]通人以先生黪免附城三税局，故亦为设祭，复合词上总督、巡抚，请奏付国史《循吏传》。[5]　　室人复为纳妾管氏。[6]　　叔兄得奉新差。[7]　　应礼部会试，仍不中。[8]爽秋为言，闱中总裁房考竟觅余卷不得，以武进刘可毅三场策，说朝鲜事独多，认为余，中会元。[9]计余乡试六度，会试四度，凡九十日，县州考、岁科试、优行、考到、录科等试，十余度，几三十日，综凡四月，不可谓不久，年又四十矣，父母必怜之，其不可已乎，乃尽摒试具。[10]　　翁尚书留管国子监南学，盛祭酒述南学诸生愿为捐纳学正，留管学，仪征阮引传、李智俦国子监官也，复来为说，并感而辞。[11]

八月,叔兄署知贵溪县,往省。〔12〕

十二月,营柳西草堂。〔13〕 为叔兄遣女归束氏,婿曰琯,畏皇子也。〔14〕

注释:

〔1〕徐先生:张謇视如问业师的乡贤徐云锦,徐夫人的族人。

〔2〕孙先生:孙云锦。

〔3〕为位:设神主牌位。家属须设牌位,旁人设位,表明极为尊重。

〔4〕会:聚会哀悼。 杨点:张謇友,孙为其雪冤,杨视孙为恩人。孙、杨关系参本书第38页注〔1〕。 斩衰服:旧时五种丧服中最重的一种,服三年。子及未嫁女为父母,妻妾为夫,均服斩衰。

〔5〕合词:犹联合上书。《循吏传》:守法循理的官吏。《史记·太史公自序》:"奉法循理之吏,不伐功矜能,百姓无称,亦无过行。作《循吏列传》第五十九。"

〔6〕室人:指徐夫人。 管氏:此第二妾。管氏后提出出家,张允之;事后管氏提出还俗,张未允。

〔7〕新差:即下文的署贵溪知县。

〔8〕会试:此第四次会试。

〔9〕爽秋:袁昶。 "武进刘可毅"句:张謇在四月十二日日记中,详细记述了好友沈曾植转告从其弟沈曾桐(同考官)所获知阅卷场上翁同龢等遍找张謇卷子而未得之事,因房考冯金鉴鸦片癔发作,早将张卷以"宽平斥落"而未荐。翁同龢遂取考卷写着"历箕子之封"的刘可毅为会元。刘可毅是黄体芳的得意门生,张謇该日记暗示今科会试翁同龢将取张謇。于是刘可毅策论写涉"朝鲜"事而中会元(箕子封地在朝鲜)。

〔10〕尽摒试具：此愤激之语，不得当真，知翁氏如此用心拔擢，岂会住手？

〔11〕"翁尚书"句：说翁同龢与国子监祭酒盛昱俱欲留张管国子监南学事，张回绝。

〔12〕往省：此第二次去江西，写下很多纪行诗。

〔13〕营柳西草堂：其实是大瓦房，日记上有详细记载。

〔14〕此句说为叔兄嫁女儿。叔兄在江西。　曰珺：老友束畏皇之子，后任张謇幕僚，掌文字。

十九年癸巳　四十一岁。

崇明知县延长其瀛洲书院，得士婺源江谦。〔1〕

十月，为海门增学额，诣学院宗室侍郎玉岑（溥良）。〔2〕闻可庄卒苏州知府任所，十二月往吊。〔3〕　同、光两朝京师所谓清流者，奉李高阳为魁，而张之洞、张佩纶、陈宝琛、黄体芳皆其杰。〔4〕友好中盛昱，王仁堪、仁东，张华奎，梁鼎芬，黄绍箕，文廷式皆预焉。〔5〕　可庄温重简雅，不露圭角，实令器，出知镇江府，劝民荒山种树，整治地方，移知苏州，亦得士心，享年不永，可恸也。〔6〕　先是孙先生知余与诸人善，令取诸命造推算，语余曰，异哉，伯熙、可庄、仲弢、道希诸君，仕皆不达不久而寿不永；子培、子潜必外为监司，后乃皆验。〔7〕说子培、子潜与李仲约说相同。〔8〕李尚及爽秋、苪卿，亦验也。〔9〕

注释：

〔1〕得士：谓得优秀人才。　江谦（1876—1942）：字易园，徽州婺源（今江西婺源）人，近现代著名教育家，1914年任通州师范学校校长；同年，江谦被任命为江苏省教育司司长。1914年8月，南

京高等师范学校筹办,江谦任校长。

〔2〕学额:生员(秀才)的名额。 溥良(1854—1922):雍正帝六世孙。光绪六年进士,后任礼部尚书等职。

〔3〕可庄:王仁堪(1849—1893),字可庄,福建闽县人。光绪三年状元,官苏州知府等,有政声。

〔4〕李高阳:李鸿藻。 张之洞:与李鸿章、左宗棠齐名之人。张佩纶(1848—1903):晚清名臣,李鸿章婿,张爱玲祖父。 陈宝琛(1848—1935):字伯潜,号弢庵,福建闽县人。同治七年进士,直言敢谏,曾任内阁学士、礼部侍郎。 黄体芳:见《年谱》光绪六年注〔12〕。

〔5〕仁东:王仁堪弟,张集中多称"欣甫",住通,与张謇一生为友。 张华奎:字蔼青,安徽合肥人,张树声之子,光绪十八年进士。 梁鼎芬(1859—1919):字星海,号节庵,晚清文学家、藏书家、诗人,广州人。光绪六年进士,授编修。 黄绍箕(1854—1908):浙江瑞安人,字仲弢。光绪六年进士。黄体芳侄。 文廷式(1856—1904):字道希。近代著名爱国诗人、词家、学者,在甲午战争时期主战反和,并积极致力于维新变法运动,是晚清政治斗争中的关键人物之一。

〔6〕圭角:圭的棱角,泛指棱角,比喻锋芒。 令器:优秀的人才。

〔7〕命造:即是四柱八字。 伯熙:盛昱。 子培:沈曾植。子潜:濮止潜。 为监司:负有监察之责的官吏。

〔8〕李仲约:未详,当是擅"命造推算"者。 说:关于众人数运的说法。

〔9〕爽秋:袁昶。 芾卿:王颂蔚(1848—1895),字芾卿,号蒿

隐,初名叔炳。江苏苏州人,光绪六年进士,是苏州有名的才子。

二十年甲午　四十二岁。

闻曼君卒于旅顺张仲明(光前)军中,为经纪其丧事。[1]曼君既卒,其妾生子。未卒之前,遗命小名买奴,名骥之。为安其母子生计。　　闻濂亭师卒于保定莲池书院,设位而祭。[2]　　是年慈禧太后六十万寿,举行恩科会试。叔兄于江西奉委庆典随员,函请于父,命余再应试。父年七十有七,体气特健,因兄请命曰:"儿试诚苦,但儿年未老,我老而不耄,可更试一回。尔兄弟亦别久,藉此在京可两三月聚,我心亦慰。"余不敢违,然意固怯,迟迟乃行。[3]　　室人请于父,为定梁氏、吴氏二姬。[4]

二月二十三日,至都。试具杂借之友人,榜放之前,不听录。[5]中六十名贡士,房考,山东滕县高仲珹编修(熙喆)。[6]总裁,高阳李尚书鸿藻、嘉定徐总宪郙、钱塘汪侍郎鸣銮、茂名杨副宪颐。[7]

三月十六日,覆试第十名。[8]　　二十一日,殿试四策,问河渠、经籍、选举、盐铁,具本朱子学说对。阅卷大臣八人,张相国之万、协揆麟书、李尚书鸿藻、翁尚书同龢、薛尚书允升、唐侍郎景崇、汪侍郎鸣銮、侍郎志锐。[9]　　二十四日,乾清宫听宣,以一甲第一名引见。　　二十五日,传胪。[10]　　顺天府尹于午门酌酒揖骑,以仪仗送归第。[11]　　假南通会馆供张迎使。[12]二十八日,朝考。[13]　　黄先生过余慰问,余感母与赵、孙二先生之不及见,又感国事,不觉大哭。[14]先生至亦凄然。

五月,叔兄奉父命归。[15]　　二十八日,诣礼部翰林院听宣到衙门。[16]

六月，大教习到任，沿明故事，诣院上书分教习。[17] 侍讲归安冯修盦（文蔚）大课第一。[18] 二十六日，太后万寿朝贺。日本以是日突坏我北洋兵舰二。

七月一日，上谕声罪日本。[19] 朝议褫海军提督丁汝昌，李鸿章袒之，朝局大变。 初五日，妾陈氏卒。[20]

八月十八日，随班贺太后加徽号，朝鲜正使李承纯、副使闵泳喆犹进贺表。[21] 闻我军溃平壤，退安州，日兵扬言分道入寇。

九月，翰林院五十七人合疏请恭亲王秉政，又三十五人合疏劾李鸿章，余独疏劾李战不备、败和局。[22] 闻父背病疽，愈而未复，心滋不宁，而国事方亟，不可言去。[23] 十八日亥刻，闻父十七日丑刻之凶问。[24]十九日晨行，过天津，即附海轮。二十七日，由上海抵家。入门伏地恸绝，寝苫丧次。[25]一第之名，何补百年之恨；慰亲之望，何如侍亲之终。——思之泣不可仰。[26]

注释：

〔1〕曼君：朱铭盘。 张光前：字仲明，安徽庐江人，淮军将领。 经纪：筹办处置。含下文安排遗孀（妾）及遗腹子生计。

〔2〕濂亭师：张裕钊。 设位：家中设神主牌位祭祀。

〔3〕止"余不敢"数句，表达屈从会试之由，张謇其实不中进士绝不罢休，参第四次会试时翁同龢等竭力奥援可知。

〔4〕梁氏、吴氏：至此有四妾，前有陈、管。

〔5〕听录：听候录取，是正式发榜之前的"预告"。

〔6〕贡士：清制，会试中式者为贡士。 房考：科考阅卷，分房阅卷的考官，有荐卷之责。 高仲瑊熙喆（1854—1938）：高熙喆，字仲瑊，一字亦恩。山东省滕州人，光绪九年进士。后授翰林院编

修、国史馆协修等,民国时避张宗昌之乱而居南通张謇处,有唱和。

〔7〕总裁:主考。 李尚书鸿藻:见《年谱》光绪十年中注〔4〕。 徐总宪郙:徐郙(1838—1907),字寿蘅,号颂阁,江苏嘉定(今上海嘉定)人。同治元年状元,先后授南书房行走、兵部尚书、礼部尚书等职,拜协办大学士,世称徐相国。 总宪:明清都察院左都御史的别称。御史台古称宪台,故称。下有副宪,循此。 汪鸣銮(1839—1907):字柳门,号郋亭,杭州人,同治四年进士,官编修、内阁学士、总理各国事务衙门大臣等。 杨副宪颐(1824—1899):字子异,号蓉浦,晚号蔗农,广东人。同治四年进士,历任武英殿总纂,国史馆纂修。

〔8〕第十名:日记记载是第十一名,翁同龢调整为第十名,使之在殿试中取得有利位置。

〔9〕殿试:皇帝任主考,以定状元、榜眼、探花和前十名,又分为三甲等。 四策:策问,有关于学问、也有关于治国的实际问题。 阅卷大臣:代皇上阅卷,各取名次,综合评分,亦有协调。张相国之万(1811—1897):字子青,号蘐坡,河北省南皮人,张之洞堂兄。道光二十七年状元,历任江苏巡抚、闽浙总督、兵部尚书、体仁阁大学士、东阁大学士等。赠太保,谥文达。 协揆:清代对协办大学士的称呼。意谓协助百揆(指大学士)管理政务。 麟书(1829—1898):清宗室,多铎八世孙。咸丰三年进士,官至文渊阁大学士、武英殿大学士等。 李鸿藻、汪侍郎鸣銮:也是会试主考。 薛尚书允升(1820—1901):字克猷,号云阶,陕西人。进士出身,历任山西按察使、刑部右侍郎、刑部尚书等职。 唐侍郎景崇(1844—1914):字春卿,广西灌阳人。同治十年进士,授编修,由侍读四迁至内阁学士。 志锐(1853—1912):字公颖,他塔拉氏。

光绪进士,礼部右侍郎。辛亥革命时新疆革命党起义响应,欲推志锐为都督,遭志锐严拒,随后被革命党人枪决。谥号"文贞"。是瑾妃和珍妃的堂兄。

〔10〕传胪:殿试揭晓唱名的一种仪式。殿试公布名次之日,皇帝至殿宣布,由阁门承接,传于阶下,卫士齐声传名高呼,谓之传胪。

〔11〕顺天府尹:京畿地区的行政长官。 揖骑:犹牵马。

〔12〕假:假座。 供张迎使:提供张灯结彩迎接报信使者。

〔13〕朝考:清科举制度。凡新科进士引见前,由皇帝再考试一次,称朝考。朝考后授官。

〔14〕黄先生:黄体芳。

〔15〕叔兄奉父命归:回家乡准备官民同庆。

〔16〕听宣:听取朝廷宣布职衔。

〔17〕大教习:翰林院教席,如下文冯文蔚。 分教习:分题讲演。

〔18〕冯文蔚(1814—1896):字联堂,号修庵,浙江湖州人。光绪二年探花,曾任侍讲。 大课第一:冯的大课考试张第一。

〔19〕上谕声罪日本:指宣布对日宣战。

〔20〕妾陈氏卒:此误植。陈妾死于上年七月初五。

〔21〕八月十八日:日记记载在八月十六日。

〔22〕"余独疏"句:九月四日,张独上《呈翰林院掌院代奏劾大学士李鸿章疏》。

〔23〕背病疽:中医指局部皮肤肿胀坚硬的毒疮。俗称发背。 言去:指请假回家。

〔24〕凶问:噩耗。

〔25〕寝苫丧次：睡草荐，头枕土块，古宗法所定居父母丧的礼节。　丧次：居丧之地。

〔26〕百年之恨：尽孝不到而遗恨。　泣不可仰：哭得抬不起头。

二十一年乙未　四十三岁。

闻畏皇病卒于吴淞班复斋(广盛)军中。[1]　　张孝达由湖广总督移督两江，奏请朝旨任余总办通海团练。[2]鉴乡先辈办团练筹款之弊，不任募捐，以书二十四楼付典肆，抵质银千元，分助通海团练，为乡人倡。[3]

四月二十一日，葬先君暨葛太夫人于城东王字河东。[4]闻天津和议成，和约十款[5]：一、韩自主。二、割全台、奉天九州县。三、换约后三个月撤军。四、赔二万万两，换约后半年还五千万，再半年还五千万，余六年清还，加息五分。五、苏、杭、沙市通商。六、内地皆通商。七、两月内派员会同划界。八、驻兵威海，每年给兵费五十万，赔款清后撤。九、俘虏彼此送还。十、限六个月议通商详款，现停战期满，展限至四月十四日，以便期内换约。盖赔款割地之辱兼之。　　见台民愤抗布告天下之文。[6]

闰五月，通海团练撤防。[7]

六月，至江宁诣南皮，论下不可无学，学不可无会，若何实地进行。[8]

七月，南皮留谈商务，归有筹辟海门滨海荒滩之议。[9]举债营先君遗言欲举之家庙、义庄、社仓、石路、石桥，书箴筹策之助为多。[10]

八月,闻东甫卒。[11]东甫无世俗气,有治事才,失此良友,可痛。　　户部有减官俸加厘捐议,言于御史熙麟,疏论其不可,并请饬江北州县,悉复道光朝林文忠抚苏之溥善堂,免地方因人命被吏胥之扰累。[12]

十月,节盦约与康长素、黄仲弢列名开强学会,南皮为会长。[13]长素初名祖诒,更名有为,与节盦皆粤人,皆旧识。节盦为陈兰浦先生弟子,康为朱九江先生弟子,康教授广州,门徒甚众,有梁卓如(启超),其高足弟子也。[14]中国之士大夫之昌言集会自此始。

十一月,辞书局总校。[15]

十二月,南皮聘继黄先生长文正书院。[16]　　辞崇明瀛洲书院。　　为通海花布商议办认捐事,至繁复而胶葛,口舌辩难,文牍疏解,几于十反。[17]　　岁终,计负债已七千余元,而所以谋竟先志者尚未终。[18]先志者,父事也;负债者,子事也。父有志而子不能竟,安用子为?家祭陈告,必以二年成之。

注释:

〔1〕畏皇:朱畏皇,张謇同乡好友,张謇亲家。　班复斋(1837—1903):广盛其名,安徽巢湖人,早年随吴长庆转战江淮。1894年,班氏受两江总督张之洞委派,统领清军盛字营驻防吴淞。

〔2〕张孝达:张之洞。　总办通海团练:为防日军从长江口侵入,张謇遵旨承办。《张謇全集》有《海门团防营制》《通海劝防歌》叙及此事。

〔3〕"典书二十四椟"事,日记无载,后与张之洞结账未见提及。

〔4〕王字河:南通一河。

〔5〕天津和议:指中日《马关条约》,在烟台换约,张謇为何讹

为天津,未详。

〔6〕"台民愤抗"句:《马关条约》割让台湾,台湾人民则通告而反抗示威。

〔7〕通海团练撤防:时已成三营。

〔8〕南皮:张之洞,因直隶(河北)南皮人而称。与南皮所论,谓如何在基层社会实施变法图强。参下一年注〔12〕。

〔9〕"归有筹"句:此是张謇在海边规筹"垦牧公司"的由来。

〔10〕书箴:蒋书箴,即前文注过的蒋锡绅,后助张謇实业颇多。

〔11〕东甫:孙云锦长子。

〔12〕熙麟:张謇第二次会试时的房师。 疏论其不可:不赞同户部的"奏议"。 溥善堂:见《年谱》光绪十四年。林文忠,即林则徐。

〔13〕节盦:即梁鼎芬。 康长素:康有为。 黄仲弢:黄绍箕。 强学会:清末士人创立的第一个维新派政治团体,由康有为发起、侍读学士文廷式出面组织,在北京成立。陈炽为会长,梁启超任书记员。张謇为何讹为"南皮任会长",不详。

〔14〕陈兰浦(1810—1882):陈澧,兰浦其字,号东塾,广东广州府番禺县人。道光十二年举人,学问家。 朱九江(1807—1881):朱次琦,字稚圭,号子襄,世称九江先生,广东广州府南海县(今佛山市南海区)人,清代广东名儒。

〔15〕辞书局总校:十一月二十日张之洞邀任"江宁书局总校",次日坚辞,并还修金。

〔16〕文正书院:南京最重要的书院,纪念"曾文正公"而设。黄先生:黄体芳。

〔17〕"为通海"句:是讲关于统包厘捐,保护与发展通海地区

种棉、土纺等职业的举措。　胶葛：交错纷乱貌。

〔18〕先志：先父遗愿。

二十二年丙申　四十四岁。

正月，认捐事垂成矣，司局持酷议，限商认缴之数，必解制钱，不论年岁丰歉。〔1〕若短，必州厅具结认赔，以是终不成。乃知以急策敛财者，不善其后，未有不病民者，于曾、胡何责也。〔2〕

叔兄为南皮调湖北任宜昌川盐加厘局坐办。〔3〕

二月，至江宁，任文正书院院长。先往安庆吊东甫之丧，谒孙师母，还校孙先生《年谱》《杂记》，东甫前属也。〔4〕　江谦、江导岷、束曰珣、陆宗舆、郭鸿诒文彻、潘世杰、沈书升，从子亮祖从学于书院。〔5〕　应兼安徽巡抚沈仲复（秉成）安庆经古书院院长之聘。〔6〕　复通州孔庙乐舞，设采芹会，并建海、如、泰合习庙乐之议。〔7〕请学院龙资生侍郎湛霖延浏阳唐某等为乐舞教员。〔8〕　议城濠鱼堰。〔9〕

二月，翁尚书罢毓庆宫值。〔10〕

三月，与两江总督新宁刘岘庄（坤一）议兴通州纱厂。〔11〕先是南皮以中日马关约，有许日人内地设工厂语，谋自设厂，江南北苏州、通州各一。苏任陆凤石（润庠），通任余，各设公司，集资提倡，此殆南皮于学会求实地进行之法。〔12〕余自审寒士，初未敢应，既念书生为世轻久矣，病在空言，在负气，故世轻书生，书生亦轻世。〔13〕今求国之强，当先教育，先养成能办适当教育之人才。而秉政者既暗蔽不足与谋，拥资者又乖隔不能与合，然固不能与政府隔，不能不与拥资者谋，纳约自牖，责在我辈，屈己下人之谓何？〔14〕踟蹰累日，应焉。　初号召发起人，应者沈敬夫、刘一山、潘鹤琴、郭茂之、陈维镛、樊时薰六人,合组而余任通官商之邮。[15]案既定,迁延不效,由汪知州撤樊、陈二人。[16]　　李相使俄,慈禧太后召见,李折呈五十七人禁勿用,首文廷式。[17]李出京,御史杨崇伊劾廷式罢遣。[18]

四月,闻丁恒斋外放沂州知府。[19]　　闻慈禧为穆宗立端王之孙溥儁为子。[20]

五月,归。

七月,家庙、义庄上梁。[21]　　延太仓李虎臣(以炳)同至江宁,课从子亮祖、仁祖。[22]

八月,辞安庆经古书院,让黄先生。[23]先生故长文正书院,以南皮去辞而让余。

九月,为纱厂事归,规度厂基于州城北唐家闸陶朱坝。

十月,改议通纱厂官商合资,官以久阁沪上之机估值五十万两为本,由商集资五十万两合之。

十一月二十三日,行家庙落成礼,奉四代主入庙。[24]　　梁姬、吴姬来归。[25]

注释:

〔1〕认捐:见上年中注〔17〕。　　酷议:所议为苛刻的条件。制钱:明清官局监制铸造的铜钱。因形式、分量、成色皆有定制,故名。

〔2〕曾、胡:曾国藩、胡林翼。　　何责:曾胡主张养士、养民。

〔3〕南皮:张之洞。　　川盐:涉四川盐。　　加厘:加税。　　坐办:清制,非常设机构中负责日常事务的称为坐办,略次于总办和会办。

〔4〕东甫:孙云锦长子,上年亡。

〔5〕江谦：见《年谱》光绪十九年注〔1〕。　江导岷（1881—1947）：字知源，江西婺源江湾人，任通海垦牧公司常驻经理，是张办实业的重要助手。　陆宗舆（1876—1941）：字润生，浙江省海宁人，曾任驻日公使。　郭鸿诒（1875—1953）：原名文献，后改今名，字礼征，安徽亳县人。文彻或鸿诒之字。　潘世杰：未详。　沈书升：张謇实业的重要助手沈燮均之子。　从子：侄子。　亮祖：张詧子。

〔6〕沈仲复（秉成）：张謇视如师，详《会试亲供》。

〔7〕孔庙乐舞：此为祭孔作准备。　采芹：《诗·鲁颂·泮水》："思乐泮水，薄采其芹。"毛传："泮水，泮宫之水也。"郑玄笺："芹，水菜也。"古时学宫有泮水，入学则可采水中之芹以为菜，故称入学为"采芹"。此句总说准备祭孔事宜。

〔8〕学院：省学政院。　龙资（芝）生（1837—1905）：湛霖其名，湖南攸县人。同治元年进士，历任江西学政、内阁学士、江苏学政、刑部右侍郎等。

〔9〕鱼堰：堰是堤坝，可能为养鱼或水利而筑堤与疏浚水道。

〔10〕毓庆宫：同治、光绪、宣统三位皇帝的读书处，光绪皇帝曾在此居住。

〔11〕刘岘庄（1830—1902）：坤一其名，湖南新宁人。晚清名臣，军事家、政治家。廪生，以湘军起家。历任江西巡抚、两江总督等。张謇办实业，获其支持颇多。

〔12〕陆凤石（1841—1915）：陆润庠，字凤石，号云洒、固叟，苏州人。同治十三年状元，历任国子监祭酒、工部尚书、吏部尚书，官至太保、东阁大学士、体仁阁大学士。　求实地进行之法：说是洋务运动中的就地办实业。

〔13〕"余自审"句：批评读书人的空言，任气，不切实际，表示自己力求用实践改变。

〔14〕纳约自牖：在规约的束缚下自我开通以谋出路。牖，窗洞。　屈己下人：犹自我菲薄。

〔15〕发起人：张謇。　合组而余任通官商之邮：此企业之初是官商合办，张自我调侃"通官商之邮"，邮是"驿站"的意思，犹联络人。

〔16〕汪知州：汪树堂(1850—1917)，字剑星，浙江余杭人。父汪元方曾为军机大臣，卒后赠太子少保，谥文端。汪树堂承先世余荫，为一品荫生，历任刑部、户部员外郎，句容知县、海州知州及通州知州等职，在通州知州任十二年(1892—1903)，与张謇多有龃龉。

〔17〕文廷式：见前光绪十九年注〔5〕。

〔18〕杨崇伊(1850—1909)：字莘伯，江苏常熟人。光绪六年进士，由庶常授编修。光绪二十一年授御史，就任后第一疏即于是年十一月首劾康有为、梁启超在北京创设的强学会，又疏参翰林院侍读学士文廷式革逐回籍，是有名的后党。　罢遣：散遣，放遣。

〔19〕丁恒斋(1854—1902)：名立钧，字叔衡，镇江人。光绪六年进士，官至山东知府。历官翰林院庶吉士、编修、山东沂州府知府。张謇好友。

〔20〕穆宗：同治皇帝。　端王：载漪(1856—1922)，道光帝旻宁之孙，惇亲王奕誴之子，后过继瑞敏郡王奕志为嗣，后袭封端郡王。　溥儁(1885—1942)：载漪次子。戊戌变法失败后，慈禧拟废黜光绪帝，光绪二十六年年底召集王公大臣会议，决定立溥儁为"大阿哥"(皇储)，预定庚子年元旦光绪帝举行让位礼，改元"保庆"。此举遭到国内外各派势力的强烈反对，慈禧被迫停止废立计

划。　句中"之孙"误,当为"之子",张日记亦"之子"。

〔21〕上梁:架梁,为建屋之重大工序。有钱有势人家还颂"上梁文"。

〔22〕李虎臣(1853—1930):名以炳,虎臣其字,江苏太仓人。为张謇所器重,曾聘其为西席,并任南通师范暨南京高等师范与河海工程等校教授。

〔23〕黄先生:黄体芳。他们互让任"文正书院"与"经古书院"的山长。

〔24〕四代主:礼制规定祭祀的祖先为自身上至第四代。

〔25〕梁、吴:张謇妾。后吴氏生独子张孝若。

二十三年丁酉　四十五岁。

长文正书院。

正月,至三姓街家庙祭始迁祖,祭金沙、西亭、通城祖考墓,宋蓬山先生墓。谒孔庙。[1]　家庙行焚黄礼。[2]　祭东台外祖父母墓。[3]　从子亮祖娶于沈氏。　办掘港、丰利二场灾赈。　翰林院述掌院语与京友连电促到院,均辞。[4]

二月,同书箴、敬夫、立卿、一山至沪,与潘、郭会议,定三月内集资二十万造厂。[5]　与室人同至江宁。

三月,至武昌,与南皮说通厂事。[6]

四月,吴、梁二姬至江宁,室人归。　通海蚕桑,为厘捐总局所阻阂。

六月,宋紫卿先生卒。[7]　从子亮祖病卒。　通纱厂以潘、郭屡报集股有成数、屡不效,七月乃与盛宣怀议所订用之官机四万八百锭,合领分办,冀按二万四百锭之值二十五万两,由商集二十五万两,数轻而易举也。[8]　　新宁檄商务局以潘、郭集资屡不效,屡请退,撤之。[9]于是通厂之责,乃专在余。是时余仅集六万余两,宁商务局桂道嵩庆许任募十万两,亦口惠无实。[10]

八月,三叔父卒。自迎养常乐以来已十余年,曾以《农政全书》法,从先君索田二十余亩试种,不效,举止遂失常度,至是卒。[11]

九月,海州延兼书院,辞。[12]　　梁、吴二姬归。　　叔兄至江宁。

十月,以通厂集资事至沪,旅费乏,鬻字。[13]

十一月,定造厂包工价九万两。　　约书箴至厂为助。定《厂约》。　　遣从子仁祖从学于湖北方言学堂。　　叔兄在京山唐心口多宝湾堤工。[14]　　试海门芦穄炼糖。[15]　　成《归籍记》。

注释:

〔1〕谒孔庙:上年曾学孔庙乐舞作为准备。

〔2〕焚黄:旧时品官新受恩典,祭告家庙祖墓,告文用黄纸书写,祭毕即焚去,谓之焚黄。后亦称祭告祝文为焚黄。

〔3〕祭东台外祖父母墓:此金氏母亲遗愿,张写有长诗。

〔4〕掌院:清代翰林院掌院学士的省称。此说翰林院与朋友联名来电,催张去到院。

〔5〕"同书箴"句:此句与以下叙及造大生纱厂遇到资金匮乏的难题,多方筹措,均阻碍重重。

〔6〕"至武昌"句:时张之洞任湖广总督,驻地武昌,故云。

〔7〕宋紫卿:即张謇曾寄读其家并考中生员的授业师。

〔8〕潘、郭：潘鹤琴、郭茂之。　盛宣怀：结果盛宣怀也如潘、郭，终无效果。

〔9〕新宁：刘坤一。

〔10〕桂嵩庆：字芗亭，一作香亭，江西抚州临川人。历任江宁布政使，徐州兵备道，江宁商务局总办，上海商务局道台等职。可见，"道"是"道台"的省称。

〔11〕常度：常态。按，此老年性痴呆。三叔是张謇嗣父。

〔12〕海州：今连云港。

〔13〕鬻字：该月十四日日记："旅费不足，卖字。"

〔14〕京山唐心口多宝湾：在湖北天门县。　堤工：当属上年"为南皮调湖北任宜昌川盐加厘局坐办"任中之事。

〔15〕芦穄：芦粟，高粱的一个品种。又称甜高粱，俗称甜芦粟，茎可生吃或制糖。

二十四年戊戌　四十六岁。

长文正书院。

正月，营所居常乐镇二十八圩社仓。　十八日酉时，怡儿生。[1]

二月七日，从孙延武生。　编《本支系谱》[2]　刘总督以所条陈海门垦荒事入奏，委道员钱德培来勘视。[3]

三月，纱厂兴工。　为新宁拟《变通开垦海门荒滩奏略》。

闰三月，入都销假，补散馆试。[4]　常乐乡民误会社仓意，毁仓董许聘三之家。[5]副都统景祺奏行间架税，同时又行中允黄思永奏请之昭信票。[6]　二十六日，见翁尚书言间架税之弊甚于昭信票。　二十八日，见申戒昭信票之谕旨。

四月,复见尚书言之,尚书立命驾往户部,曰:"改过不吝,不可以需贼事。"[7]因请电传九督抚。[8]　　请翁尚书停江北米粮捐,为草《留已收之昭信票款于各省办农工商务奏》。　　上翁尚书《理财标本急策》。　　恭亲王奕䜣卒,度朝局将变。[9]十八日,保和殿试散馆:《十事对九赋》《霈泽施蓬蒿》试帖;试时誉至第四韵,四川胡峻越余坐前过,触几,激墨点污卷如豆,既刮重写,乃脱一字,临行知之,复刮三十字重写,疵类殊甚,列二等三十七名。[10]　　始用初花眼镜。闻近常乐镇之龚某扇众毁常乐社仓。　　二十二日,见翁尚书所拟变法谕旨。[11]为翁尚书拟《大学堂办法》。　　二十七日,见翁尚书开缺回籍之旨。[12]见文武一品官及满、汉侍郎补授者,均具折谢太后之旨。[13]　　二十八日,徐致靖昨保举之康有为、张元济召见。[14]

　　二十九日,乾清宫引见,德宗神采凋索。[15]　　诣翁尚书,已治装谢客,因请见,引朱子答廖子晦语,劝速行。[16]　　识宗室伯弅编修(寿富),与为友,竹坡侍郎(宝廷)子也。[17]

　　五月,旅费竭,卖字二百金即止。[18]　　闻江南米贵,每石银八圆。[19]　　十三日,送翁尚书于马家铺。　　是时通纱厂股本,经恽祖祁助募,共只十八万两耳,尚缺七万,而建筑将成,就京募有二三万可望,乡人某毁阻不谐。[20]

　　六月二日,赴翰林院听宣。[21]　　辞孙尚书奏派大学堂教习。[22]　　三日丑刻,诣翰林院清閟堂请假,卯刻出京,合甲午计前后在宫一百二十日。　　五日,候船于天津,船以上海有甬人与法人争地之讧不开。[23]诣卜肆,卜人云七日行,果应。[24]在京闻康有为与梁启超诸人图变政,曾一再劝勿轻举,亦不知其用何法变也。至是张甚,事固必不成,祸之所届,亦不可测。康本科进士也，先是未举，以监生至京，必遍谒当道，见辄久谈，或频诣见，余尝规讽之，不听。[25] 此次通籍，寓上斜街，名所居为万木草堂。[26] 往晤，见其仆从伺应，若老大京官排场，且宾客杂遝，心讶其不必然，又微讽之，不能必其听也。[27]　　回通议九场丈垦事。[28]

七月，唐侍郎景崇以经济特科荐。[29]　　新宁奏设商务局、商会，各省之有商务局、商会，始此。[30] 属总理商务局、商会，辞不获允。

八月二日，郑太夷被荐，召见赏道员，充总理衙门章京。[31]

六日，太后复临朝，逮捕康有为，有为逃。[32] 各国兵舰集天津，诘总理衙门，问上病状。[33]　　袁世凯护理北洋大臣。[34]　　德宗有疾，召京外医。　　逮捕梁启超，启超亦逃。　　杨深秀、杨锐、林旭、谭嗣同、刘光第、康广仁被戮，徐致靖永禁，张荫桓、李端芬戍新疆，逮文廷式，褫湘抚陈宝箴，吏部主事陈三立、编修江标、熊希龄职。[35]　　为新宁拟《太后训政保护圣躬疏》，大意请曲赦康、梁，示宫庭之本无疑贰，此南皮所不能言。[36] 刘于疏尾自加二语，曰："伏愿皇太后皇上慈孝相孚，以慰天下臣民尊亲共戴之忱。"乃知沈文肃昔论刘为好幕才，章奏语到恰好，盖信。[37]

九月，商务开局。　　闻南皮奏上《劝学篇》，意持新旧之平，而何启讦其骑墙，徐桐咎其助新，人尽危矣。[38]

十月，闻刚毅、许应骙承太后之意旨，周内翁尚书于康、梁狱，故重有革职永不叙用，交地方县官编管之谕旨。[39]　　通厂集款仍无增益，求助于南皮无效，告急于新宁，亦委谢不顾，乃辞厂，辞商务局。[40] 答委蛇慰留，饬通知州、海同知协募，知州则出示谕董，签役四出而已，无少效，亟止之。[41]　　闻太仓王先生卒。[42]

注释:

〔1〕怡儿:张謇独子张孝若,名怡祖。

〔2〕《本支系谱》:即《南通张氏常乐支谱》。(详下)

〔3〕刘总督:刘坤一。即下文张为刘拟《变通开垦海门荒滩奏略》事。 钱德培:字琴斋,号闰生,今浙江绍兴人,官江苏道员。

〔4〕入都销假:按律张应入翰林院庶常馆学习,时已任文正书院山长,须"请、销假"。 散馆试:翰林院设庶常馆,三年期满举行考试,确定安排留馆或外放。

〔5〕"误会"句:社仓有"赈灾""商事"两功能,实际以"商"为多,因有争执毁仓之说。参本文稍下"常乐镇之龚某扇(煽动)众毁常乐社仓"句。

〔6〕副都统:清代驻扎于各地的"驻防八旗"之长官称都统。 景祺:清朝贵族。 间架税:犹房产税。 中允:官名。汉置,太子官属。 黄思永(1842—1914):字慎之,寄籍江宁(今南京)。光绪六年的状元,官至侍读学士,因称"中允"。 昭信票:指清政府为偿付对日赔款于1898年发行的国内公债。下文说"申戒",表明朝廷不同意。

〔7〕改过不吝:《书·仲虺之诰》:"用人惟己,改过不吝。"孔颖达疏:"改悔过失,无所恡(通吝)惜。"意为从速改正。 不可以需赇事:谓不能用发"昭信票"应付赔款。

〔8〕九督抚:当时有九总督十六巡抚。

〔9〕恭亲王奕䜣:见《年谱》光绪十年注〔4〕。奕䜣是当时重臣,因有此说。

〔10〕《十事对九赋》:赋题,事出《梁书·刘显传》。显博学,尚书令沈约策"经史十事"而显"对其九";而刘显策"经史五事",沈仅

"对其二"。此勉励考生博览经史。 《霈泽施蓬蒿》：杜甫《大雨》诗："风雷飒万里，霈泽施蓬蒿"中句，此颂圣，泽指圣上恩泽。几：书案。以下叙述考试过程一插曲，考生胡某碰动课桌，导致张试卷污损，影响成绩。

〔11〕翁尚书所拟变法谕旨：翁是帝党中坚，虽不赞成康有为，亦主张变法，张与翁于此相同。

〔12〕翁尚书开缺回籍：帝党、后党争斗甚烈，翁氏招忌后党。时距戊戌政变三个月。

〔13〕"见文武"句：谓慈禧笼络众大臣，以应付帝党的变法。

〔14〕徐致靖(1844—1917)：江苏宜兴人，清末维新派领袖。光绪间进士，累迁侍读学士。慈禧政变本欲杀七君子，且以徐为首；李鸿章深受徐父之恩，因托荣禄在慈禧处求情"监斩候"。张元济(1867—1959)：浙江海盐人，光绪十八年进士，教育家。1949年被特邀参加中国人民政治协商会议，被选为全国委员会委员，后被选为第一届全国人民代表大会代表。

〔15〕德宗：光绪帝。 凋索：凋零；孤寂；没精神。

〔16〕引朱子答廖子晦语：朱子答廖有多章，可能引《晦庵先生朱文公文集》卷四五《答廖子晦》："君子曰终，小人曰死，则智愚于此，亦各不同。故人不同于鸟兽草木，愚不同于圣，虽以为公共道理，然人须全而归之，然后足以安吾之死。不然则人何用求至贤圣，何用与天地相似。"其中"人须全而归之"合当时语境。 劝速行：知有大变，劝速速回家。

〔17〕伯弗(1865—1900)：寿富，字伯弗，号菊客，清宗室。戊戌年进士，入翰林，选庶吉士，维新人士。戊戌政变后，受到顽固派的猛烈攻击。1900年八国联军侵占北京后，拒绝降敌，引缳自缢。

〔18〕卖字二百金：据之日记，或可视如"润笔"。

〔19〕每石：今一百六十市斤。

〔20〕恽祖祁(1842—1919)：字心耘，晚号菜叟，武进人。早年纳资盐运使，历任湖南会陵知县、江西盐法道。 毁阻：当指阻止张募金。

〔21〕听宣：指散馆试后"重新"分配工作，或即欲留张任"大学堂教席"。

〔22〕孙尚书：孙家鼐(1827—1909)，字燮臣，号蛰生，安徽寿县人。咸丰九年状元，光绪帝师。迁工、礼、户、吏、刑五部尚书。后掌京师大学堂，任文渊阁大学士、学务大臣等。

〔23〕"甬人"句：日记谓"闻上海宁(波)人以拒法人攘地构衅。有一船开，而人已满。"

〔24〕卜肆：占卜店。此句说，五日耽搁未成行，占卜的说至"七日"可行。

〔25〕本科：戊戌年的科举。 进士(原文误作"土"，改)：士之进阶考试。 未举：未考中举人。 监生至京：以国子监监生的身份应顺天乡试。 当道：朝廷大官。 诣见：拜见各方。

〔26〕通籍：谓记名于门籍，可以进出宫门。亦指初作官。上斜街：今北京宣武区。 万木草堂：康有为早先在广州办学收徒的书院亦此名。

〔27〕杂遝：亦作"杂沓"；纷杂繁多貌。

〔28〕九场：或即后垦牧公司所经营之海滩。 丈垦：丈量与开垦。

〔29〕唐侍郎景崇：见光绪二十年年谱注释。 以……荐：荐张謇有"经济特科"的专才。

〔30〕新宁：刘坤一。奏设商务局、商会：此句照应唐景崇所荐，此类机构均需"经济特科"人才。

〔31〕郑太夷：郑孝胥。见赏：被赐赏。道员：此是衔，非实职。　总理衙门章京：清末总理各国事务衙门之职官。

〔32〕太后复临朝：康梁变法失败，慈禧政变，重新掌权。

〔33〕问上病状：问候皇上身体。外国以此表示支持光绪的态度。

〔34〕护理：清制，官吏出缺，由次级官守护印信并处理事务，称为"护理"。　北洋大臣：是后党的主杆荣禄。

〔35〕杨深秀、杨锐、林旭、谭嗣同、刘光第、康广仁：即"戊戌六君子"。　徐致靖永禁：参注〔14〕。　张荫桓(1837—1900)：字樵野，广东佛山人。光绪十一年起派为总理衙门大臣，升户部右侍郎、户部左侍郎、兼署礼部。光绪二十年赏尚书衔，授为全权大臣，出使日本。从此一身兼负外交、财政两大重任，成为清廷重要大臣之一。戊戌变法期间，与康有为来往甚密。变法失败后，被革职充军新疆。光绪二十六年(1900)，义和团起事，被诬通俄，斩于戍所，后昭雪。　李端棻(1833—1907)：贵州贵阳人，光绪时期礼部尚书，戊戌变法的重要人物。李端棻不仅是中国近代教育的改革家，还是近代维新运动的政治思想家。他因举荐康梁等维新人士而获罪。　文廷式：见前光绪十九年注〔5〕。　褫：革职。　湘抚：湖南巡抚。　陈宝箴(1831—1900)：字相真，号右铭，晚年自号四觉老人，江西修水人。咸丰元年举人，谒见曾国藩而被尊为上宾，保荐觐见皇帝。光绪六年改官河北道，十六年任湖北按察使，二十年调直隶布政使，升任湖南巡抚，至戊戌政变。被光绪帝称为"新政重臣"的改革者，系清末著名维新派骨干，地方督抚中唯一倾向维

新变法的实权派风云人物。 陈三立(1853—1937),字伯严,号散原,近代同光体诗派重要代表人物。陈宝箴长子,陈寅恪、陈衡恪之父。与谭延闿、谭嗣同并称"湖湘三公子";与谭嗣同、徐仁铸、陶菊存并称"维新四公子"。光绪十八年乡试中举,任吏部主事等。1937年发生"卢沟桥事变"后北平、天津相继沦陷,日军欲招致陈三立,陈三立为表明立场,绝食五日,忧愤而死。 江标(1860—1899):字建霞,号师郘,又自署诤笃。今苏州人。光绪十五年进士,官翰林院编修,与文廷式年相若,才相等,光绪二十年(1894)参加强学会。出任湖南学政,整顿校经书院,增设史地、算学等学科。光绪二十三年刊《湘学报》,组织南学会。变法失败后被革职,永不叙用。博学工诗文,蜚声词翰。 熊希龄(1870—1937),字秉三,湖南湘西凤凰人。熊十五岁中秀才,二十二岁中举人,二十五岁中进士,因参加维新运动被革职。民国时期政治家、教育家、社会活动家、实业家和慈善家,曾任北洋政府第四任国务总理,与张謇同事。

〔36〕新宁:刘坤一。 官庭:当是"宫、廷",说后宫与朝廷之间。 南皮:张之洞。

〔37〕沈文肃:即晚清名臣沈葆桢。

〔38〕何启(1859—1914),字迪之,号沃生。香港著名基督徒医生、律师、政治家,主张维新变法。 讦:揭发、攻击他人的隐私、过错或短处。 骑墙:比喻立场不明确,游移于两者之间。 徐桐(1820—1900),字豫如,号荫轩。晚清理学家,保守派的代表人物之一。道光进士,先后任礼部尚书、吏部尚书、协办大学士、体仁阁大学士等职。顽固守旧,嫉恶西学。义和团运动兴起后,主张借助义和团排外,支持慈禧太后对外宣战。八国联军攻入北京后,自缢

身亡。　新：指维新派。

〔39〕刚毅(1837—1900)，字子良，满人，笔帖式出身，累升至刑部郎中。任江西按察使，广东、云南布政使，擢山西巡抚。中日甲午战争爆发后，刚毅主战。反对戊戌变法，升任兵部尚书、协办大学士。后率领义和团同八国联军开战，死于山西侯马镇。　许应骙(1832—1903)，字昌德，号筠庵，广东广州府番禺县人，清末大臣。官至礼部尚书，闽浙总督。　周内：深文周纳。此句是指苛刻地或歪曲地引用法律条文，将翁判为与康梁同案。　编管：官吏得罪，谪放远方州郡，编入该地户籍，并由地方官吏加以管束，谓之"编管"。

〔40〕"通厂集款"句：谓求张之洞、刘坤一无效。　辞厂：此时仍是官商合办，表明态度。

〔41〕通知州、海同知：通州、海门地方官。　"知州"句：说汪树堂虚与应付。　谕董：出示给董事。　签役四出：是古时官员虚应的招式。

〔42〕王先生：原海门学官太仓王莪畦汝骐。

二十五年己亥　四十七岁。

仍长文正书院。　　政府任为学部咨议。〔1〕

二月，省翁尚书于老塔前宅，公约游虞山、兴福寺、连珠洞、三峰、清凉寺。〔2〕至无锡祭赵先生墓。

三月二十九日，厂纱机装成，试引擎。始有客私语：厂囱虽高，何时出烟？兹复私语：引擎虽动，何时出纱？　辞商务局总理。

四月十四日，开车纺纱，召客观之。

五月，叔兄查赈吉安水灾。　　　闻黄先生卒于瑞安。[3]厂终以本绌不支，仅有之棉不足供纺，卖纱买棉，时苦不及。留沪两月，百计俱穷。函电告急于股东者七次，无一答，仍以卖字给旅费，苦语相慰者，眉孙、太夷二人而已。[4]不得已有以厂出租三年之表示，慈溪严某、泾县朱某必欲短折租价，久复辩论。[5]六月四日议订之草约，六日恶其无礼，不谐。盖商股本止十八万有奇，官机作股二十五万，合四十三万。余谓："开办以来，五年度用不及万，以是请照五十万论租。"严、朱云："可特别重酬，而租不可越四十三万之外。"[6]以为股本实止四十三万，且以余为可货也，无礼，甚恶之。盛某、祝某复欲租，议两日亦不谐。[7]十九日重订严、朱约，列说告江督，取进止，江督不可严说，然款不继，非白手所能进取，而又不可中止，惟有忍气待时，坚志赴事，更无他策。[8]幸纱价日长，时十二支趸销六十五两，零销六十七两。[9]

七月，至杭州招股，无效。　　　总督属苏松、常镇、芜湖、九江四关道，各督销局。[10]海州分司助募厂股，亦无效。唯正阳关督销沈爱苍（瑜庆）、海州分司徐星槎（绍垣）投资二万耳，他人不募而訾其非。[11]纱厂至此，强支已四月。

八月，叔兄调任贵溪治民教哄乱事：时贵溪全县法天主教堂尽毁，县民所在揭旗书"官逼民"三字，衣书"大清国光绪义民"七字，连近五县，留漕公用，闻兄再任，咸约不动丁漕，待处分。[12]

九月，纱厂以售值日起，展转买棉供纺，得不停辍。[13]至江宁，新宁拱手称庆；对之曰："棉好，地也，机转，天也，人无与焉。"[14]曰："是皆君之功。"曰："事赖众举，一人何功。"曰："苦则君所受。"对曰："苦乃自取，孰怨？"曰："但成，折本亦无妨。"对曰："成便无折本可言。"曰："愿闻所持之主意。"曰："无他,时时存必成之心,时时作可败之计。"曰："可败何计?"对曰："先后五年生计,赖书院月俸百金,未支厂一钱。全厂上下内外数十人,除洋工师外,一切俸给食用开支,未满万金耳。"新宁俯首拊掌,嗟叹久之。　　闻太后立端王子溥儁为上子,兼祧穆庙,明正内禅,改元普庆,人心惶惶。[15]　　新宁奏国事乞退疏,有"以君臣之礼来,以进退之义止"语,近代仅见。[16]　　葬从子亮祖于金太夫人墓昭位。[17]

注释:

〔1〕学部:清末官署名,掌管全国学务,民国以后改为教育部。

〔2〕翁尚书:翁同龢。

〔3〕黄先生:黄体芳。　瑞安:今属温州,黄氏家乡。

〔4〕眉孙:何嗣焜。　太夷:郑孝胥。

〔5〕严某:即慈溪严小舫,商人,画家。　朱某:泾县朱幼鸿。　短折租价:成本与租价均打折。　辩论:谓讨价还价。

〔6〕"严、朱云"句:意思是压低本价。其中"可特别重酬",谓单独重酬张謇,即行贿。因当初为"官商合办"。

〔7〕盛某:盛宣怀。　祝某:日记谓"祝少英",后祝退出。

〔8〕列说:罗列各种经济谈判的各种说法。　告江督,取进止:请两江总督刘坤一说"进止"主意。　不可严说:不认可严氏之说。

〔9〕十二支:纱的规格。短纤属于定重制,454克棉花(纤维)可以纺12个840码长的纱。　夏销:成批卖。

〔10〕关道:清代管理海关事务的道员。　督销局:掌地区的食盐运销的官署名。

〔11〕沈爱苍(瑜庆)：沈葆桢之子,举人,张謇的要好朋友。
徐星槎(绍垣)：广东新会人,曾任两淮副转运使等。

〔12〕"叔兄调任贵溪"事：张謇调前在湖北宜昌川盐加厘局坐
办。　留漕：指保留原任,原任有漕运性质。　丁漕：按人口交纳
的漕粮。整句说,张謇提出"丁漕"方法,稳定民心。　待处分：指
从缓解决。

〔13〕起：价格起涨。

〔14〕对：主语是张。　人无与焉：与人没关系,此张谦虚语。

〔15〕溥儁：见前光绪二十二年注〔20〕。　上子：光绪之子。
前说是同治之子。　穆庙：同治的庙号穆宗。　明正内禅：表明
是正道内宫递禅(光绪无出)。

〔16〕"以君臣"句：评曰"仅见",赞其知"进退"。

〔17〕昭位：古代宗庙制度,在始祖庙之左者为"昭"。又坟地
葬位的左右次序亦如此。

二十六年庚子　四十八岁。

正月,蓄须。　　延书箴到厂为助。　　闻有今上三十万
寿开科之说。庚子例有正科,今以国庆加为万寿乎,为内禅乎,
不可得而知,要为多故之兆。[1]　　叔兄补宜春县,贵溪教案定。

二月,新宁入觐。[2]　　十六日大雪盈尺。　　日人岩崎、
西村、僧长谷川至院论学,因借小住。[3]

三月,得彦升、眉孙讯,闻政府罗织党人,甘陵之祸将及,属
远避。[4]余与康、梁是群非党,康、梁计画举动,无一毫相干者,内
省不疚,何忧何惧,谢之。　　选文正书院课艺。[5]　　闻意园
先生卒,为位祭而哭之。[6]

四月，重修常乐二十八圩社仓成，定社仓约。　　为从子仁祖娶于顾氏。

五月，北京拳匪事起，其势炽于黄巾、白波。[7]二十二日，闻匪据大沽口，江南震扰，江苏巡抚李秉衡北上。[8]　　言于新宁招抚徐怀礼，免碍东南全局。[9]爰苍至宁，与议保卫东南。[10]

陈伯严（三立）与议迎銮南下。[11]　　蛰先至宁，议追说李秉衡以安危大计，勿为刚、赵所误，不及。[12]　　至沪与眉孙、爰苍议，由江、鄂公推李相统兵入卫。[13]　　与眉孙、爰苍、蛰先、伯严、施理卿（炳燮）议合刘、张二督保卫东南。[14]余诣刘陈说后，其幕客有沮者，刘犹豫，复引余问："两宫将幸西北，西北与东南孰重？"余曰："无西北不足以存东南，为其名不足以存也；无东南不足以存西北，为其实不足以存也。"[15]刘蹶然曰："吾决矣。"告某客曰："头是姓刘物。"即定议电鄂约张，张应。[16]

六月，闻德使被匪戕于京。[17]　　李秉衡、鹿传霖皆以义民目拳匪者，先后俱西。[18]闻匪陷天津，聂士成阵亡。[19]　　蝗见通海，与海同知约，罄各社仓麦，给乡民麦一升，易蝗一斗，所居常乐镇不为灾。[20]

七月十二日始，太白经天十日。[21]　　闻二十一日两宫西狩。[22]　　闻浏阳唐才常在鄂被捕，属鄂友言于南皮曰："光武、魏武军中焚书安反侧事，可念也。"[23]　　识武进刘厚生（垣）。[24]

八月，再说新宁退敌迎銮。[25]　　诏求直言。[26]　　请新宁联合南皮劾罢端、刚、李，疏具不上。[27]

闰八月，李、刘、张、袁始联劾端、刚、赵。[28]诏解端差事，刚、赵交部议。[29]　　鹿传霖入军机。　　厂纱畅销，然棉以输出多而亦贵，计各国未有纱织而自营植棉者，非上策，乃拟营垦牧公司。

九月,从新宁借南京陆师学堂毕业生江知源(导岷)、章静轩(亮元)、洪隽卿(杰),至吕四测量通、海沿海荒滩。

十月,外交使团坚促回銮。〔30〕

十一月,子培约为东南士民上政府行新政书。〔31〕 闻李相议和约十二款已定。〔32〕 垦地荒滩图成。

十二月,作《通、海荒滩垦牧初议》并章程。 闻昭雪徐、立、许、袁,追革徐桐、刚毅、李秉衡。〔33〕 新宁电约眉孙、子培、蛰先同至江宁商要政。

注释:

〔1〕今上:光绪。 三十万寿:三十岁寿庆。按例,此年秋有秋闱,明年春闱。假如开恩科,则 1901 年增秋闱,1902 年春闱,结果是庚子年的秋闱因该年事变而停。张意思是,开恩科,究竟是为"三十寿庆"呢? 还是为"溥儁承禅"呢?

〔2〕新宁:刘坤一。 入觐:入京见驾。张謇有重要赠诗。

〔3〕论学:有访学的意味,其中日人"西村"是张謇要好朋友,不久访日,多有交往。

〔4〕彦升、眉孙:好友周家禄、何嗣焜。 甘陵之祸:指党锢之祸。《后汉书·党锢传序》:"初,桓帝为蠡吾侯,受学于甘陵周福,及即帝位,擢福为尚书。时同郡河南尹房植有名当朝,乡人为之谣曰:'天下规矩房伯武,因师获印周仲进。'二家宾客,互相讥揣,遂各树朋徒,渐成尤隙。由是甘陵有南北部,党人之议,自此始矣。"此为士大夫树党之始,后以"甘陵部"泛指朋党。张謇为"翁门六子",属于"清流""帝党",张否认自己是"康党"。

〔5〕选文正书院课艺:选录学生的"课艺"作业,编录《丙庚课

艺录》,并作序。

〔6〕意园:盛昱的斋号。 位祭:设灵位而祭祀。

〔7〕拳匪:义和团事件。 黄巾:东汉末年的黄巾军。 白波:白波军起义,黄巾军余部的起义。中平五年起于西河白波谷(今山西襄汾),因名。

〔8〕李秉衡(1830—1900),字鉴堂,辽宁庄河鞍子山人。初捐县丞,迁知县、知州、知府。光绪十年任广西按察使,法军侵越犯边时,与冯子材分任战守,取得谅山大捷。庚子之变,李秉衡由江苏江宁率兵北上,保卫北京,在天津杨村败绩,退至直隶省通州服毒自杀。时年七十岁。谥忠节。

〔9〕徐怀礼(1862—1913):字宝山,绰号徐老虎,江苏丹徒人,清末长江下游哥老会头目。他出身贫寒,少时行侠好义,杀人越货,有武装。 东南全局:指下文说及的"东南互保"等事。

〔10〕爱苍:见上年注〔11〕。

〔11〕议迎銮南下:五月三十日日记:"与伯严议易西而南事。"此近代史重要事件,江南重臣曾有此议,早于帝后"西狩"五十日。此事少有人研及。

〔12〕蛰先:汤寿潜,见《年谱》光绪十五年注〔8〕。 刚、赵:刚毅与赵舒翘。刚毅:见《年谱》光绪二十四年注〔39〕。 赵舒翘(1847—1901),字展如,号琴舫、慎斋。今西安市人。清穆宗同治十三年进士,官至刑部尚书。1899年为总理各国事务衙门大臣,继任军机大臣。在庚子事变中忠于清王室,对外主战,在八国联军惩罚肇事祸首中,慈禧无力维护,被冤致死。此句说,张汤陈(三立)等自有主张,拟留下李秉衡,不能听朝廷保守派意见。 不及:未赶上,李已开拔,固然枉死。

〔13〕江、鄂、李相：两江总刘坤一、湖广总督张之洞、两广总督李鸿章。

〔14〕施理卿(炳燮)：刘坤一的重要幕僚。　保卫东南：即"东南互保"。东南互保是义和团运动和八国联军侵华期间刘坤一、张之洞等东南督抚所策划的中国近代史上的历史事件。慈禧向十一国宣战后,刘坤一、张之洞、李鸿章和闽浙总督许应骙、四川总督奎俊、铁路大臣盛宣怀、山东巡抚袁世凯,和各参战国达成协议,称"东南互保"。"东南互保"是防止义和团运动向南扩展,是东南督抚同帝国主义既妥协又矛盾的产物,也是东南督抚与清廷之向心和离心两个合力的产物。张謇是重要参与者。

〔15〕"余曰"句：其说明"东南"与"西北"的名实关系,尤重要的是,保住东南,也是支持西北,甚至是与外强交涉的砝码。

〔16〕电鄂约张：将东南互保的主张通电与湖北的张之洞。

〔17〕德使被匪戕：该年六月十四日,德国驻华公使克林德下令与义和团开战,伤及二十人。二十日,克林德乘轿赴总理各国事务衙门,途经东单牌楼时,在冲突中被清军虎神营恩海士兵击毙。

〔18〕鹿传霖(1836—1910)：字润万,号迂叟,今河北定兴人。同治元年进士,累任福建按察使、四川布政使、陕西巡抚等。八国联军攻占北京,鹿曾募兵三营赴山西随护慈禧、光绪帝到西安,被授两广总督,旋升军机大臣。　以义民目拳匪：视义和团为义民。俱西：指一起护驾西狩。其实,李秉衡未去。

〔19〕聂士成(1836—1900)：字功亭,安徽合肥人,晚清名将。年轻时投身淮军,开始了四十年戎马生涯。先后参与剿捻、中法战争、甲午战争、庚子之变,战功卓著,于庚子之变的天津保卫战中,中炮阵亡。清廷追赠他为太子少保,谥号忠节。

〔20〕乡民麦一升，易蝗一斗：鼓励灭蝗虫。

〔21〕太白经天：天文现象，即金星凌日。"太白"就是金星。"经天"，是古天文学术语，换成一般的说法，就是"昼见"。古人见天象异常，总与人间灾祸联系。

〔22〕两宫：指太后和皇帝或皇帝和皇后。因其各居一宫，故称两宫。此说慈禧与光绪。　西狩：到西方狩猎，是逃跑的讳饰语。

〔23〕唐才常（1867—1900）：字伯平，号佛尘，湖南浏阳人，清末维新派领袖，与谭嗣同称"浏阳二杰"，戊戌政变后去日本、南洋集资，回沪后创"自立会"，旋于汉口谋发动自立军起义，事泄被捕就义。　"光武、魏武"句：事见《三国志·魏书·赵俨传》裴松之注。对于曹操焚书，毛宗岗评道："光武焚书以安反侧，是恕之于人心既定之后；曹操焚书以靖众疑，是忍之于人心未定之时。一则有度量，一则有权谋。"此句大意为，唐是维新派，张（南皮）不是顽固派，多少支持维新。此说张之杀我（唐），可在西太后处可洗刷"维新"嫌疑。

〔24〕刘垣（1873—？），字厚生，江苏武进人，好友何嗣焜之婿。后协助张謇在南通经营大生纱厂和垦殖业，并协助其筹组、领导预备立宪公会。1909年后任大生纺织公司经理。1911年张謇任两淮盐政总理后，他任总务科长。1913年张謇任熊希龄内阁工商部、农林部部长，刘任次长。后长期协助张謇从事政治和实业活动。著有《张謇传记》等。

〔25〕新宁退敌迎銮：指刘坤一主导"东南互保"后，在八国联军一再逼皇上回京承责赔偿时，说服联军退出北京，以便皇上回京谈判；同时劝说慈禧光绪回銮，成功地实现了联军出京、皇上回京两件大事，收拾了庚子之乱残局。

〔26〕诏求直言：皇帝征求天下臣民意见。具体则指此年十二月初日"清廷新政上谕旨"中"着枢臣督抚各奏己见"，刘坤一、张之洞与其他督抚连衔上奏，使社会有所稳定。

〔27〕端、刚、李：端亲王载漪、刚毅、李秉衡。 疏具不上：疏成，未上达。

〔28〕李、刘、张、袁：所加李鸿章与袁世凯。 赵：赵舒翘。

〔29〕解端差事：解除端亲王载漪职务，后流放新疆。 交部议：交刑部议罪。

〔30〕回銮：指促成慈禧、光绪回北京谈判签约。

〔31〕子培：沈曾植。

〔32〕李相：李鸿章。 议和约：即《辛丑条约》。

〔33〕徐、立、许、袁：徐用仪、立山、许景澄、袁昶。 追革：死了的追夺封赠。

二十七年辛丑　四十九岁。

正月，为前海门训导赵菊泉先生就学署建赵亭。[1]　十二日至上海诣眉孙，眉孙以连日草要政议，昨午后三时，方据案，掷笔遽卒。[2]　代人拟争西安俄约电：一、全国通商；二、东三省开门通商；三、听占而不认画约；四、让吉、黑而奉天开门通商。[3]　与子培谈外交，子培曰："无往不收，无垂不缩，书家秘旨。[4]已进不退，已伸不缩，禅家密语也。神明二法，为外交政策之要。"[5]子培钩深致远之才，但有时迂回耳。[6]

二月，作《变法平议目补》。[7]与新宁论曰："变法须财与人。财不胜用也，行预算、审税目而已；人不胜用也，设学堂，行课吏而已。毋袭人言，法当改，但无财无人。"

三月,省翁尚书于里第。[8]　　辞文正书院,举丁恒斋自代。

为赵先生建赵亭于海门训导署后,有遗像碑。　　同督藩委徐乃昌、陈树涵勘吕四垦牧公司地。[9]　　定《垦牧公司集股章程》,七易稿。[10]

五月,请新宁以洋务要差咨调叔兄回籍,助营纱厂,江西巡抚李勉林(兴锐)不允,以东乡刁民抗粮,调任东乡。[11]余与叔兄讯曰:"今日民之刁不刁,视昔日粮之抗不抗,若东乡向不完粮,谓之刁可也。若自有不能完之故,官曰刁民抗粮,民不曰灾区求缓乎?当察情实,明是非。"[12]　　兄为民教事,代民负债六千金,上谕传旨嘉奖。

七月,垦牧公司得股十四万。　　南皮以叔兄办宜昌赈,保荐补缺后以直隶州用。[13]　　南皮约偕沈子培往武昌,商复新政谕旨,并筹兴学事。　　江水大涨,通海灾。　　为新宁订初高等两级小学、中学课程。

八月,以江生导岷任垦牧公司事。

十月,荡棍滋事,劫草于公司第一堤。[14]

十一月,定公司基。[15]二十三日开工,第一堤中西区成。与汤寿潜论荡棍掠夺公司荡草;厅同知颟顸,知州敷衍,余答之曰:"毒,与其闷也,宁发;官,与其昏也,宁滑;事,与其钝也,宁辣。"[16]　　敬夫以与同事不洽,坚辞。[17]　　岁歉,粮贵。

注释:

〔1〕赵亭:张謇为恩师赵菊泉造的纪念碑亭。

〔2〕眉孙:何嗣焜。　草要政议:撰写政议,邀人讨论。　方据案:正坐于案前。　遽卒:突然逝世。

〔3〕代……电:据日记,所代是刘坤一。　西安:时两宫仍

"狩"西安,因此,西安指代清政府。 俄约:是针对《奉天交地暂且章程》而发的争取国家权益的电报。

〔4〕子培:沈曾植。 无往不收,无垂不缩:此书法诀窍,用于外交,犹"有往当收,有垂当缩",应灵活进止。

〔5〕神明二法:指深切灵活使用沈所说"书家秘旨"与"禅家密语"。

〔6〕钩深致远:探取深处的,使远处的到来,比喻探讨深奥的道理。出《周易·系辞上》。 迂回:谓不够直接,有迂腐之意。

〔7〕《变法平议》:张謇关于当时政见的重要著述。载《张謇全集》第四册第34—62页。 目补:当是《变法平议》的初题,犹"目之所及,略作补罅",此谦逊语。

〔8〕里第:家乡宅第。参《年谱》光绪二十五年中"省翁尚书于老塔前宅"。

〔9〕督藩:总督、藩司(布政司)。 徐乃昌(1869—1943):字积余,南陵工山汤村人,光绪十九年举人,二十七年任淮安知府,特授江南盐巡道。著名藏书家,张謇好友,与张謇为儿女亲家。 陈树涵:字筱珊。光绪十七年举人,历任盐城、上元、兴化等县知县。

〔10〕垦牧公司:是中国第一个有近现代企业性质的农业公司。

〔11〕李勉林(1827—1904):名兴锐,勉林其字,湖南浏阳人。早年入湘军,曾任直隶大名府知府。光绪二十六年(1900)擢江西巡抚。光绪二十九年署闽浙总督。光绪三十年署两江总督,同年逝世,谥"勤恪"。

〔12〕"今日民之刁不刁"句:此中说透民与官(政府)之间依存与对立的关系。

〔13〕以直隶州用:指许诺一有空缺接任直隶州(如通州)知州。

〔14〕荡棍：在海滩、草荡上滋事牟利的恶棍。　草：柴草；芦苇。　第一堤：第一条堤岸所围之垦区。

〔15〕公司基：在今启东市海复镇。

〔16〕厅同知：时海门仍称"海门厅"。　"毒"句：说脓毒发作始可挤出。　"官"句：张意"昏官不如猾吏"，昏官不做事，做糊涂事，猾吏尚能在监管下做事。　钝：指阻滞停下。　辣：虽棘手，仍能做。

〔17〕敬夫：即沈燮均，是最早倾尽资产支持张謇办大生厂的同乡老友。他人谗言于沈，张为之辩护，但沈是有个性的，坚持辞职。

二十八年壬寅　五十岁。

正月，垦牧公司定以平粜招工，购粮于海州、樊汊、舟山、崇明、奉天。[1]规划棉油厂于唐闸港北。[2]

二月，叔兄过班道员，李巡抚特别保送吏部引见。[3]　新宁邀议兴学次第，为先定师范中小学，新宁题之。藩司李有棻、粮道徐树钧、盐道胡延阻焉。[4]乃谋于罗叔耘（振玉）及寿潜，通州自立师范，计所储纱厂任事以来未支之公费，六年本息几二万，敬夫及他友助集复可万余，归遂决立师范学校。[5]　仍劝新宁立高等师范。

三月，与沙健庵元炳议建油厂。[6]

四月一日，垦牧总公司建筑开工。　试种台州海滨柴子，柴耐咸，子可为油，故试之。[7]

五月，江西李巡抚委叔兄为省学堂正监督，奏留原省，乃请假两月回苏考察学务。　与叔耘议女师范学校。　与健庵会议私立初等师范学校开办章程。　　订《垦牧公司招佃章程》，五易稿。　　规定就千佛寺址而广之，于西南水中填增地四之一，建师范学校，采日本学校建筑法，自绘图度工为之。[8]寺有明万历时碑，故因静海军城废址，先建文昌阁。寺与阁南北相负，阁东尚有书院，废久不可辨识。

七月九日，师范学校开工。江西李巡抚卒，调粤督柯逢时护理，电促叔兄回，兄再辞得请。[9]　　二十九日至八月一日，大风潮，垦牧新堤大损。　　五弟卒。[10]

九月，新宁卒于官。[11]　　作《中国师范学校平议》。劝州人先试合营劝业银行，以助实业，有议无成。

十月，南皮移督两江，邀与沙君元炳往议学校。[12]

十二月二十七日，营西坨，开工，室人任督视之役。[13]

注释：

〔1〕平粜招工：远处采购的粮食，以平价卖于应工者。

〔2〕规划棉油厂：开始从纱厂发展。棉油厂，棉籽油厂，亦可榨黄豆、油菜籽。　　唐闸：在当时通城西北，其地临江，后成工业基地。

〔3〕过班道员：高过道员的层级（班）。清代官吏因保举或捐纳迁升官阶，道员为最高班次。从下文知，李巡抚（勉林）保荐其作"学政"，学政在任即与巡抚、总督平行，故谓"过班道员"。

〔4〕藩司：布政使司。　　粮道：官名。明清两代都设督粮道，督运各省漕粮，简称"粮道"。　　盐道：官名，掌管一省盐政。　　阻焉：兴学需钱，此三官管钱，因此不赞成。

〔5〕罗叔耘（振玉 1866—1940）：字式如、叔蕴、号雪堂，祖籍浙江省上虞县，出生于江苏省淮安。中国近代教育家、考古学家、金

石学家、敦煌学家、目录学家、校勘学家、古文字学家。　寿潜：汤寿潜。此说张謇办私立师范之由。

〔6〕沙元炳(1864—1927)：字健庵，号踦翁，江苏如皋人。光绪二十年进士，1913年被选为江苏省议会议长，坚辞未就。是张謇的后期好友。

〔7〕柴子：或称臭李子。

〔8〕千佛寺：即后来南通师范的校址。

〔9〕柯逢时(1845—1912)，字逊庵，懋修，号巽庵，是湖北省大冶市人，光绪九年进士，授翰林院编修。　护理：清制，官吏出缺，由次级官守护印信并处理事务，称为"护理"。　再辞得请：辞职成功，从此协助张謇办实业。

〔10〕五弟：张警。

〔11〕新宁：刘坤一。

〔12〕南皮：张之洞。　移督：原湖广总督调任两江总督。

〔13〕室人：指发妻徐夫人。此宅悉由徐夫人督视完成。

二十九年癸卯　五十一岁。

正月，西垞大门上梁。　权厝五弟于外家墓侧。[1]　师范学校先设讲习科。[2]

二月，师范教员王静安与所延日本人木造高俊、吉泽嘉寿之丞至。[3]　江督魏光焘邀议学校。[4]

三月，定《垦牧公司办事规程》。　试师范生，达乎第一。

四月一日，行师范开校礼。定计东游，考察农工及市町村小学校。[5]　二十五日附日本"博爱丸"东渡，二十八日抵长崎，周历东京、西京、青森、札幌诸地。自丙戌会试报罢，即谓中国须兴实业,其责任须士大夫先之,因先君意事农桑,竭八年辩论抵抗奋进之力,仅成一海门蚕茧业。甲午后,益决实业、教育并进迭用,规营纺厂,又五年而成。[6] 比欲东游,以资考镜,不胜谗谤之众。是年正月,南陵徐乃昌寄日本驻宁天野领事致博览会请书至,乃行。[7]　　师范日教员木造以日俄将战之忧,自戕死,遗书述故。

六月,叔兄为曾祖父母、外曾祖父母,謇为外祖父母请封典。[8]

七月,为苏松道拟定中国商民公司旗式。　　营吕四盐业公司。　　四修《族谱》。营吕四渔业公司。

八月十八日,移居西垞,以东垞归叔兄。　　营垦牧公司海复镇。　　与总督委员俞明震议加税免厘。[9]　　议海门学费。[10]　　十二日,日俄宣战。　　与沈子培书论世界宪法。　　与江督论中国渔业公司关系领海主权,宜合南、北洋大举图之;不能,则江浙、直东;又不能,则以江浙为初步。[11]

注释:

〔1〕权厝:临时停棺待葬。　外家墓:指外曾祖父母吴圣揆夫妇的坟墓。

〔2〕讲习科:指小学教师进修课程。

〔3〕王静安:即著名学者王国维。

〔4〕魏光焘(1837—1916):字光邴,晚号湖山老人,湖南省隆回县人。是晚清政治、军事、外交上的重要历史人物。历任云贵、陕甘总督,后官至两江总督、南洋大臣、总理各国事务大臣。他与李鸿章、张之洞、刘坤一等同为19世纪80到90年代清政府的重臣,曾国藩湘军的继承者,左宗棠的重要助手。

〔5〕东游:指访问日本,考察农、工及农村小学校。这是张謇

重要的涉外考察,当时有专著《东游日记》刊行。

〔6〕实业、教育并进迭用:这是张謇著名的立国强国思想,有"父教育而母实业"之说。

〔7〕"徐乃昌寄"句:这是补述访日的缘由。

〔8〕叔兄……请封典:封建帝王以爵位名号赐予臣下及其家属的荣典。清制,以封典给官员本身称为"授",给曾祖父母、祖父母、父母和妻室,存者称为"封",死者称为"赠"。

〔9〕委员:委托属员。 俞明震(1860—1918),字恪士,又字启东,号觚庵,祖籍浙江绍兴,生于湖南。光绪十四年举人,官至甘肃提学使。是著名学者。 加税免厘:厘金是19世纪中叶至20世纪30年代中国国内贸易征收的一种商业税。最初是地方筹集饷需的方法,又名捐厘。因其初定税率为1厘(1‰),故名厘金。

〔10〕学费:应指政府给予学校的经费。

〔11〕江督:两江总督。 "论中国……领海主权":是近代最早涉及中国海权的议论。 直东:直隶之东沿海,指渤海及北黄海。 又不能:因沿渤海、环北黄海等城市分别被德、英、俄、日本租借,其海域一般也由租借国管理。因此有"又不能"之说。

三十年甲辰 五十二岁。

正月,延日女教员兼保姆森田政子开塾于家,课怡儿及邻童十人。怡儿年七岁。 为人草"同度量衡、铜圆、盐、鱼制造奏"。〔1〕 草"变通盐法奏"。〔2〕 商部属主全国商会公司,谢之。

二月,以吕四盐业事呈盐院。〔3〕

三月,试仿日本盐田。 营冶业。 规里运河入海之道,河为淮之支流,旧至吕四大刀坝而止,大涨则掘通之,涨过复筑,苟且甚。[4]　　朝旨赏三品衔,为商部头等顾问官。[5]　　与合肥蒯光典论立宪。[6]　　见滇督丁振铎、黔抚林绍年请变法之电奏。[7]

四月,为南皮、魏督拟请立宪奏稿,经七易,磨勘经四五人,语婉甚而气亦怯,不逮林也。[8]　　定南洋渔业公司办法。

五月,与许鼎霖、丁宝铨议建宿迁玻璃公司,订集股章程。[9]

以请立宪故,南皮再三属先商北洋,汤寿潜亦以为说。[10]余自金州归后,与袁世凯不通问者二十年,至是始一与书,袁答尚须缓以俟时。[11]

五月十七日,省翁尚书病于常熟南泾塘第,归后闻翁尚书二十日卒。[12]

六月,刻《日本宪法》成,以十二册由赵竹君(凤昌)寄赵小山(庆宽)径达内廷。[13]　　此书入览后,孝钦太后于召见枢臣时谕曰:"日本有宪法,于国家甚好。"[14]枢臣相顾,不知所对,唯唯而已。[15]瞿鸿機旋命其七弟来沪,托凤昌选购宪法各书,不知赵故预刻宪法之人也,举告为笑。[16]枢臣奉职不识古义,莅政不知今情,以是谋人家国,宁有幸乎?　　营上海大达外江轮步公司。　　营新育婴堂于唐闸。　　请魏督奏设督办南洋渔政专员。

七月,规度崇明大生第二厂。[17]

八月,与汤寿潜吊翁尚书。　　立海门常乐镇初等学校。印《日本宪法义解》《议会史》送铁侍郎良,与谈宪法。[18]　　营天生港轮步。[19]　　因许鼎霖之说,营镇江螺丝山铅笔公司。设翰墨林印刷局。[20]　　辟四扬坝河。　　通五属合请设学务处。[21]　　　规学校公共植物园。

注释：

〔1〕〔2〕"同度量衡、铜圆、盐、鱼制造奏""变通盐法奏"，新版《全集》均以"《》"表示为单独文题，误。其实是公文《代某给谏条陈理财疏》中的条目。（见《张謇全集》第一册第 60 页）今按，本年张謇奏变法、拟立法、说立宪、论宪法、印送宪法，可知张謇的立法、法治意识。

〔3〕盐院：盐政衙门。

〔4〕里运河：此指为吕四漕盐运而通京杭大运河、淮河的河道。　"大涨则掘通"句：谓当农村涨水则掘坝以放水，涨过又筑坝以如桥通行，远不如后用闸控制，故谓之苟且。

〔5〕"朝旨"句：三月五日事。

〔6〕蒯光典（1857—1911）：字礼卿，号季逑，安徽合肥人。晚清学者，教育家，维新派。二品衔候补四品京堂、学部丞参上行走、京师督学局局长。

〔7〕丁振铎（1842—1914）：字声伯，号巡卿，河南罗山县人。同治十年进士，先后任翰林院编修、广西巡抚、云贵总督等。　林绍年（1845—1916）：字赞虞，福建闽县人。同治十三年进士，任云南布政使，就擢巡抚，兼署云贵总督等。

〔8〕南皮：张之洞。　魏督：魏光焘。　林：林绍年。日记谓"抄示丁、林请变法之电奏，敢言之气当为本朝第一"。　不逮：不及；比不上（指行文语气被磨平）。

〔9〕许鼎霖（1857—1915）：字九香，江苏赣榆县人。光绪八年中举，光绪十六年受命为内阁中书，先后任秘鲁领事官盐运使、庐州知府、安徽道员等，是张謇好友。　丁宝铨（1866 1919）：字衡

甫,江苏淮阴人。曾任山西省布政使、山西省巡抚、全国水利局副总裁等。

〔10〕先商北洋:先与北洋总督袁世凯商量。

〔11〕金州:今大连金州区。当时吴长庆军从朝鲜回军的驻地。

〔12〕"翁尚书"句:张先省病后吊唁,并为翁同龢书自撰联等料理后事。

〔13〕赵凤昌(1856—1938):字竹君,常州武进人。是清末民初政坛上十分活跃、很有影响的立宪派代表人物。早年佐幕张之洞,在东南互保、立宪运动、辛亥革命中,皆起重要作用。 赵小山(庆宽 1848—1927):宫廷画师,号松月居士,又号信叟,辽宁铁岭人,醇亲王幕僚。 内廷:清内廷指乾清门内,皇帝召见臣下、处理政务之所。

〔14〕孝钦太后:慈禧死后的封号。 枢臣:中枢大臣。

〔15〕指朝廷重臣不知"宪法"为何物。

〔16〕瞿鸿禨(1850—1918):字子玖,号止庵,湖南长沙人。同治十年进士,授编修、内阁学士。庚子事变中,慈禧光绪西狩西安。瞿鸿禨受荐而赶往西安,被任命为军机大臣、外务部尚书。又代徐郁为内阁协办大学士。1906 年策划清政府预备立宪,故有买立宪书之说。

〔17〕崇明大生第二厂:厂址在今启东市久隆镇。

〔18〕铁侍郎良:铁良(1863—1938),字宝臣。清末大臣,宗社党主要成员之一。铁良以"知兵"自称。曾为荣禄幕僚,后任兵部侍郎、军机大臣。1906 年任陆军部尚书,与袁世凯争夺北洋新军的统帅权。1910 年调任江宁将军。辛亥革命时,防守南京,与革命军作战,并与善耆等皇族成员组织宗社党,反对清帝退位。

〔19〕轮步：步，通"埠"，犹码头。

〔20〕翰墨林印刷局：张謇为教育与实业方便而建立。

〔21〕通五属：五属中学，为五县所合属，即通州、泰兴、如皋、静海、海门。

三十一年乙巳　五十三岁。

正月，与鄂督、江督书，请争江淮省事。⁽¹⁾先是尝议画豫、东、苏、皖四省毗连州县，建徐州行省，盖为中原腹地治安计也。⁽²⁾苏抚端方懵然入奏，部懵然因其说而易名为江淮，以漕督为巡抚，非驴非马矣。⁽³⁾故请争之，朝士亦以为言，乃去巡抚而置提督。⁽⁴⁾既又以提督兼兵部侍郎衔，节制镇道以下，纷纷然莫得要领也。　　营铁工厂，与冶厂合，以《史记·货殖传》铁冶连文名之。⁽⁵⁾　　以工人子弟众，设艺徒豫教学校。⁽⁶⁾

二月，应徐家汇法教会震旦学院之请为院董。⁽⁷⁾　　朝鲜金泽荣自其国移家来通，任以翰墨林书局督校。⁽⁸⁾

三月，以崇厂建筑须砖，合新旧法，规营砖窑。　　与许鼎霖至宿迁，规玻璃公司厂于六塘河上井龙头地，并视察白土山、青山泉、贾家汪煤矿、利国驿铁矿。　　过山阳晤丁宝铨，与鼎霖会议淮海扬通合营自治事。⁽⁹⁾宝铨亲老须仕，至是仍北上，阻之不得。⁽¹⁰⁾　　言于江淮巡抚，设淮属师范学校。⁽¹¹⁾　　登云台山。⁽¹²⁾

四月，总督周馥莅通，视察垦牧公司、大生纱厂、师范学校。⁽¹³⁾

七月，飓风大潮，垦牧七堤皆伤损。

八月，政府遣五大臣考察欧洲各国宪法，临行炸弹发于车站，伤毙送行者十余人，是时革命之说甚盛，事变亦屡见。⁽¹⁴⁾余以为革命有圣贤、权奸、盗贼之异。圣贤旷世不可得,权奸今亦无其人,盗贼为之,则六朝五代可鉴,而今世尤有外交之关系,与昔不同。[15]不若立宪,可以安上全下,国犹可国,然革命者仇视立宪甚,此殆种族之说为之也。[16]　　江苏学会推为会长。[17]增设城厢初等小学校。　　江苏人民争自筑铁路。　　怡儿就学于师范附属小学校。

十一月,宗室载泽、端方、戴鸿慈、尚其亨、李盛铎等复出洋考察宪法。　　先是铁良、徐世昌辈于宪法亦粗有讨论,端方入朝召见时又反复言之,载振又为之助,太后意颇觉悟,故有五大臣之命。[18]既盛宣怀倡异议,袁世凯觇候风色不决,故延宕至三月之久,重有是事也。[19]　　因公共植物园营博物苑。[20]

注释:

〔1〕鄂督:湖广总督。　　江督:两江总督。　　江淮省:江淮省仅存于 1905 年 1 月 27 日至 1905 年 4 月 21 日。张謇持反对态度。下文“以漕督(驻淮安)为巡抚,非驴非马矣”可知。

〔2〕豫、东、苏、皖:河南、山东、江苏、安徽。

〔3〕端方(1861—1911),字午桥,号陶斋,金石学家。正白旗人,官至直隶总督、北洋大臣。宣统三年起为川汉、粤汉铁路督办,入川镇压保路运动,为起义新军所杀。

〔4〕此句与下一句:谓导致衙署与官职衔设置的混乱。

〔5〕“营铁工厂”句:谓两厂并而改称“铁冶厂”。名据《史记·货殖列传》:“蜀卓氏之先,赵人也,用铁冶富。”

〔6〕艺徒豫教学校:犹上岗培训班。豫,同预。

〔7〕震旦学院:1903 年,著名教育家马相伯在上海创办了中国第一所私立大学——震旦学院,后改名为震旦大学。1952 年全国

院系调整,震旦大学建制撤销,系科并入其他大学。

〔8〕金泽荣(1850—1927):朝鲜开城人,字于霖,号沧江。后流亡中国,得张謇帮助,在南通定居,成就他一生的学者生涯。其撰修史籍取得重大的成就,也是一位享有盛名的诗人,在中韩文化交流史上占有重要的地位。 逝于江苏南通,葬于狼山南坡。

〔9〕山阳:淮安旧称。丁宝铨、许鼎霖见上一年注〔9〕。

〔10〕"亲老须仕"句:谓父母亲要丁当官,丁与张、许仍北上议办实业,父母阻止不了。

〔11〕江淮巡抚:此时江淮省尚未撤销。

〔12〕云台山:在连云港。

〔13〕周馥(1837—1921):字玉山,号兰溪,安徽东至人。早年投笔从戎,在淮军中做文书起。后任县丞、知县、道员而筹划北洋海军,创办天津武备学堂。后任天津兵备道,升任直隶按察使。该年任两江总督。

〔14〕五大臣:即下文之载泽、端方、戴鸿慈、尚其亨、李盛铎。考察欧洲各国宪法:清政府为挽救危局,不得不接受了资产阶级改良派"立宪"的主张,因有此举。 临行炸弹:遭革命党人吴樾炸弹袭击。考察人员因有调整。

〔15〕六朝五代:中国历史上分裂混乱的时代,盗贼横行,原因是无"宪法"可循。

〔16〕安上全下:安顿皇上、保全百姓。本书第一篇《自序》有"立宪所以持私与公之平,纳君与民于轨,而安中国亿兆人民于故有,而不至颠覆眩乱者也"。种族之说:此说种族之异导致对立宪的态度的迥异。其实,这是思想理念的差异。

〔17〕江苏学会推为会长:年谱立于八月,日记是九月。此学

会以"预备立宪"为宗旨。

　〔18〕载振(1876—1947)：末代庆亲王。

　〔19〕觇候：窥视；侦察。

　〔20〕博物苑：我国第一家近代意义的私人博物馆。

三十二年丙午　五十四岁。

内子徐夫人于其母家近处营初等小学校。　　始教怡儿学诗。　　规画意大利秘拉诺赛会，以中国东南海渔界图往与会。[1]渔界所至，海权所在也。[2]图据《海国图志》《瀛寰志略》为之。中国之预各国赛会也，自维也纳、费尔特尔、巴黎、伦敦、大阪、安南、散刘易斯七会之后，至是乃第八次。[3]略有可考者：巴黎之会，户部费十五万；大阪之会，各省费十万；散刘易斯之会，户部费七十五万；此次合沿海七省，仅费二万五千金耳。以海产品物、中国渔具、渔史，媵我东南海渔界图而去，彰我古昔领海之权本为我有之目的，赛会之第一次。[4]各省分任会费二万五千金外，悉责江浙渔业公司任之，公司未可云完全能自立时也。[5]议请官设工艺学校、农事试验场，为人民范。[6]为扬州筹两淮自立两等小学、中学及寻常师范。[7]　　江督允以天生港为起卸货物不通商之口岸，委员开办步工。[8]　　筹设师范农艺之试验场，欲习师范者，兼习农、知农事也。　　集通、泰、如、海官绅筹建南通五属中学。议苏省自筑铁路，被推为协理之一，总理为崇明王清穆，时为商部右丞，协理余与许鼎霖、王同愈。[9]　　议劝南通兴储蓄银行，未行，乃拟于大生一厂设工资储蓄处。　　师范学校附设土木工科测绘特班。　　营吕四聚煎盐场。　　与端方、戴鸿慈二使说宪法，成立宪法会。[10]　　与上海曾少卿辈规划中国图书公司。[11]　　设铁路学校于吴县。　　借州旧试院设法政讲习会，延吴县杨延栋主之。[12]　　设资生铁厂。　　郑孝胥同议设预备立宪公会，会成，主急主缓，议论极纷驳。余谓立宪大本在政府，人民则宜各任实业教育为自治基础，与其多言，不如人人实行，得尺则尺，得寸则寸。公推孝胥为会长，寿潜与余副之。[13]　　建唐闸鱼池港新育婴堂成。　　停崇厂砖窑。[14]　　营吕四盐业聚煎。[15]　　与许鼎霖议复淮浚运河，岑总督春煊愿为上闻。[16]　　营常乐颐生酒厂。[17]　　规察苏路北线，设事务所于铜圆局。[18]局成于江淮巡抚恩寿，甫经年耳，用费五六十万，贸然而兴，忽然而止，时政之紊类是。[19]

十二月，苏路北线开工。　　任宁属学务议长。　　内子与三嫂计兴女学，而自任捐资为倡，因为作启募捐。

注释：

〔1〕意大利秘拉诺赛会：即意大利米兰博览会。　　海渔界图：据下文知，图据《海国图志》(魏源著)、《瀛寰志略》(徐继畬著)。

〔2〕渔界所至，海权所在：张謇十分重视海权意识。

〔3〕费尔特尔：费城。　　散刘易斯：圣路易斯。

〔4〕海产物品、中国渔具、渔史：参会的物产及资料。　　媵：有陪嫁、相送义。此犹说主动送出以张扬、宣示有关海权的历史资料。

〔5〕《九录》此处增"组织商船学校于吴淞，推萨镇冰任校长"。

〔6〕工艺学校：具有技工学校、专门学校的性质。　　为人民范：为百姓作出范式。

〔7〕寻常师范：此引用日本的师范教育概念。日本把师范分为"高等师范学校"和"寻常(普通)师范学校"两级。

〔8〕通商口岸：是指西方列强通过战争等方式，强迫清政府开放沿江沿海等城市作为的口岸，从而打开市场，夺取财富。　步工：码头的工程。

〔9〕议苏省自筑铁路：当时成立了商办江苏铁路公司，计划分筑南北两线。　王清穆（1860—1941）：字希林，号丹揆，今上海崇明人。清光绪十四年举人，两年后成进士，时为商部右丞。　王同愈（1856—1941）：字文若，号胜之，江苏苏州人。光绪十五年进士，后为江西学政、顺天乡试考官、湖北学政等。

〔10〕与端方、戴鸿慈二使：上年考察欧洲宪法者。　成立宪法会：即立宪公会，任副会长。

〔11〕曾少卿：上海名人，不久逝世，张有挽联。

〔12〕杨廷栋：江苏吴县人，曾于清光绪二十四年左右留学日本。是有民主意识的先驱，辛亥革命中，协助程德全、张謇助江苏独立。

〔13〕寿潜：汤寿潜。

〔14〕崇厂：设在崇明外沙的厂，在今启东市，亦称"大生二厂"。　砖窑：本为建纱厂而建，纱厂成，砖窑息。

〔15〕《九录》此处增"震旦学院学生风潮，因别办复旦学院"。

〔16〕岑春煊（1861—1933）：云贵总督岑毓英之子，1885年考取举人，以恩荫入仕。中日甲午战争时前赴战场，因力主变法维新而得光绪帝青睐，提拔为广东布政使、甘肃布政使。庚子年八国联军侵华，岑春煊率军"勤王"，并护送慈禧、光绪至西安，因擢陕西巡抚。后署理四川总督，旋署两广总督，与直隶总督袁世凯并称"南岑北袁"。　为上闻：把治淮、治运河的计划上达皇上（太后）。

〔17〕常乐颐生酒厂：本在垦牧公司（今启东），因上年风暴灾所损，移至家乡。

〔18〕铜圆局：1904年在清江(今淮安)设立的铜圆局。

〔19〕恩寿：满洲镶白旗人。父麟魁,官至兵部尚书,协办大学士。麟魁奉命赴兰州办事,因病遽辛,朝廷赐恩寿举人。恩寿同治十三年中三甲进士,后任陕西陕安道,历任江西按察使、漕运总督等,其江淮巡抚即漕督"升得"。

三十三年丁未　五十五岁。

崇明纱厂落成开车。

四月一日,师范纪念开模范运动会。　　任宁属教育会会长,至宁即住会事务所。

六月,常乐第四初等小学校成,从子亮祖妇所私立也。

七月,大生第一厂第一次股东会。武进恽祖祁曾自辛丑迄丙午助集厂股十万余,开车后获利,余分所得红利三成之半报之,六年凡三万八千二百余元。[1]二厂始兴,恽为分任集股四人之一,至是欲专任二厂,而股东不可,常州股东持之尤烈。乃秘股东异议之书,而潜为调停。恽疑余不为力,则举厂细故结厂细人为訾言,嗾所稔股东开会。[2]公司有股东会,例也,微恽讦亦当开;比会终,一切披露,人始寤焉。[3]　　英人强借资本于江浙铁路公司,与汤寿潜合争于外部,拒之。

十一月,嫁女瑛于侯氏。[4]　　与汤寿潜、蒯光典筹立宪国会事。[5]　　新育婴堂费绌,鬻字以济。

十二月,苏举许鼎霖、浙举张元济代表赴京枢、外两署,争商办苏浙路,谢外债。[6]

注释:

〔1〕恽祖祁:《年谱》光绪二十四年中有介绍,其为大生厂集资

有功。　　三成之半：百分之三十五。

〔2〕疑余不为力：恽疑张不支持其"专任二厂"。　　謷言：不实之言。　　喉：指使。　　此句"举"的主语是恽。

〔3〕微：非。　　比：临近。　　披露：账目与事实。

〔4〕瑛：当是张謇领养之女。

〔5〕蒯光典：见《年谱》光绪三十年注〔6〕。

〔6〕张元济(1867—1959)，字筱斋，号菊生，浙江海盐人。中国近代杰出的出版家、教育家、爱国实业家。　　外债：指上文英国资本。

三十四年戊申　五十六岁。

正月，备测地方舆图。[1]　　徐夫人病。

二月，以吕四聚煎盐价事，与淮运司赵滨彦讼，总督委知府许星璧来勘视所筑之场。[2]　　请开通如海食盐引岸成。[3]

三月二十五日，徐夫人卒，遗言以私资于常乐建女子小学。

五月，建先君"乐善好施"坊于常乐义庄之庭——海门同知王宾胪叙先后捐赈数，请总督闻于朝得可者也。[4]　　与许鼎霖营宿迁耀徐玻璃公司。　　辞铁路协理，专任北线规画。营通属中学成。　　朝旨为立宪之备，令各省设谘议局，任筹备事。

十月二十一日，德宗崩，立醇亲王子溥仪为嗣，醇亲王为监国摄政王，年号宣统。[5]　　二十二日，慈禧太后崩。

十二月九日，葬徐夫人于八窑口文峰塔院东新阡。[6]

注释：

〔1〕舆图：疆域；土地；地图。

〔2〕赵滨彦：两淮盐运使。声名不佳。　　许星璧：代理江宁知

府。 场：盐场。

〔3〕通如海：通州、如皋、海门。 引岸：又称"引地"。旧时指
定给请引行盐的盐商的专卖区。

〔4〕"建先君"长句：说海门同知王宾（庐叙）将张父先后捐赈
事迹通过总督上报朝廷，请求常乐义庄的厅堂悬挂"乐善好施"
匾额。

〔5〕德宗：光绪皇帝。 溥仪：即宣统皇帝。第二天，西太后
亦逝世。

〔6〕新阡：新筑的墓道；此指坟地。

清宣统元年己酉　五十七岁。

正月，营吕四十七、八总船闸，以通淮委河。[1]淮委河者，辟
垦牧公司第一堤、牧场堤间之地为之。淮水支流经里运河入海
者，至此乃有道归纳。今成此闸，以利蓄泄。　　江督端方至通
视测绘、警察、学会、农会、女师、新婴、改良私塾与监狱、国文专
修、江岸保坝等十一事，与商款绌救济之法。[2]　　先是，综凡纺
织业外之公司合为实业公司，以核其出入，至是去一切骈冗职
员，人欠者清厘，欠人者停利拔本。[3]

二月，至江宁，度江苏谘议局地址。　　至清江浦，视苏路
北线路工，住慈云寺。　　至镇江、扬州，劝集路股。　　梁
姬归。

三月，改地方监狱。

四月，沪嘉路开车。　　二十六日，在江宁开咨议研究会，
各县议员到者二百三十余人，余得票一百九十六，当选为会长。
议三事：一田赋征银解银，一铜圆流弊，一筹集地方自治经费。

五月，从子仁祖以候补郎中入都，分邮传部。[4]　　自三月以来，恒患不寐，服紫丹参方始瘥。[5]　　巡抚瑞澂商任叔兄以苏州农工商局事，意极诚挚，却之不可，归商叔兄，应之。[6]

七月，议通自治事项。　　度支部员戴兆鉴、钱志鏻来询考吕四盐场事。[7]

八月三日，谘议局开会，到会者九十五人，决选余得五十一票为议长，副议长仇继恒、蒋炳章。[8]　　教育总会常会推太仓唐文治为会长，余为之副。[9]　　商瑞巡抚合各省请速组织责任内阁，又合奉、黑、吉、直、东、浙、闽、粤、桂、皖、赣、湘、鄂十四省谘议局，请速开国会。[10]　　谘议局分类选举审查员。

九月一日，谘议局开会，督抚同莅，外宾与观者五人。[11]中国图书公司成，被推为总理。　　与浙人论请开国会事，浙某言："以政府社会各方面之现象观之，国不亡，无天理。"余曰："我辈在，不为设一策而坐视其亡，无人理。"　　为江宁商业高中两等学校监督。

十月，与瑞澂计营江西瓷业公司。

十一月，七省谘议局代表会于上海立宪公会，上书请愿国会。

十二月，以导淮之请辗转无效，议设江淮水利公司，先事测量。　　合十六省代表议合筹改变盐法，设场聚制，就场征税，为公共实业；合立法政学校，为公共教育。　　州厅会定垦牧乡通海界。[12]　　奖公司良农四十余人。　　朝旨国会不得请，世续、鹿传霖沮之。[13]　　周家禄卒。[14]

注释：

〔1〕总：见《年谱》咸丰三年注〔3〕。　　淮委河：委，同"尾"，取

淮河支流末梢之意。

〔2〕江督：两江总督。　端方：见《年谱》光绪三十一年注〔3〕。

〔3〕骈：犹一岗双人。　拔本：以本金还欠。

〔4〕郎中：郎中是尚书的属员。　邮传部：邮传的本意是转运官物、传送文书。此时有今交通运输部、国家邮政局的功能。

〔5〕恒患不寐：失眠。　瘳：愈。

〔6〕瑞澂（1863—1912）：琦善之孙，以贡生报捐笔帖式起步，曾任上海道、江苏巡抚、湖广总督。辛亥革命时正任湖广总督，弃城逃跑，寓身上海。

〔7〕度支部：度支部是官署名，晚清代掌管财政事务的机构。

〔8〕仇继恒（1855—1935）：字涞之，晚号赘叟，南京人。光绪八年举人，光绪十二年进士，曾任职西安总督衙门学务处，创办陕西省第一所高等学堂，任监督。　蒋炳章（1864—1930）：字季和，别号留庵，江苏吴县人。光绪戊戌年进士，宣统元年议员。

〔9〕唐文治（1865—1954）：字颖侯，号蔚芝，太仓人，著名教育家、工学先驱、国学大师。光绪十八年进士，官至农工商部左侍郎兼署理尚书。曾任"上海高等实业学堂"及"邮传部高等商船学堂"（大连海事大学、上海海事大学前身）监督，创办无锡国专。

〔10〕督抚：两江总督与江苏巡抚。　同莅：一同莅临。

〔11〕就场征税：就场征税制亦称"生产课税法""制额课税法"，租税制的一种。即盐税在产地征收，征税之后，听民贩运，不问何往。

〔12〕垦牧乡通海界：垦牧公司骑跨海门南通两县，因有勘定界址之说。

〔13〕国会不得请：指清廷拒绝请愿团召开国会的请求。　世

续(1852—1921)：字伯轩，索勒豁金氏，正黄旗。光绪元年举人，历任内务府郎中，授内阁学士，迁总管内务府大臣兼工部侍郎。　鹿传霖：见《年谱》光绪二十六年注〔18〕。

〔14〕周家禄：张謇同乡老友，通州五才子之一。

二年庚戌　五十八岁。

正月，集常乐社仓各圩社长，说社仓与小学校教养相关，仍应按亩捐麦。　定农科学课、初等单级课本。　度视女校工程。〔1〕

二月，至江宁谘议局。　草地方自治经费预算，厘正地方税界限，请由国会议。　定宁、扬、徐、淮、海、常、镇、苏、松、通、海十一属议员公寓，寓夹谘议局左右为之。余以所得议长公费建通海公寓，助者海门沈燮均数逾千，如皋不及千，泰兴仅二百，静海附通不计也。　汤寿潜、赵凤昌为余言社会联美。〔2〕为江北提督王士珍策垦海州苇荡营地。〔3〕为狼山镇标规度移营，营故在南濠外，地洼屋隘，无军容可言，总督端方论通自治少之，余曰："此与监狱、衙署皆行政事，营可移，长官宜任筹给费用。"〔4〕端方允任三之一，令总兵任一，地方任一。总兵安有钱？地方乃任其二。度西郊地移焉。　江宁开南洋劝业会，端方始创其议，事未成而去。〔5〕至是丰润张人骏继其任。〔6〕　议设饮食出品所。　议设劝业研究会。

四月，让商校监督于黄思永。〔7〕

五月，江北提督雷震春至通，言苇荡营地可垦，须官为之。〔8〕告之曰："不论官、民、军，正须先治堤渠，规画水道，勿负此地。"计定江岸保坍。　规于军、剑山植林，令师范生分队从事，名学校林。　　观劝业会直隶馆,颇感袁世凯才调在诸督上。

六月,议设全国农业联合会。

七月,汤寿潜以劾盛宣怀革职。[9]

八月,美男女宾达贲及华尔特夫妇等四十余人至谘议局参观,开欢迎会。[10]是为国民外交之始。　　议大生明年设织布厂。

九月,营博物苑池上谦亭。[11]

十月,赵凤昌、熊希龄与约达贲、华尔特在沪谈中美商会共营银行、航业、商品陈列所、设商品调查员四事。　　通州地方议会选举,举为议长,辞。　　叔兄亦辞董事会。

十一月,雪海门宋季港孙五郎为妻谋杀之冤。　　至湖北见各省督抚合请国会内阁电奏,大较锡良、瑞澂、李经羲、袁树勋、程德全、丁振铎为切要,赵尔巽、孙宝琦、增蕴、陈夔龙、周树模次之。[12]

十二月,为吕四彭鼎定善后事。[13]鼎病临卒,捐产十余万于州场,遗书请为恤其嫠妾孤女,故集其族戚,本其遗嘱而小变更之,定保管规约。　　著《说盐》。[14]

注释:

〔1〕度视:规划视察。　　女校:南通女子师范学校。

〔2〕社会联美:此说商量加强与美国的民间外交。参注〔10〕。

〔3〕江北提督(1905—1911),全称"提督江北军务总兵官",是清政府在江北地区设置的最高武职,是清末统领江北军务的最高军事长官。驻清江浦(今淮安),为从一品官。王士珍(1861—1930):字聘卿,号冠儒,河北正定人。为袁世凯青睐,历任军政要职,直至陆军部长、总参谋长和政府总理。人称北洋三杰之首(余二为段祺

瑞、冯国璋)。

〔4〕镇标：清代由总兵统辖的绿营兵称"镇标"，即下文总兵。

总督：两江总督。此事说明张謇为治理地方而善于统筹。

〔5〕事未成而去：指调职任湖广总督。

〔6〕张人骏(1846—1927)：河北丰润人。同治甲子举人，戊辰进士。同、光、宣三朝历任山东巡抚、山西巡抚、广东巡抚，两广总督，两江总督等。光绪三十三年，日本侵占东沙群岛，张时任两广总督，他与日驻粤领事交涉，收回东沙群岛，并于宣统元年四月派水师提督李准、副将吴敬荣、刘义宽等分乘"伏波""琛航"等军舰前往西沙群岛，查明岛屿十五座，命名勒石，并在永兴岛升旗鸣炮，公告中外，重申南海诸岛为中国领土。故南海中有一岛礁命名为"人骏滩"，作纪念。

〔7〕黄思永(1842—1914)：字慎之，号亦瓢。本籍安徽徽州，寄籍江宁。光绪六年状元。

〔8〕雷震春：光绪二十一年随袁世凯小站练兵，宣统元年署江北提督。后积极支持袁世凯称帝，并参与张勋复辟，被判处无期徒刑。民国七年被释放。

〔9〕汤寿潜以劾盛宣怀革职：1910年，汤寿潜与盛宣怀在铁路主张以及在收回浙路利权过程中的尖锐对立，使其愤而电奏军机处弹劾盛宣怀，终至被革职。

〔10〕"达费及华尔特"句：是美国商团来参观，参注〔2〕，表明张謇的国际视野与商业眼光。

〔11〕谦亭：张謇在博物院所建亭子，后借予沈寿养病，沈寿感张謇之恩，因以自己头发绣"谦亭"作品。

〔12〕"见各省督抚"句：此时各省议会常有对国会的通电以表

示各省与闻人的政见,用以影响朝廷。 **大较……切要**:与……相比,大大切中要害。

〔13〕**吕四彭鼎定善后事**:彭鼎,字小墀,吕四大财主,临死捐地与张謇,向张謇托孤。张謇为其善后。张謇所撰《南通县图志杂纪》载:"彭氏始宝荣,以航业兴,为人多义声。……宝荣之曾孙曰鼎,字小池。年二十余游沪上,骤中死疾,猝遽作遗书,愿以家产三分之一属张謇用以兴学。謇哀其意,为大会其族戚,据遗书稍稍变通处分之:以其田二十五万步为吕四教育之常产,而以其余归县城女子师范学校及其故不谐之族,又为彭氏族学以妥鼎妾与所遗女。当是时,妾年裁二十许,女裁二岁也。鼎妻沈前卒,有遗言,亦斥私资助兴学。为胪其事呈官立案,请政府特奖。鼎虽不遂其年,然能于危死之时决然善用其财,以不没其名而施及于后世,则其视长年役役冀以多财遗子孙者,其相去为尤远也。"

〔14〕**《说盐》**:宣统三年(1911)十月,张謇将过去曾发表过的有关盐政改革的评论、改革提案等集成一书出版,定名《张季子说盐》。

三年辛亥　五十九岁。

正月,遇杨士琦于上海:北洋属以外债可借否问张、汤、郑。[1]杨晤郑,郑曰:"必可借,不借不能兴中国。"汤曰:"必不可借,借则亡国。"余曰:"借自可,但当问用于何事,用以何法,用者何人。当则借,不当不借。"杨曰:"然则南方借债可分三派。"杨述余前年语"亟立宪非救亡,或者立宪国之亡,人民受祸轻于专制国之亡耳",问今视昔何如,余曰:"此前年语,今视我社会动作,恐人民经不得亡,亡后担不得恢复。"[2]

二月，沈燮均卒。

四月，上海商会议组报聘美团及中美银行航业事，推余入都，陈请报聘。[3]　　政府以海陆军政权及各部主要均任亲贵，非祖制也，复不更事，举措乖张，全国为之解体。[4]至沪，合汤寿潜、沈曾植、赵凤昌诸君公函监国切箴之，更引咸、同间故事，当重用汉大臣之有学问阅历者。[5]赵庆宽为醇邸旧人，适自沪回京，属其痛切密陈，勿以国为孤注。[6]是时举国骚然，朝野上下，不啻加离心力百倍，可惧也。

五月，道汉口议租办纱、布、丝、麻四厂；先成纱厂，刘柏森任其事。[7]　　北上过彰德，访袁世凯于洹上村，议论视二十八年前大进。[8]论治淮曰："不自治，人将以是为我罪。"又曰："此等事国家应做，不论有利无利，人民能安业，即国家之利。"[9]　　十二日，至京。住东单楼二条胡同蒙古实业公司，即翁尚书故宅，中归袁昶，昶卒，肃王等以之为实业公司。[10]　　十五日，摄政王语庆王欲召见，午后内庭交片翰林院，传知于十七日召见。[11]因谒泽公洵涛两贝勒、徐相，并陈召见陈说民隐是义分事，但此行以公推而来，必不可得官而去，召见后求勿涉及官禄，请先上达。[12]　　十七日八时，引见于勤政殿。王命坐，云："汝十余年不到京，国事亦艰难矣。"对："丁忧出京，已十四年。先帝改革政治，始于戊戌，中更庚子，至于西狩回銮，皆先帝艰贞蒙难之日，今世界知中国立宪，重视人民，皆先帝之赐。"[13]王语甚嘉奖，对："自见乙未马关订约，不胜愤耻，即注意实业、教育二事，后因国家新政须人奉行，故又注意地方自治之事。虽不做官，未尝不做事，此所以报先帝拔擢之知。此次因中国报聘美团事，又有上年美商与华商所订中美银行、航业二事，被沪、粤、津、汉四商会公推到京,陈请政府,蒙上召见,深感摄政王延纳之宏,求治之殷;今国势危急,极愿摄政王周咨博访,以求治安之进行。"王云:"汝在外办事多,阅历亦不少,有话尽可说。"对:"謇所欲陈者,外交有三大危险期,内政有三大重要事。三期者:一、今年中俄伊犁条约;二、宣统五年英日同盟约期满;三、美巴拿马运河告成,恐有变故。三事者:一、外省灾患迭见,民生困苦,朝廷须知民隐,谘议局为沟通上下辅导行政之机关;二、商业困难,朝廷须设法振作,金融机关须活;三、中美人民联合。"王云:"都是紧要,汝说极是,可与泽公商量办去。"又说:"四川铁路收归国有,须宽恤民隐。"余说尚多,计时逾三刻。 谒庆王于其邸,极陈东三省之重要危迫,亟宜强力自营,不当听人久久鼾睡。[14]赵督所请二千万,实至少而至不可已之数,王但应课其用之得当核实与否,不可掣其肘。[15]复为言国民疾苦之甚,党人隐忿之深,王处高危满溢之地,丁主少国疑之会,诚宜公诚虚受,惕厉忧勤,不宜菲薄自待,失人望,负祖业。语多而挚,王为掩面大哭。于此见此公非甚昏愚,特在廷阿谀者众,致成其阘茸之过,贪黩之名,可闵哉。[16] 学部唐尚书奏任为中央教育会会长,张元济、傅增湘为副,再辞不获,乃许任半月。[17] 泽公约盛宣怀与余议收四川铁道为国有方法。盛以调查川人用于铁道工款中为川绅所亏者三百余万,政府不应受此亏数,应以实用者给还川人。余曰:"输出者川之人民,亏挪者川之绅士,当然一面查追绅士,一面允给川人。"盛主在给数中扣出。泽公复问余,余曰:"如所言未尝非理,但甲商与乙商言当如是。政府与人民有涵覆之义,且收民路归国有,政策也。政策以达为主,不当与人民屑屑计利。且闻川人争路款,顶戴先帝谕旨,势汹汹而意未悖,尤须审慎。"[18]泽公无言。

六月四日,去奉天,刘垣、江导岷、孟森、许振、王敬等同行。[19]　观宫中藏物并瓷器、文渊阁书。[20]　七日,总督赵尔巽集议东事,部署实须二千万。　八日,观农事试验场,美工程师巴克所试大农法。　九日,由长春南满铁道,经东清铁道去哈尔滨。长春满目皆日势力,哈尔滨满目皆俄势力。铁道管理,俄不及日远甚,华人所住长春、哈尔滨之区,则整洁并不及俄、日。　十三日,由昂昂齐至齐齐哈尔,住黑龙江巡抚周树模公署。[21]　十四日,见昂昂齐俄人初等小学校。附满州里车回哈,自烟筒屯、小河子至安达,沿途所见皆荒地。　十六日,自哈回长春。次日至奉天,以铁道被水,绕由营口。辽河内口水势不减黄浦,因访询水道源流,有沟通松辽之观念。　十九日至京,张、傅皆至。[22]　二十二日,中央教育会开会,议国库补助推广初等小学校案。

闰六月,开会,议江谦所提国库补助行省各府推广师范学校案,八日止。余与会适满半月。　十日,出京。至天津观各马路工、罪犯游民工厂、图书馆毕。袁为总督时,气象自不凡,张南皮外,无抗颜行者。[23]　十四日,行至烟台,登岸观盲哑学校、张裕酒厂。　十八日,至沪。　往苏诣程巡抚说东事。[24]

七月,州自治开会。　垦牧公司第一堤设初等小学校。

八月,霍邱、泗州人来议测淮事。[25]　规度天生港果园,始购地。　大生一厂股东会议决织厂及储蓄押汇银行事。二厂股东会议决通知大清、交通两银行筹还本事。　去鄂规大维纱厂,十三日至。[26]　十八日夜十时后,汉口获革命党人二,因获名册,彻夜闭城大索。[27]　十九日十时城启,余即过江,六时甬友邀饮于海洞春。八时登舟,见武昌草湖门工程营火作,横亘数十丈不已,火光中时见三角白光激射,而隔江不闻何声。舟行二十余里,犹见光熊熊上烛天也。 二十日,至安庆,应巡抚朱家宝约议导淮也。[28]次晨见时,知武昌即以十九日夜失守,总督避楚豫兵轮,安庆筹防无款,新军率不可信,势处大难,无暇更说导淮事矣。[29]是夜即行。 二十二日,"江宽"舟遇诸宗元,益知十八、十九两日之情状,知祸即发于按籍大索。[30]自黄花岗后,革命风潮日激日厉,长江伏莽滋多,终有暴烈之日,大索但促之而已。[31] 二十三日,至江宁,即诣将军铁良,说亟援鄂,一面奏请速颁决行宪法之谕。[32]铁属先商总督张人骏。 二十四日,诣张。张大诋立宪,不援鄂,谓瑞能首祸自能了,不须人援。[33]余谓武昌地据上游,若敌顺流而下,安庆又有应之者,江宁危矣。张曰:我自有兵能守,无恐。余度再说无益。乌乎,大难旦夕作矣。人自为之,无与于天,然人何以愦愦如此,不得谓非天也。 二十五日至苏,巡抚程德全甚韪余请速布宪法开国会之议,属为草奏。[34]仓卒晚膳,回旅馆,约雷生奋、杨生廷栋二人同作。[35]时余自书,时属二生书,逾十二时稿脱。 二十六日,至沪。 二十七日,旋宁。 三十日,由谘议局径电内阁,请宣布立宪开国会。 江宁自鄂来者,盛称革命军人之文明,谣言大起。张督又猜防新军,令移驻城外,而人各给枪弹五枚,新军乃人人自危。[36]余知之,亟走请藩司樊增祥白张,言其不可,于是人又各增给十枚。[37]

九月一日,以厂事去沪,未预谘议局开会行礼。 二日回通,闻长沙、宜昌失。[38] 五日,商会会议,设地方协防团。[39] 九日,闻湘、晋、陕独立。 十四日,国民军据上海。苏州、杭州宣告独立。苏人迫程德全为都督,杭人迫汤寿潜为都督,以安狱市。[40] 十六日,闻藩司樊增祥挈家至沪。总督张人骏号于人:"我作总督,糊涂而来,本无主见,今更一筹莫展,听诸君为之,但求将我送至下关耳。"[41]张勋督全部入城固守,挟铁良、张人骏同住北极阁督战。[42] 十八日,国民军令兵舰运兵至通,通与之约,毋扰地方。[43] 十九日,去沪,知一月之中,独立之省已十有四,人心皇皇,乱象日剧。一国无可计,而非安宁一省,不能保一县安宁,是非可闭门而缩屋矣。[44] 二十三日,苏人组织临时议会,保守秩序。 与汤寿潜、熊希龄、赵凤昌合电张家口商会转内外蒙古赞成共和,复电照允。[45]二十五日回通,通小有震恐,旋定。 二十七日,知袁世凯任内阁。 二十八日,廷寄任张謇为农工商大臣、东南宣慰使。[46]时势至此,何宣何慰?即电坚辞。 三十日至沪,即去苏应临时议会。

十月一日,省议会开会,仍被选为议长。 十二日,闻江宁下。[47] 十五日,见北京取消召见及专任内阁之报。[48]十七日,见隆裕太后垂廉、摄政王归藩之报。[49] 二十日,闻党人外有党,党人中有党,纷歧复杂。 二十四日,去辫发寄家。 二十五日,程都督与汤寿潜、陈其美同至江宁,调和诸军,组临时政府。[50]数日,江宁以客军之扰,居民大恐。[51]程德全于上海集众议,欲江宁回复秩序,须置官任民事;欲置官任民事,须客军出发;欲客军出发,须筹备财政;财政之可急筹而得用者唯盐。[52]共推余任江苏两淮盐政,余要上海、镇江、清江三都督共认而后任。建标本二策:标则军政府卖盐,而给还商本及息,本则实行设场聚制就场征税。[53]众决先行标策,次并合淮南各场。

十一月,属各商会先筹二十万元,资客军出发。　　各军有截盐以自便者,辞盐政事。　　与程德全、章炳麟、赵凤昌议创统一党。[54]　　十三日,黄兴组织临时政府,初成立,亟需军政各费,欲责商会更助五十万,余劝勿扰商,自任为筹。[55]　　众推任实业部,秩序正紊,有何实业也?[56]　　二十一日,至上海访唐绍仪,旋见汪精卫。[57]

十二月二日,见隆裕太后不日逊位之报。　　十三日,筹款五十万成。　　十七日,见袁内阁有议逊位后优待条件之权。[58]　　二十日孙、黄计以汉冶萍与日人合资,书争不得,则告以抵借犹可,合资不可。[59]答约已签,乃辞实业事。[60]　　二十八日,见清宣统帝奉太后逊位宣诏之报。

注释:

〔1〕杨士琦(1862—1918):字杏城,今江苏盱眙县人。光绪八年中举,报捐道员。后入李鸿章、袁世凯幕,成袁世凯重要智囊。北洋:袁世凯。此行所问借债事为张、汤、郑,为张謇、汤寿潜、郑孝胥。三人不同主张,可看出保守、激进与稳健,以及思虑的缜密区别。

〔2〕"杨述余前年语"两句对话,第一句说"立宪"总比"专制"好,即使两者均亡国,仍前者为轻。第二句说,国家、社会、人民已到极危险境地。

〔3〕"上海商会"处,《九录》作"沪、汉、粤、津各商会"。　　报聘:谓派使臣回访他国。《北齐书·后主纪》:"秋九月丙申,周人来通和,太上皇帝诏侍中斛斯文略报聘于周。"此句说,自上年美国派商团来华来后,一些上层人士有学习、考察、借鉴美国的愿望,想组团访问美国而推荐张謇呈报朝廷并组团。

〔4〕此说朝廷只任用亲信贵族,导致国势危殆。

〔5〕公函监国：联合致函监国。监国，君主因故不能亲政，由权臣或近亲摄政。此指摄政王载沣(溥仪生父)。　有学问阅历者：如曾、左、李等。

〔6〕赵庆宽：即赵小山，见《年谱》光绪三十年中注释。　醇邸：醇亲王(光绪生父)官邸。　痛切密陈：同上一条注释"切箴"。这次通过赵氏转致"公函"。　孤注：本指所有的钱并作一次赌注，比喻仅存的可资凭借的事物。此说对危机要有多种预案。

〔7〕道汉口：取道汉口。　刘柏森：江苏常州人，成功的商人。

〔8〕彰德、洹上村：在河南安阳，袁世凯的故居。袁此时被清皇室褫夺权力，在此隐居而寻找时机。

〔9〕"论治淮"两句，是张謇对袁世凯所说，张謇一生重视水利。

〔10〕翁尚书：翁同龢。　袁昶：袁爽秋。　肃王：爱新觉罗·善耆。

〔11〕摄政王：醇亲王载沣，溥仪生父。　庆王：庆亲王奕劻，时任内阁总理。　交片：传交的书札、通知。

〔12〕泽公：载泽，袭封辅国公。皇室立宪人士。　洵涛：载洵、载涛。　贝勒：郡王之下的贵族称号。　徐相：徐世昌。　民隐：民众的痛苦。　公推而来：见上注〔3〕。　上达：向上转达。

〔13〕王：指庆亲王奕劻。　文中"对"，皆张謇答庆王问。"丁忧"指为父守孝。　十四年：指戊戌年散馆试至今。　先帝：光绪帝。　庚子：庚子年(1900)，是年发生义和团与八国联军入侵之事变。

〔14〕不当听人久久鼾睡：此古语"卧榻之侧岂容他人鼾睡"，即下文谓"长春满目皆日势力，哈尔滨满目皆俄势力"。

〔15〕赵督、二千万：下文再次说及。赵尔巽(1844—1927)：字

公镶,号次珊,清末汉军正蓝旗,辽宁铁岭人,清末民初政治家、改革家。　同治十三年进士,历任任湖南巡抚、民部尚书、江西总督、四川总督等职。时任东三省总督。民国三年任清史馆总裁,主编《清史稿》。

〔16〕阘茸:庸碌低劣。

〔17〕唐尚书:唐文治,见《年谱》宣统元年中注释。　张元济:见《年谱》光绪二十四年中注释。　傅增湘(1872—1949):字润沅,号沅叔,别署双鉴楼主人,四川省江安县人。光绪二十四年进士,五四运动前曾入内阁任教育总长。

〔18〕此段是讲盛宣怀与张謇论及四川保路风潮事,张謇更从民生、社会安定着想。　"甲商与乙商"句,是比喻。指甲商、乙商间的关系,不能类比"政府与平民"的关系。　涵覆:指两者包涵、交融、错综,不是刀断斧切的状貌。　屑屑:介意于细小之处。

〔19〕此随行人,均是张謇熟悉的朋友。

〔20〕宫中文渊阁书:当是指沈阳故宫的文溯阁中藏书,所藏即当是《四库全书》)。

〔21〕昂昂齐:昂昂溪。　周树模(1860—1925):湖北天门人,字少朴,号沈观。光绪十五年进士,官至黑龙江巡抚,兼任中俄勘界大臣。辛亥革命后任民国中央政府平政院院长等。

〔22〕张、傅:张謇、傅增湘,全国教育会副会长,下句涉及开教育会议。

〔23〕袁:袁世凯。　张南皮:张之洞。

〔24〕苏:苏州。　程巡抚:程德全(1860—1930),字纯如,号雪楼,四川云阳人,廪贡生出身,光绪二十六年任黑龙江营务处总办。次年,擢升直隶州知州。后任黑龙江将军、奉天巡抚。宣统元

年调任江苏巡抚。 说东事：不久前参访东北之事。

〔25〕测淮事：测量淮河，治淮准备。

〔26〕去鄂：去湖北武汉，适遇武昌起义。

〔27〕大索：搜捕革命党人。下文成专词。

〔28〕朱家宝（1860—1923）：字经田，华宁县宁州镇人。官至安徽、吉林巡抚，光绪十八年进士。赞同张勋复辟者。

〔29〕总督：瑞澂。 楚豫兵轮：清廷控制的军舰。

〔30〕诸宗元（1875—1932）：字贞壮，一字真长，别署迦持，晚号大至，浙江绍兴人。清光绪二十九年（1903）举人，官直隶知州、湖北黄州知府等。民国藏书家、书画家。

〔31〕黄花岗：指黄花岗起义，是革命党人1911年4月在广州举行的起义，又称广州起义。伏莽：《易·同人》："九三，伏戎于莽。"莽，丛生的草木。后以"伏莽"指军队埋伏在草莽中。亦指潜藏的寇盗。

〔32〕铁良：见《年谱》光绪三十年中注释。 张人骏：见《年谱》宣统二年中注释。

〔33〕瑞：即瑞澂，时任湖广总督，武昌起义中清方逃临阵脱者。

〔34〕题余……之议：极首肯我的提议。 属为草奏：为程撰写奏章。

〔35〕雷生奋与杨生廷栋：雷与杨都是海外留学归来的青年，后与张謇保持来往。协助张謇撰写，当时所撰奏稿有多份。

〔36〕张督：张人骏。 猜防新军：清军中有旧式"八旗兵""绿营"，与袁世凯等所练"新军"区别。张人骏等认为，"八旗兵"与"绿营"更忠于清王朝，新军不甚可靠，故"猜防"。

〔37〕薄司：布政使。　樊增祥(1846—1931)：字嘉父，别字樊山，晚号天琴老人，湖北省人。光绪进士，历任渭南知县、陕西布政使、署理两江总督。死后遗诗三万余首，并著有上百万言的骈文，是我国近代文学史上一位不可多得的高产诗人。　白张：告白张人骏。

〔38〕失：指被起义军攻下。下文"独立"，义相近。

〔39〕地方协防团：南通自治组织的军队。

〔40〕以安狱市：用来安定监狱与市面——代指社会稳定的基本面。

〔41〕下关：指江宁的码头与车站。实际上，后来革命党攻城，张人骏和铁良趁着夜色，乘箩筐绖下城墙，逃往下关江面的日本兵舰，躲到上海。

〔42〕张勋(1854—1923)：字少轩，号松寿老人，江西省奉新县人，北洋军阀重要军阀。清末任云南、甘肃、江南提督。清亡后，犹效忠清室，禁止所部剪辫子，被称"辫帅"。1917 年以调停"府院之争"为名，率兵进入北京，于七月一日与康有为拥溥仪复辟，十二日为皖系军阀段祺瑞的"讨逆军"所击败，逃入荷兰驻华公使馆。后病死于天津。

〔43〕国民军：即是当时起义部队的一种称谓，亦即称民军。

〔44〕闭门而缩屋：谓关在家观望，不知如何为好。

〔45〕此说，汤、熊、赵拟逼迫清廷走立宪共和之路，不止被推翻。

〔46〕廷寄张謇农工商大臣、东南宣慰使：任命张謇为农工商大臣清廷表示改革的姿态；任命为东南宣慰使，因革命发动在"东南"，张謇算东南人，有人脉，拟通过张作宣慰而扑灭将腾起的革命火焰。

〔47〕江宁下：指被革命党人攻克。

〔48〕"北京取消"句：谓当时朝廷动荡混乱,朝令夕改。

〔49〕隆裕太后：光绪皇后,溥仪太后。 摄政王归藩：不再摄政,归原府邸。

〔50〕陈其美(1878—1916)：英士,号无为,浙江湖州吴兴人,中国近代民主革命家、中国同盟会元老。

〔51〕客军：从下文知,是起义军一方的外来的军队。

〔52〕说当务之急安定百姓,须让客军离城,办法是盐税。

〔53〕标本二策：体现张謇治国思路,不能动摇民生、民业的根本。

〔54〕"与程德全"句处,《九录》此处增："孙文自海外回,晤之。各省代表公推孙任临时总统。"

〔55〕黄兴：《九录》作"南京"。

〔56〕众推任实业部：张謇被推任南京临时政府实业部长。

〔57〕唐绍仪(1862—1938)：字少川,广东广州香山县人,清末民初政治活动家、外交家,曾任北洋大学(现天津大学)、山东大学校长。同治十三年,成第三批留美幼童,光绪七年归国。历任驻朝鲜总领事、全国铁路总公司督办、税务处会办大臣、邮传部左侍郎,并出任全权大臣与英国谈判西藏主权。清末为南北议和北方代表,民国时出任第一任内阁总理。上海沦陷后,因盛传被日敌利用组织伪政府,蒋介石下令戴笠派赵理君于民国二十七年九月三十日将其刺杀于家中,时年七十五岁。

〔58〕逊位后优待之条件,共八款：

1. 清帝尊号仍存不废,中华民国以待各外国君主之礼相待；

2. 清帝岁用银四百万两由民国政府拨用；

3. 清帝暂居宫禁,日后移居颐和园,侍卫人等,照常留用；

4. 清帝宗庙陵寝永远奉祀，民国政府酌设立卫兵，妥慎保护；

5. 德宗陵寝未完工程，如制妥修，其奉安典礼，仍如旧制，所有实用经费，并由中华民国支出；

6. 以前宫内所用各执事人员，可照常留用，惟以后不得再招阉人；

7. 清帝原有之私产由中华民国特别保护；

8. 原有之禁军归中华民国陆军部编制，额数、俸饷仍如其旧。

〔59〕"孙、黄计"句：汉冶萍是革命党人接收清朝的最大国有钢铁公司。孙中山、黄兴与张謇就如何通过汉冶萍而取得日本的钱款以应政府急用，意见有别。这说明政见的区别。张謇因此辞职。

〔60〕辞实业事：辞实业总长。

民国元年壬子　六十岁。

正月，规度狼山麓森林苗圃。　　第三次修山路。　　北京临时议会推袁世凯为临时总统，十日就职。　　自程德全辞都督任，地方公推武进庄蕴宽继其后，至是亦辞。[1]　　二十二日，至苏，续开省议会，住留园。

二月十六日，闻苏州兵变。[2]　　二十四日，江宁兵变。二十六日，南京临时政府解散。[3]

三月，统一党与民社、国民协进会、国民公党、国民公会、共进会合并为共和党，二十三日开成立会。[4]

四月，英人葛雷夫、李治来观江岸。　　十九日，至苏，知昨夕诸无知少年谋变，破露未成。

五月，以江苏公布沙地充公保坍案，筹为南通借款保坍。[5]属人分往奉、直、东、晋、秦、豫、蜀调查盐政盐业近况。　　规建狼山东观音像铁亭。　　二十二日,归常乐扶海垞。[6]　　二十五日,生日,先是移宴客费三千元,倡建第一养老院,戚友益捐助之,规地于城南白衣庵东。　　更为新育婴堂建楼十七幢,以广育婴之额。[7]

六月,沿江枭匪郑建荣、夏昆五等谋聚众为乱,戕丝鱼港董事左懋修。叔兄被地方推任民政长,遣兵扑之。[8]部分粗定,请解职,交继任田宝荣。　　十七日,通中央队再战,胜枭,前后二十日,乱大定。[9]　　二十七日,规建医院、残废院、盲哑学校。　　二十九日,定用工部营造尺清丈全县地亩。[10]

七月,苏省各军月饷不继,盐局百方筹措,陈其美索尤亟,至扬言欲兵劫盐局,竭蹶应付,十日而定。[11]　　二十一日,至江宁。　　二十二日,渡江乘津浦车北上。　　二十四日,至津。见共和党诸人,观河海工程,访欧工程师平爵内。　　二十八日,入京。

八月,诣袁总统,说改革盐法。[12]　　与交通部人说清通及苏路事。　　十八日,与陆徵祥说国际学会之不可已。[13]二十八日,由津汉路回。

九月二日,在黎都督处闻人建迁都之议。[14]　　三日,旋通。　　故湘、鄂、赣、皖四省为淮盐运销引岸,至是各省截盐资军饷,法尽破裂,所以支拄苏省各军维持秩序者,仅持江苏两淮之收入而已。　　七日,电请撤销盐政。　　规就东岳庙改建图书馆。　　电陈筹增淮北盐池、蓰业银行,就南通设盐场警察长尉教练所。[15]　　规建医院。　　十八日,辞盐政。　　二十日,三辞盐政。

十月十四日,国务院许辞盐政职。　　十六日,离职。

规建贫民工厂,其费以盐政照前总督兼盐政应得之公费六万六千余元为之。凡三厂:一仪征十二圩,一东台,一南通。

十一月,许鼎霖来申导淮前议,为程德全、柏武烈草《请导淮开垦呈》。[16]

十二月二十八日,闻南北行将分裂。[17]

注释:

〔1〕庄蕴宽(1866—1932):字思缄,号抱闳,晚称无碍居士,常州人。辛亥革命后,曾任江苏都督,后上京任审计院院长十二年,是故宫博物院早期领导人,对阻止军阀窃盗文物有卓越贡献。北伐后,任《江苏通志》总编纂,直至病逝。

〔2〕苏州兵变、江宁兵变:均为小股军队闹事。

〔3〕南京临时政府解散:1912 年 3 月 8 日南京临时参议院通过《中华民国临时约法》,3 月 11 日公布实施,取代《中华民国临时政府组织大纲》。《中华民国临时约法》公布实施后,南京的中华民国临时政府解散。由袁世凯任临时大总统。

〔4〕共和党:民国元年成立的政党,由统一党、民社与国民协进会、民国公会、国民党(非同盟会系统)合并而成。 理事长是黎元洪,张謇是理事。

〔5〕保坍:是对坍塌的江岸的保护工程,南通临江,深受坍塌之害,此工程浩大,耗资不菲,因需地方政府筹措。

〔6〕扶海宅:张謇在老家常乐造的"状元府"。

〔7〕十七幢:幢,张挂在舟车上的帷幔。此或当指由帷幔隔成的小单室。

〔8〕民政长:民国初期的地方政府首长。

〔9〕中央队:通州政府的治安警察。张謇还在企业中设有护

厂警察。

〔10〕工部：朝廷六部之一，管理工程营造。 营造尺：唐以来历代营造工程中所用的尺子。也称"部尺"。这里表示是符合政府标准的意思。

〔11〕陈其美：见上一年注〔50〕。 至扬言欲兵劫盐局：《九录》无此句。 竭蹶：竭尽全力。

〔12〕袁总统：《九录》作"袁慰亭"。张謇七月底赴京，故可去见袁世凯。

〔13〕陆徵祥(1871—1949)，字子欣，今上海市人。辛亥革命爆发后联合驻外使节率先通电拥护共和。中国近代外交家。民国成立后多次出任外交总长，改革外交部，培养外交人才，建立职业外交官团队。后曾任国务总理、国务卿等职。1919 年率中国代表团出席巴黎和会，在国内人民和旅法侨民的压力下，拒签对德和约。

〔14〕黎都督：黎元洪。

〔15〕䅵业银行：犹盐业银行。

〔16〕柏烈武(1876—1947)：《九录》作"柏文蔚"，文蔚其名，安徽寿州人。辛亥武昌起义爆发后，南下任民军第一军军长，参与江浙联军会攻南京。1912 年任安徽都督兼民政长。1913 年参加讨袁，宣布安徽独立，失败后经上海流亡日本。1947 年病逝于上海。《请导淮开垦呈》：《九录》此处增："政府任余督办导淮，会办二人：苏，许鼎霖；皖，柏文蔚。"

〔17〕南北行将分裂：南，南方革命党人；北，北京北洋政府。

二年癸丑　六十一岁。

正月，怡儿往学于青岛治装。[1]六日挈儿去宁，九日怡儿行，杨仲达、许泽初同往。[2]　　时局日扰,人情日诡激,士气日鄙薄,议长不可为。[3] 十二日去宁至沪,许鼎霖电留,却之。[4] 十三日鼎霖至沪,复为言不可为之故,仍却之。人言鼎霖方冀取代,是不必取而可代者,焉用冀为?　　与汤蛰先诣沈子培、郑苏戡谈,汤、沈大忤。[5]　　辞黎都督、夏寿康请预宪法起草员会。[6]　　辞袁总统属组省会、国会。[7]　　规筑军山气象台。[8]　　规建唐闸纺织学校及公园。　　以先室徐夫人遗属,规新育婴堂、第一幼稚园。

二月,以二厂红奖,除资助刘、徐外,规常乐女子初等小学校,亦先室遗言也。[9]　　垦牧海复镇成。　　规以一堤东区地,令退伍兵耕作。[10]

三月,成大生纱厂储蓄处。　　尊素堂起藏书小楼三间。[11]　　二十日,闻宋教仁在沪宁车站被刺,惜之。[12] 旋北方有电向民党解释,即与赵凤昌、汪精卫、黄克强调解,迄无效。[13]

四月,家庙后岸圮,驳以石。　　闻扬州徐怀礼为日本骨董客炸死,扬人方为营生祠未竟。[14]

五月,博物苑藤东水榭成。

六月十二日,闻江宁复独立。　　十五日,闻陈其美、钮永建等合攻上海制造局,郑汝成守甚力,攻者连七昼夜屡挫,至二十五日而罢。[15] 十日之中,沪南居民伤夷损失至重,松江学生死尤冤。陈、钮复据吴淞中国公学为司令部,学中物损毁殆尽。

七月,徐部将与镇军战于镇。[16]　　江宁独立取消,报馆何海鸣第三次独立。[17] 张勋督师与徐部合攻江宁,大战于天保城。[18]　　袁迭电属组阁,力辞,荐熊希龄。[19]　　陈、钮兵又败于吴淞,窜入宝山。　　熊希龄组织内阁,连电属任农商,辞,强益迫切。[20]　　　张勋军人人辫发,由是辫发者率冒张军名,大肆虐于江宁。以众意电请勿任督苏,违民愿,并赈抚宁民。[21]设幼稚园传习所于新育婴堂,开学。　　　袁电复以农林工商见属。[22]　　　叔兄辞清乡局长。　　　养老院落成开会。　　　分家所有书三之二送图书馆。　　　视贫民工厂工程。

　　九月七日,约汤寿潜、刘垣、孟森、雷奋来商进止。[23]　　　十一日去沪,十四日返,十五日行抵浦口,十六日北行,十七日至天津,十八日至京。[24]熊、梁诸人同至公府,订大政方针。[25]　　　二十一日,定寓顺治门内街西际公府。　　　二十二日,先到工商部,后到农林部,定间日至一部。[26]

　　十月七日,公府令解散国民党从乱议员百七十余人。[27]八日,国务院会议各部职权。　　　十日,与梁任公至公府,论维持国会之法。由公府电各省速集候补议员。　　　十一日,提议工商保息法。　　　游北海,规制与南海略异,琼岛石多南产,殆金人取之艮岳者为多,于此见辽、金、元、明、清五朝之帝力。[28]庚子联军、壬子禁军,两度之劫尘,可胜慨叹。[29]　　　外交部开国际法会,因论加税免厘事。　　　订农林工商官制并矿法。二十八日,与美公使说导淮借款事。

　　十一月,日人沧知商组中日兴业公司。　　　公府改导淮总局为全国水利局。　　　公府议汉冶萍事,余谓汉冶萍关系中国矿业,必应保持是一事;盛宣怀有无弊混,必应彻查,是又一事,未可牵并。　　　被任为全国水利局总裁,院订局官制。　　　院议决自营葫芦岛。　　　院议文官甄别法。[30]

　　十二月,迁居水利局,局前绣工科之所在也,街南即工商部。[31]　　　院议定公司条例。　　　三十日,为阳历一月二十五日,有例假,偕马良、张相文、管国柱、许振至香山静宜园,住韵琴轩。[32]

注释:

〔1〕怡儿:张孝若。 往学于青岛:上青岛德华大学。

〔2〕杨仲达:杨恩湛(1887—1937),字仲达,江苏武进人。晚清公派留美学生,由赵凤昌介绍作张孝若英文教师。后曾任清华大学教务长。 许泽初:张謇的属员,后随从赴京。

〔3〕议长不可为:指辞去江苏省议长。

〔4〕留:指留"议长"职位。下面几句均说此事,应同看。张许关系甚佳。

〔5〕"与汤"句:四人是汤寿潜、张謇、沈曾植、郑孝胥,关系本极佳,才调均极高,但社会大变革前,便各持观点。

〔6〕黎都督:黎元洪。 夏寿康(1871—1923):字受之,号仲膺,武汉人。光绪二十三年中举,次年进士,历任都督府参议、湖北内务司司长、总统府秘书长及湖北省省长等要职。

〔7〕"辞袁"句,《九录》作:"袁劝就两院议员,皆辞。省议员亦辞。"

〔8〕军山气象台:中国最早的气象台,军山在长江边。

〔9〕刘、徐:日记:"以二千为(刘垣)厚生偿负,以二百资徐亮星。"徐是张謇同镇(常乐)的朋友。

〔10〕令退伍兵耕作:这是最早关于退伍兵的安置,张謇的垦牧公司有实业警察维护治安,退伍兵当是来源之一。

〔11〕尊素堂:张謇与张詧分家后自己造的住宅后的堂号。

〔12〕宋教仁(1882—1913):字得尊,号遁初,别号渔父,湖南常德人。中国近代革命先驱者之一,被称作为"中国宪政之父"。

中华民国成立,宋教仁被任命为法制院院长。1912 年 8 月,中国同盟会改组为国民党。宋教仁到处演说为国民党争取多数席位,在沪宁车站被刺。此案至今未有定论。

〔13〕北方:指北洋政府。 赵凤昌:见《年谱》光绪三十年中注〔13〕。 黄克强:即辛亥革命的元勋黄兴。

〔14〕徐怀礼:清末长江下游哥老会头目,详《年谱》光绪二十六年中注释。

〔15〕陈其美、钮永建:指所率革命军。 郑汝成(1862—1915):北洋军阀海军将领。

〔16〕徐部将:即徐怀礼余部。 镇:镇江。

〔17〕"何海鸣"句:说何海鸣策划讨袁。何海鸣(1887—1944),字一雁,湖南衡阳人。因宣传革命,发表反清言论,被以淆乱政体,扰害治安的罪名逮捕入狱。后任《民权报》主笔。1913 年,最先获悉宋教仁被刺案,公布于《民权报》,轰动天下。二次革命时,在南京策动讨伐袁,占都督府,自任讨袁总司令,宣布独立,浴血奋战二十四天,失败后潜居香港。

〔18〕天保城:在钟山之顶。

〔19〕"袁迭电"句:张謇曾是袁世凯邀请组阁的人选之一。熊是张謇所荐。

〔20〕熊希龄组织内阁:本句《九录》作"袁任熊希龄组阁"。

〔21〕请勿任督苏:不让张勋任江苏提督。

〔22〕以农林工商见属:拟任张为农林部部长、工商部部长。下一句处,《九录》增"怡儿改学于震旦学院"。

〔23〕商进止:商量是否入阁,其实张謇已欲展才志,其商在"进"而如何"行也"。

〔24〕"十一日"至"十六日北行",《九录》作"政府令飞鹰军舰来迓。十一日先往沪,十六日抵浦口"。

〔25〕熊、梁:熊希龄、梁启超。 公府:君主之府。此指总统府。张文中"公府"是总统府,"府院"是总统府与国务院。

〔26〕间日至一部:一日隔一日轮流去两部上班。

〔27〕公府令解散国民党从乱议员百七十余人:《九录》无"从乱议员百七十余人"。

〔28〕北海、南海:北京城中地名。 琼岛:琼华岛,中南海中著名景点。 石:太湖石类。 金人、艮岳:宋徽宗政和七年(1117)兴工,宣和四年(1122)竣工,初名万岁山,后改名艮岳、寿岳,或连称寿山艮岳,亦号华阳宫。1127年金人攻陷汴京后被拆毁。宋徽宗赵佶亲自写有《御制艮岳记》,艮为地处宫城东北隅之意。

〔29〕庚子联军、壬子禁军:庚子(1900)联军即指八国联军侵华事件;壬子(1912)禁军,指清王室宗社党领袖良弼组织王室军队(禁军)拟与辛亥革命军作战,结果被革命党人炸死。

〔30〕文官甄别法:是北洋政府选留旧政府属员与选用新人的方法,后分别形成并颁布《文官任用法草案》《文官考试法草案》《典试委员会编制法草案》等系列文件。

〔31〕与美公使说导淮借款事:《九录》此处增"被推汉冶萍公司总经理"。

〔32〕例假:循例放假。指春节假。 马良:即马相伯。 张相文(1866—1933),字蔚西,号沌谷,江苏泗阳人。革新中国地理学的先驱,教育家。撰著《初等地理教科书》《中等本国地理教科书》《地文学》。1909年发起成立中国地学会并当选为会长,次年创办《地学杂志》。当时是众议员,与张謇同事。 管国柱:张謇的秘

书。 许振：即许泽初。 香山静宜园、韵琴轩：是著名实业家、教育家英敛之的别墅。下一年春节，张謇等仍居于此。张謇诗集中有多首关于此山、此园、此轩的诗。

三年甲寅 六十二岁。

正月一日，与马、张、管、许遍游静宜园诸胜。 三日，回城，莅文官甄别会。 五日，规定度量衡制造所。 院会议。 诣美使馆，签导准借款字。 刘垣辞次长，以周家彦代。[1] 府令停止地方议会。[2] 府令公布国币法。 诣荷使馆，谈河海工程事。 十八日，熊希龄以湘、皖都督反对之电，辞财政总长，并辞内阁总理。[3]呈有"既不能平、勃交欢，即当为蔺、廉相避"云。[4] 十八日，熊希龄免官，孙宝琦代。[5]

杨士琦来，问阁员与总理同进退之说。余曰："始来，以府院并有连电之约，就职之日即当众宣言，余本无仕宦之志，此来不为总理，不为总统，为自己志愿。志愿为何？即欲本平昔所读之书，与朋辈讲论之事，试效于政事。志愿能达则达，不能达即止，不因人也。"[6] 二十六日，外交汪大燮、司法梁启超连带辞职。[7]

二月一日，以延长建昌油矿、汉冶萍盛宣怀借日款全案，宣示请观之人。[8] 院议通过矿业条例。 六日，开约法会议选举会。[9] 二十二日，约法会议开幕。

三月六日，呈请南行复勘淮河，部事请司法章宗祥代。[10]九日行，十日至江宁，十一日回通。 三嫂邵夫人前四日卒。 十四日，视大生新厂工。 二十四日，大有晋盐垦公司成立。

四月三日，与荷工程师贝龙猛同勘淮河，自通出发。 七日,至清江浦,计定与工程师分途进勘。 十日由西坝行,十二日至板浦,十四日至十队洋桥,视大德、大阜、公济垣盐圩。十七日,由燕尾港灌河至陈家港,夜闻土匪枪声。 十九日,过响水口、武漳河坝至西坝。 二十一日,勘惠济闸,至杨庄。 二十三日,至众兴、刘老涧,勘亨济闸,过宿迁至耀徐,勘六塘河头。 二十六日,自杨庄过马头至高良涧、老子山。 二十九日,至龟山,山有淮渎庙,观巫支祁井,至盱眙,经大柳屯长十六里之柳林,至浮山、五河。

五月一日,至临淮、蚌埠,易小轮至怀远,登荆山、涂山,视淮河流如掌上,禹以两山为淮之门,虽万古不能易也。[11] 二日,由津浦路回。 规部立三棉作试验场之一于狼山前马厂圩。 部荷工程师方唯因至通。 余于通无住处,分博物院西北地营濠南别业。 闻英人助我禁烟。[12] 二十八日回京。

闰五月一日,至济南观纺厂及展览会。 二日,至京。四日,诣公府。 十五日,法人卜夏、萨科孟说中法劝业银行。[13] 二十日,至津观展览会。 请变通矿区税则,由部公布商人通例施行细则、公司条例施行细则并商业注册公司注册规则。 勘视度量衡制造所。 束曰琯、李祯为编《诗录》八卷。[14]

六月,通咨各直省农林局场设观测所。 与卜夏订劝业银行约及办法。 十日,闻欧洲奥、塞战事起,德助奥。[15] 部矿师德人梭尔格请假赴青岛充兵役。 十二日,府令公布国内公债条例。 中法劝业银行约以欧战停止,美导淮借款约同,案存部局。 府宣布中国中立。 二十一日,勘大照山后种畜牧场。　　　二十四日,美工程师以与淮关系,至开封测黄河。　　　二十七日,乱人三四十人自上海突犯南通,薄城,叔兄部分中央队长王敢、警察长杨懋荣击走之,禽二十余人。[16]

七月,部公布《狩猎法》。　　　公府令裁江北护军使,设淮扬镇守使。　　　公布《商会法》。　　　与内务部计南通江岸保坍。

八月四日,孔庙大祀演礼,公府特定祭服。　　　九日,丑正二刻诣孔庙,卯正随班分献行礼。冠用殷冔制,上衣下裳,大带,靴方头,用明制,后改用履。[17]　　　十一日,请假回南,勘视淮灾。　　　十七日,以假期熊希龄、梁启超、诸宗元约同观梅兰芳剧。　　　二十日,法人卜夏至部,签定劝业银行约。　　　二十一日,行至江宁,暂借省议会设河海工科专校。

九月九日,伯兄卒。[18]　　　十八日,上辞职书,别与张一麐讯,令薛弢去京。[19]

十月四日,公府未允辞职。　　　十七日,徐家汇教会荐美人雅大摩司任小溪河石门种畜牧场技师。

十一月九日,仍北上。　　　十二日,至京。　　　十六日,阳历四年一月一日也,府令授中卿。[20]　　　规定水利局权限。

十二月,克利斯浦银行代表布洛边、白启录来谈纺织事。[21]

三十日,与张相文、秦端玠,许振、薛弢等四人往香山,宿梯云山馆。[22]

注释:

〔1〕刘垣:即刘厚生。　　　周家彦(1879—?):字韬甫,广西桂林人,毕业于东京帝国大学。曾任驻日使馆馆员。1912年任南京临时政府实业部参事。1914年任北京北洋政府农商部参事,同年二月任农商部次长。

〔2〕"府令"句：1914年1月，袁世凯下令解散国会，宣布停止参众两院所有议员的职务，并发给川资遣散，是为袁世凯废除会议事件。

〔3〕熊希龄：时熊以内阁总理兼财政总长。

〔4〕平勃交欢：汉文帝时，陈平以退为进，荐与己有裂痕太尉周勃，最后出周洋相而逼其辞职。　蔺廉相避：以蔺相如避见廉颇以维护高层团结作比喻。

〔5〕孙宝琦(1867—1931)：字慕韩，浙江杭州人。晚清至民国时期重臣、外交家。以父荫任户部主事，后任年任德、澳、法等国使馆随员，升任出使法国大臣等。任袁世凯北京政府外交总长。1914年2月兼代国务总理。

〔6〕张謇答杨士琦问，较真实反映张謇的仕宦观。他之出仕，确为实现自己的素志与社会责任，现实复杂超出预计。"因人"之"人"指袁世凯。张与袁有交往、疏离的复杂过程。

〔7〕汪大燮(1859—1929)，字伯唐，杭州人。光绪十五年举人。清末民初曾担任外交官员和政府公职，并曾出任国务总理。　连带：指为熊希龄辞职事所连带。

〔8〕请观之人：社会上要求知道真相者。

〔9〕约法会议：约法会议是旨在制定《中华民国约法》及其他相关法律法规的会议。《九录》此处增："美国纪念巴拿马运河通航，在旧金山举行博览会，我国由部令各省征集物品，派员参加，并组织游美报聘实业团出发。"

〔10〕章宗祥(1879—1962)：字仲和，浙江吴兴人。曾任法律馆纂修官、工商部候补主事、民政部财例局提调、宪政编查馆编制局副局长等职。在"五四运动"中成为广大学生要求严惩的三大卖国贼之一。张謇因兼"水利局总裁"，水利是其关注之事，下面即叙

述与外国专家亲自勘察淮河之事。

〔11〕晋王嘉《拾遗记》卷二载,大禹开凿的龙门山,被伊水分为东山和西山,河水从二者之间穿过。

〔12〕《九录》此处增:"属江谦往任南京高等师范校长,校址为前两江师范。"

〔13〕"卜夏与劝业银行"事,张謇在1913年出任农商总长以后,曾积极参与筹建中法劝业银行。但是,有关此事的中文文献至今尚甚少重大发现。《张謇未刊函电》中也只有寥寥数语:"近法人有与中国合资建劝业地产银行之议,订限六个月成立。缔合之法,为不动产抵押长期借款。"下文还几次再提及。

〔14〕束日琯、李祯:均张謇文案。 《诗录》:张謇第一本诗集,收录辛亥年以前的。 八卷:今见十卷。

〔15〕奥、塞战事:奥匈帝国与塞尔维亚之间战事,即第一次世界大战开始。

〔16〕"乱人":《九录》作"忽有"。 薄城:迫近城池。 禽:同"擒"。

〔17〕冔(xǔ):帽子。

〔18〕伯兄:葛氏母所生大哥张詧。

〔19〕张一麐(1867—1943):字仲仁,号公绂,苏州吴县人。清光绪间举人,曾入袁世凯幕府。民国初年袁世凯任大总统期间,历任总统府秘书长,教育总长等职。 薛弢:即薛秉初,张謇的属下。

〔20〕中卿:古官名。周制,天子及诸侯皆有卿,分上中下三等。亦称"宗伯"(掌宗庙祭祀等事,即后世礼部之职),此处借代说法,与上文"祭孔"等事有关。

〔21〕克利斯浦银行:英国的银行。袁政府曾拟向其借款,未成。

〔22〕"与张相文"句：参上年除夕春节之事。

四年乙卯　六十三岁。

正月一日，游山探玉乳泉，得香山东无量殿侧关帝庙废址九楹，垣墙无恙，地兼旷奥，胜览林泉，志之。[1]　　二日，回京。十一日，为南通教育、慈善、公益请许自觅地十五万亩于泰属，免缴地价。[2]　　十四日，报可。　　十八日，请假二月，查勘鲁、皖林牧试验场。　辞部职。[3]　　二十三日，行至山东崮山，次日易小车看五峰山林地，仅一百余亩耳，有松柏数千株。有清凌泉，泉有松柏子味。　至泰山。　　二十五日，登泰山，至曲阜谒孔林、圣庙，诣孔教总会。　　二十七日，至小溪河，勘石门山牧场。　　二十八日，至江宁。　农会植纪念树。

二月，为部延雅大摩司赴澳买羊种，许怡儿随雅大摩司夫妇游澳，十七日始乘瀛洲去香港。[4]

三月三日，得雅大摩司马尼喇十五日电，怡儿有疾先回。十六日，见许解部职之令。[5]　视乙种农校工。[6]

四月，在通。

五月，濠南别业成，入居之。

六月，北行，怡儿侍。[7]　　管姬得心疾，擅投大悲庵为尼。[8]　　先是，知公府延东西外人为政事顾问，近复有筹安会倡议者，为严复、孙毓筠、刘师培、杨度、胡瑛、李燮和，莫测其宗旨，言者谓其将佐命于帝制也。[9]　　刘师培欲因诸宗元请入会，宗元拒之而阴以告，自有此会而帝制之谣日盛。　　美国设万国水利会，请中国派员与会，余自请行，府以年老不允。[10]

七月，具呈请假，并请下各省疏通沟洫培植林木令。

八月，府允假。　　闻湘人贺振雄请诛筹安会六人。[11]
粤人罗文干辞高等检察厅长职。[12]　　十日，特别快车行至江宁，即附商轮归。　　周视气象台、各厂、育婴堂、公园、江岸工程。　　至垦牧、大有晋视垦务。　　筑博物苑壶外亭。再上辞部局职呈，不允。[13]

　　九月，盐政署英人丁恩、日人高周来通说就场征税，龃余所议，而格不能行，官商皆尼之云。

　　十月，令管国柱入京回，帝制事益亟。　　十七日，袁有决定改用君主之申令。

　　十一月，为怡儿治婚事，用古冠婚礼，订仪节。余之为怡儿择妇也，盖审之又审，必礼法旧家。必仕而不贪劣、商农而不伧侩者，必女曾治旧学有新知识者。[14]迟迟数年，友人为言石埭陈氏。陈，旧家也，其祖父仕而有正直声，女曾读经书，曾卒业徐家汇教会女学，试屡前列，乃聘焉，而不知其幼丧母，既聘而知之。

　　十二日，延太仓王康寿为冠礼大宾，吴县沈寿为婚礼傧相，演礼。[15]　　十三日，命怡儿冠而亲迎。　　十四日，行馈飨礼。[16]　　十五日，率怡儿夫妇回常乐，行庙见礼。[17]　　十七日，见嵩山四友之申令，具电咨政事堂，三辞部局职，得复允解部职，不允辞局职。[18]　　二十二日，电政事堂四辞局职并参政，得复允。　　二十六日，闻改元洪宪。[19]

　　十二月，重葺狼山观音院。增残废院设置。　　二十日，以常乐镇将治道路故，迁葬外曾祖及仲兄、五弟并陈氏妾墓。

注释：

〔1〕"游山探"句：所游即英敛之别业所在之北京香山附近。

楹：房屋计量单位。屋一列或一间为一楹。

〔2〕泰属：或指与通州接近的泰兴（时属通州）所属的长江北岸滩。在狼山西长江边。

〔3〕辞部职：指辞工商、农林总长之职。（等候批准）

〔4〕怡儿……游澳：张孝若游澳洲，后至香港因病而回。

〔5〕许：指答应辞职

〔6〕乙种农校：1909年张謇在垦牧公司与大生二厂，办初高等农业学校，乙种为初级，甲种为高级，后为私立南通大学的农农科大学。

〔7〕北行：去北京。

〔8〕管姬：张妾。　心疾：今谓"精神病"。管后欲返回，张未许。

〔9〕"有筹安会"句：此说"筹安六君子"为袁世凯复辟帝制制造舆论。

〔10〕诸宗元：参《年谱》宣统三年注〔30〕。

〔11〕"闻湘人"句：贺振雄是湖南人，反对帝制者。通过《顺天时报》，刊载上肃政厅呈文，抨击筹安六君子的复辟帝制的行为。

〔12〕罗文干（1888—1941）：字钧任，广东番禺人。早年留学英国，回国后任清政府广东审判厅厅长。1912年后历任北京政府检察厅检察长，北京大学法律教授，大理院院长，财政总长等职。《九录》此处增"入府反复苦劝，历二小时"。

〔13〕辞部局职：指辞其兼任之水利局总裁之职。

〔14〕伧侩：粗俗；鄙陋；市侩气。

〔15〕王康寿：太仓人，张謇师山书院时老师王汝骐之子。1902年张謇筹建通州师范学校时，邀请他襄理学校事务。后王康

寿在通海垦牧公司负责教育、地方自治等工作。冠礼大宾：结婚傧相。　沈寿（1874—1921），名云芝，号雪宧，江苏吴县人，苏绣艺术家。光绪三十年其绣品作慈禧太后七十大寿上贡，慈禧大加赞赏，因赐"福""寿"两字予沈，因更名"沈寿"。1911年，其绣《意大利皇后爱丽娜像》作国礼赠送意大利，轰动该国朝野。1914年，张謇邀沈任女红传习所长兼教习。1921年沈病殁于南通，葬于狼山。

〔16〕馈飨：谓供奉饮食。此指新媳妇服侍长辈。

〔17〕行庙见礼：结婚后拜家庙。

〔18〕嵩山四友：袁世凯称帝时特封其旧友的称号。即徐世昌、赵尔巽、李经羲、张謇。

〔19〕洪宪：袁世凯称帝用的年号。《九录》此处增"叛迹益露矣"五字。

五年丙辰　六十四岁。

正月，惩从子念祖，其二子一令入纺织学校，一令入乙种农学校。[1]　十四日，闻袁又取消帝制之申令，计帝制首尾八十三日。[2]　闻黔又独立。[3]

二月，规天生果园工程。[4]　残废院开幕，收四十九人。　规筑林溪精舍。[5]　闻桂又独立。

三月，垦牧加浚北河，以畅淮支流经里运河入海之路。[6]闻粤又独立，浙亦独立。　内阁徐世昌劝北上，谢之。[7]十五日，乱人复有扰通之讯，讯中具名者，某甲某乙，皆通产，好勇疾，贫人耳。[8]　十六日，伏龙、顾某等率众至通，镇守使管云程获治之。[9]

四月，闻袁病剧。[10]

五月,刘垣、张嘉璈来说维持中国银行事,被举为股东联合会会长。[11]　　六日,闻袁病卒。　　二十九日,闻蔡松坡病剧。[12]

六月,吕四盐业公司主任鲍诚庠卒,精勤不苟君子也。三日,见恢复旧约法府令。[13]

七月,林溪精舍成。

八月,逸匪以舟犯垦牧,中央队来,合垦牧警察队击四散。[14]

九月,规大有晋三合口遥望港水道。[15]　　九日,规辟黄泥、马鞍山河。[16]　　二十八日,移女工传习所于城南。[17]

十月,蔡松坡卒于日本。

十一月,盲哑学校、气象台开幕。　　十八日辰时,女孙生,名之曰非武。

十二月,在通。

注释:

〔1〕从子:侄子。　念祖:长兄张詧之子。　其:念祖。

〔2〕"闻袁又"句:《九录》无"之申令"三字。

〔3〕独立:指相对于北洋政府而言,均与南方革命党人相关。下几处同。

〔4〕天生果园:张謇当时规划的果园,在今南通西北长江边。

〔5〕林溪精舍:在今狼山风景区。

〔6〕垦牧加浚北河:在通海垦牧公司北界通淮委河入黄海的里运河。

〔7〕徐世昌:徐时任内阁总理。　北上:邀请入阁。

〔8〕某甲某乙:稿本作"张某严某"。　通产:本地人。

〔9〕伏龙、顾某:《九录》作"匪人"。

〔10〕袁:袁世凯。

〔11〕刘垣：刘厚生。　张嘉璈(1889—1979)：字公权,上海人,银行家、实业家,1979年病逝于美国。著述有《关于旧中国的通货膨胀》《关于旧中国的铁路建设》等。

〔12〕蔡松坡：即蔡锷(1882—1916),湖南邵阳人,民国政治家、军事家、民主革命家。一生做两件大事：一是辛亥革命时期在云南领导了推翻清朝统治的新军起义；另一是四年后积极参加了反对袁世凯称帝、维护民主共和国政体的护国军起义。

〔13〕旧约法：指的是《中华民国临时约法》。

〔14〕逸匪：《九录》作"海匪",是军阀混战后的散兵游勇组成。　中央队：南通市政府警察。　垦牧警察：张謇的垦牧公司自己组织的。

〔15〕大有晋：张謇创立的有一个盐垦公司,今通州区三余镇,此说规划水利。

〔16〕黄泥、马鞍山：南通狼山五山中二山。

〔17〕女工传习所：即沈寿任总教习的绣艺学校。

六年丁巳　六十五岁

正月,辟黄泥、马鞍山河。南通五山故为公有,近山村农率樵薪于山,因伤及木,山如童然。[1]前令师范第二次卒业生各植数千株为学校林,苗采诸远方,村人樵采如故,苗日以蹙。无已,呈官请领军、剑、黄、马四山分归师范、农校,然不范以河,不能保林之生存也,遂先买环山之地,规度河道,至是兴工。[2]　十一日,先君百岁生忌。[3]　十五日,农校开露天棉作展览会。二十六日,视军山河工。

二月,遣怡儿游学美洲。[4]

闰二月,复规城郊马路。

三月,视大豫、大有晋河工、闸工。[5]　　视垦牧海神庙前涵洞工。　　新育婴堂十周募捐。

四月,闻天津有临时政府之说。　　国会解散。　　图书馆落成开幕。

五月二十八日,以博物苑谦亭借沈寿养病。

六月,汤寿潜卒。　　十一日,怡儿游学美洲启行。　　十八日,怡儿附亚细亚皇后船由沪出发。

七月,政府对德、奥宣告立于战争地位。[6]　　公园落成,作歌。

八月,怡儿至美华盛顿、纽约。　　顾锡爵卒。　　沈同芳卒。[7]　　二十一日,沈寿以七月回传习所,复病,至是仍移苑。

九月,营濠阳小筑。[8]

十月,视大豫、大有晋、垦牧闸涵工。

十一月,规视东奥山庄、西山村庐之建筑。

十二月,规建濠阳小筑。

注释:

〔1〕童:山岭、土地无草木谓之"童"。

〔2〕范以河:范,犹"围"。

〔3〕生忌:逝者的生日。风俗中,百年生忌要祭祀。

〔4〕怡儿游学美洲:张孝若到美国留学。

〔5〕大豫、大有晋:是通海垦牧公司旗下向北发展的公司。大豫在今如东海边,大有晋在通州的海边。

〔6〕政府:北洋政府,此是对第一次世界大战的态度。

〔7〕顾锡爵:张謇早年文友。　　沈同芳:字幼卿,号越石,一号

蠡隐,武进人。光绪甲午进士,授唐县知县,张謇友,曾为其诗文作序。

〔8〕濠阳小筑:张謇所营别墅,晚年居所。下文"东奥山庄""西山村庐"是狼山周围的馆舍。

七年戊午　六十六岁。

正月六日,割濠阳小筑之半借沈寿住。　　视西山村庐工。

二月,余被华成公司股东推任为总理,路远不能去,至是属朱庆澜为协理,管云程佐之。[1]　　规吕四聚煎地。[2]

三月,从子仁祖以夜半救火,触寒得疾。

四月六日,仁祖卒。　　联合各实业组织实业银行。改筑观音院三层楼,奉藏百五十余名家画绣之像。

五月,怡儿游美得商学士而归,本欲其留学三年,遽归非吾意也。[3]

七月,为从孙景武聘沈右衡次女。

九月二十五日,政府布告我国参与欧战。[4]

十月,电陆徵祥,属于欧洲会议提出改定税法,及撤销领事裁判权。[5]

十一月,在沪开主张国际税法平等会成立会。[6]金太夫人百岁生忌。　　撰《绣谱》成。[7]

十二月,欧洲和平会议,经各国议决,英、法、美、意、日各派五人列席,中国派三人,政府派陆徵祥、胡维德、施肇基列席。[8]孟昭常卒于大连湾,书生致力实业而有远识者,又失此人。[9]

注释:

〔1〕华成公司:设在今盐城射阳的盐垦公司,张謇有投资。朱庆澜:后是该公司董事长。管云程:亦名管云臣,民国时通海镇

守使,应该是张謇幕僚管石臣(国柱)的弟兄。

〔2〕聚煎:煎盐之地。

〔3〕得商学士而归:《九录》无"得商学士而"五字。

〔4〕"政府布告"句:北洋政府宣布加入协约国参战,时同盟国败局已定,成为战胜国将有利。

〔5〕电陆征祥:时陆征祥以专使身份出席"巴黎和会"。意在为中国争取权益。

〔6〕在沪开主张国际税法平等会成立会:《九录》此处增:"被推会长,并代表往欧,辞未往。"

〔7〕《绣谱》:沈寿病重时,张謇为传承沈寿的刺绣艺术而作的整理与总结。

〔8〕"陆徵祥、胡维德、施肇基":《九录》增"顾维钧、王正廷轮流"八字。

〔9〕孟昭常:字庸生,武进人。清末民初法学者、实业家。著名历史学家孟森之弟,张謇的后辈朋友。

八年己未　六十七岁。

正月,北京组织国际联盟同志会成立,公推梁启超为理事长,余及熊希龄诸君为理事。[1]　　闻顾维钧于欧洲和平会当选为国际联盟股审查员,王正廷当选为交通股审查员。[2]　　政府统计我国因欧战损失,共为一千零九十二万八千九百九十七圆。

营东奥山庄及张公坡后张榭。　　叔兄修葺西寺成,为种松二于前殿。

二月,以导淮计划书集徐、海、淮、扬人会议。　　视吕四盐业公司北堤。

三月，规筑三厂南青龙港闸。　　政府有将公布削实业教育费加议员岁费之说，又巴黎会议有中国青岛将签约之说，均电谏止。[3]

四月初九日午时，第二女孙生，名之曰柔武。

五月，气象台练习生七人毕业。　　规画蚕桑讲习所于狼山闸桥北。　　规剑山植林区、军山石坞。

六月，被任运河督办。　　规筑小漾港闸。　　规建更俗剧场。　　规定海门常乐第三纺织厂。　　营镶山梅垞。

闰七月，设工商补习学校、交通警察养成所。

八月，内务部通令各县，自本年秋丁祭祀孔仍用跪拜礼。[4]盖自民国以来，祀孔即改行鞠躬礼，至本年春祀，尚沿用如故。东奥山庄落成。　　公议清理全县田亩纳税鱼鳞册事。[5]垦牧继设初等小学校。[6]　　设伶工学校落成。[7]

九月，观音院延浙僧太虚讲《法华经》。

十月，大有晋、大豫遥望港九孔大闸落成。

十一月，淮海实业银行通总行开幕。[8]　　剧场梅欧阁成。[9]

注释：

〔1〕国际联盟同志会："中国国际联盟同志会"，是 1919 年 3 月由汪大燮、熊希龄、梁启超、蔡元培等发起，以"研究国际问题，推动国民外交，促进国际合作及拥护国际联盟，保障国际公理正义"为宗旨。在北京成立。

〔2〕顾维钧（1888—1985）：字少川，上海人，毕业于美国哥伦比亚大学，中国近现代政治人物、社会活动家和外交家。　　王正廷（1882—1961）：字儒堂，浙江奉化人，先后赴日、美留学，并加入同盟会。先后担任南京临时政府参议院副议长、代理议长、代理工商

部长、北京政府外交总长、代理内阁总理，南京国民政府外交部长、驻美国大使等职。

〔3〕"青岛签约"事：德国是第一次世界大战的失败国，日本也是胜利国，列强拟把德国在华权益，青岛租界转让给日本。北洋政府拒绝在巴黎和约上签字，收回青岛。

〔4〕丁：遇；逢。

〔5〕鱼鳞册：又称鱼鳞图册、丈量册等，创始于宋，是中国古代的一种土地登记簿册，将房屋、山林、池塘、田地按照次序排列连接、绘制，是民间田地之总册。由于图状似鱼鳞，因以为名。是中国古代社会建立的科学的土地赋税管理办法。

〔6〕垦牧继设初等小学校：俗称"垦牧校"；抗战中为南通师范侨校，今为东南中学。

〔7〕伶工学校：张謇举办，聘请欧阳予倩主持的戏艺学校。

〔8〕淮海实业银行：张謇在南通成立的一家银行，银行总经理为张孝若。1920年获得纸币发行权，印就一元、五元券两种。

〔9〕梅欧阁：在更俗剧场楼上所造，为迎接招待梅兰芳、欧阳予倩而设置。

九年庚申　六十八岁。

正月，定岁时团拜之例。[1]　成新南公司。[2]

二月，规建图书馆西楼成。　以运河工程局事往扬，怡儿侍行。　十三日开局。　沈恩孚、黄炎培至扬组织苏社，意以社为策进各县量力自治。[3]　十七日行，十八日至华成鲍家墩，周视公司地。[4]　规华成农事试验场。　视伟业公司机垦成绩，绩不恶而费较大。　二十八日，至东台，视母里师范学校地,叔兄所购也。[5]　　　规辟沿海各场南北串场大河,承转西水入海。[6]

四月,美人杜威来演讲。[7]

五月,卜李保圩生圹地。[8]　　　十一日卯时,第三男孙生,名之曰融武。[9]　　　伶社生试艺,开音乐会。[10]　　　十八日,至垦牧规建蒿枝港闸。[11]　　　闻津、保之间皖、直两系军队接触,去电劝止不效。　　　二十九日,两军于涿州开始战斗,凡十一日,皖系负。

六月,集地方公议筑沿江七十里长堤。　　　闻某军有窥通之说,戒备。　　　订县志。

七月,为警察局视肥料场、野狗阑地。

八月,至沪,视衣周塘地。[12]　　　以直、鲁、豫、晋之灾去沪,与纺织厂、银行、钱庄、铁业,合筹一百万元为助赈协会,先择北省二三县实行工赈。[13]　　　二十四日,绣织局与女工传习所同时落成,沈寿移住局后。

九月一日,绣工本科第一次完全五年毕业生九人。　　　二十一日,县自治会举行第一届开会式。　　　二十九日,为叔兄称寿于千龄观,观在南公园,余为叔兄筑,亦供地方之凡行庆礼者。[14]

十月,国务院闻县自治会成立,来电调取会章,为编订自治法规之依据。　　　绣织局设计海外贸易,与女士谢珩议发网事。[15]

十一月,三厂前会云闸成。　　　二十八日,沪人来说织机、玻璃、糖厂三事。

十二月,通燧火柴公司成立。[16]　　　被任为吴淞商埠局督办,苏人督促就任。　　　作《串场大河施工计划书》。泰县凌生植支云:河与运河平行,可名新运河。

注释：

〔1〕团拜：指其公司之内与团体之间的拜贺礼节，张謇七十生日时用之。

〔2〕新南公司：正月二十七创办于阜宁县，为属下许德润创办。

〔3〕沈恩孚（1864—1949）：字信卿，苏州人。中国近现代教育家。同济大学第四任校长。 黄炎培（1878—1965）：号楚南，字任之，今上海市浦东人。中国职业教育的先驱，民主人士，中华人民共和国成立后，历任政务院副总理兼轻工业部部长、全国人大常委会副委员长、全国政协副主席等职。 苏社：1920年4月成立，意在推进地方自治。有张謇、韩国钧、黄炎培、沈恩孚、张孝若、张一麐等人。

〔4〕华成鲍家墩：在盐城射阳。

〔5〕母里师范学校：张謇张詧生母金氏是东台（今属如东），为纪念生母而设。

〔6〕串场大河：唐代以来贯串盐场的人工大河，流经南通的如东、如皋、海安与盐城全境。 西水：西部里下河的水。下文有《串场大河施工计划书》。

〔7〕杜威：即美国的著名哲学家，在通作三场演讲。

〔8〕卜……生圹：请风水先生找寻墓穴。

〔9〕融武（1920—1984）：张謇的第一个孙子。

〔10〕"伶社生试艺"句：张謇委托欧阳予倩在南通办戏艺学校，谓"伶工学社"，此"试艺"犹毕业演出。下文"绣工本科毕业"事同此。

〔11〕蒿枝港闸：是张謇垦牧公司重要的现代化的河闸，泄洪而阻黄海咸潮。

〔12〕衣周塘：在今军工路，曾是上海最早的水利工程之一。清雍正十年(1732)，地方绅士上书宝山县令，要求从速在虬江、黄浦江边修筑护堤。

〔13〕工赈：组织社会公益工程，让灾民务工，给以报酬。

〔14〕叔兄称寿：此年张詧七十岁。

〔15〕谢珩：谢林风，今上海浦东人，向张謇学诗。　发网：妇女罩头发用的网子。

〔16〕通燧火柴公司：张謇所办一企业。

十年辛酉　六十九岁。

正月，省道始成，自常乐试行汽车至通。　　俱乐部新筑成。　　四日，至吴淞视商埠局，开幕宣言，申诫局中人员不得于埠内置地。　　八日，至常熟谒翁文恭墓，为修墓庐。[1] 九日，至苏游邓尉，清巡抚宋荦所建之香雪海亭已圮，捐资劝苏人重修。[2]　　十日，至无锡谒赵先生墓。[3]　　十一日，至扬州。　　十二日，视高邮切滩工。[4]　　十四日，旋通。

二月十六日，公葬荷兰工程师特来克、昆山张庸于剑山南麓。[5]　　检旧存文字订为九录：曰政闻，曰实业，曰教育，曰自治，曰慈善，曰文，曰诗，曰杂，曰外，属束曰瑈与丹徒陈生邦怀任之。[6]

三月，东奥山庄家庙落成致祭，祭物惟备。　　十七日，海门淮海分行开业。因至垦牧规建高等小学校，扩充第二堤国民小学校。

五月三日，沈寿卒，以其愿葬于通之遗言，为规葬于黄泥山东南麓。[7]　　以盐务署禁止灶民煎盐，限三年禁绝，与淮南数百万灶丁生命有关,电请政府缓行,准照北盐旧例,改煎为晒,并电江苏督军、省长设法维持。[8]

六月十一日,第四女孙生,名之曰粲武。

七月一日,因腰有时酸,试德医手术疗治法于林溪精舍,卧息十日。　　通电劝南北息争。[9]　　十七日后,间日或二日辄大雨。[10]　　二十七日,营马鞍山我马楼。[11]

八月,政府聘为太平洋会议高等顾问,适以水灾待治正亟不能赴美,电辞。　　十二日始,连大风雨五日,江淮并大涨,运河堤工日夜告警。　　二十一日,去扬。　　二十三日,与会办韩国钧、道尹胡翔林同勘堤河。[12]先自七月十九日开车逻坝,二十一日开新坝,二十三日开南关坝,三口共广一百九十六丈,泄水流量每秒钟已四千余立方尺,下七县已成泽国,极目无际。[13]高、宝城人复请开昭关坝,下七县守坝之人五六千,卧坝上以死争。余至,告以当开否须周视八县,权害之轻重大小缓急,不能即许不开。[14]既入高邮,则沿堤要求开坝者殆万人,至承天寺,则人围寺数匝,有王鸿藻者,嗾人诘责,分起迭进,势非得请不已。[15]余与韩亦告以必周视八县权害之轻重缓急,不能即许开。而邮人威胁无礼已甚,卒以坚决却之,自六时至十二时止。　　二十三日,视宝应灾状,旋至邵伯。　　二十四日,至兴化。　　二十五日,至东台。前二日派往盐城、阜宁勘灾人回,报告盐灾重,阜不成灾。　　二十六日,至海安。平均计下河各县,平地水深五六七尺,势已滔天,昭关坝必不可开,以告省长。而东台之王家港为泄水要道,淤塞已久,非即开不可。[16]　　二十七日,即令余文蔚组织测量队,刻日出发。[17]

九月十日,治沈寿葬。　　得高邮河工报,水退五尺余。

十月，张一麐、张绍曾、沈恩孚、黄炎培、史家修以国是会议约去沪。[18]

十一月，至沪。国是会议徒议而已。[19]　　十四日，往东台视浚治王家港工。　　二十六日，以书属美工程师来因求助于义赈会。[20]　　三十日，蒿枝港合中闸落成。

十二月，至大有晋规同兴区水道。

注释：

〔1〕翁文恭墓：翁同龢墓。"文恭"，是溥仪所追谥。

〔2〕邓尉：邓尉山位于苏州城西南，因东汉太尉邓禹曾隐居于此而得名。邓尉山一带是江南著名的探梅胜地，名为"香雪海"。宋荦（1634—1713），字牧仲，号漫堂，今河南商丘人。清代诗人、画家、政治家。曾任江苏巡抚。

〔3〕赵先生：赵菊泉彭渊。

〔4〕切滩：河流主流发生偏离，水流对边滩形成的切割现象，漫滩水流将边滩切割脱离河岸成为心滩或江心洲。因此可能发生灾害。

〔5〕亨利克·特来克（1890—1921）：荷兰著名水利工程师，曾以水利工程师身份，在上海浚浦局任职。1916年4月应南通保坍会会长张謇所聘，任驻会首席工程师，全面负责南通地区建筑沿江水楗保护坍田工程，在工作中因病去世。　　张庸：张景云，张謇的家庭教师。

〔6〕"检旧存"句：张孝若在其死后编纂，即名《张季子九录》。束、陈：张謇的文案。

〔7〕沈寿：张謇绣工所总教习，是当时著名的苏绣艺术家。为规葬：《九录》作"地方亦为规公葬"。

〔8〕"以盐务署禁止"句：以，因。此禁令关于广大盐民生计，因请求缓行。"改煎为晒"，即是过渡措施。

〔9〕南北息争：当指当年初秋，湖南军阀赵恒惕与直系领袖吴佩孚之间的对峙。张謇与吴佩孚之间的关系较好。

〔10〕辄大雨：《九录》此处增"中日菲远东运动会推任名誉会长。"

〔11〕我马楼：张謇在狼山的一处楼宇。

〔12〕韩国钧（1857—1942）：字紫石，今江苏海安人。光绪举人，先后充任知县等。1913年9月韩国钧任江苏民政长，1917年调任安徽巡按使。1922年6月再度入主江苏，任江苏省长，抗战时期韩国钧以八十高龄在野之身居乡问政。与新四军友善，同陈毅同志直接交往，呼吁国共合作。汪伪利诱威逼韩国钧出任伪江苏省长，韩国钧陷敌不屈，本义凛然。　道尹：官名。民国三年置，为一道之行政长官，管理所辖各县的行政事务。　胡翔林：时任职淮扬道尹。

〔13〕此说里下河地区水灾。　三口：三个河堤缺口。　下七县：史称下河七州县，即山阳（今淮安）、宝应、高邮、江都（今扬州）、兴化、盐城、泰州七州县。如下句说及"高、宝"，即高邮、宝应。下文八县，增海边的东台。

〔14〕不能即许不开：此句应与下文"不能即许开"对读。"许"是长官的决定。上游民众要求开堤泄洪，下游民众则则要求固堤不泄洪。

〔15〕分起迭进：有组织指挥众人分、聚、退、进。这一段叙写灾情以及灾民与尚未受灾者对蓄洪与泄洪的矛盾。　势非得请不已：谓不答应其请愿之求，则不停止。

〔16〕王家港泄水要道：入海河口，在东台，今属盐城市大丰市。

〔17〕余文蔚：字起人，南通人，清末毕业于通州师范学校附设的测绘科，后服务于南通水利会。

〔18〕张一麐：见《年谱》民国三年注〔19〕。 张绍曾（1879—1928）：河北省人。1913 年被大总统袁世凯任命为绥远将军。1916 年任北洋政府陆军训练总监。1922 年任陆军次长，次年 1 月任国务总理；一度主张与孙中山协商南北统一，又主张先制宪再选举大总统。1928 年遇刺身亡。 沈恩孚、黄炎培：《年谱》上年注〔3〕。 史家修（1880—1934）：字量才，今南京江宁区人，报业巨子与教育家。1912 年任《申报》总经理。1934 年 11 月 13 日，死于国民党特务的暗杀。

〔19〕国是会议：当年十一月初，张謇去沪，"与敬舆、仲仁、信卿、切之、量才、厚生同集于竹君处，量才拟电"，即此事，表示对国是的关切。拟电者史量才。

〔20〕来因：美水利工程师。与张謇一起勘河治水。

十一年壬戌　七十岁。

正月二日，自常乐镇至通，知叔兄于一日电京省请禁南通交易所。⑴兹事发生于辛酉七月，由实业中少年歆于上海某伧所倡之交易所，用谲诈暴富而起。⑵有问余者，余以约略记忆之德、日前事告之，诚宜慎重。若辈旋以振兴市场说耸叔兄而推总其事，叔兄偶不察，为之动听。九月始业，朝婆夕丰者不乏人，乃群趋若狂，至能摄乡愚埋窖锈涩之金。⑶余以为惧，言于叔兄，兄亦觉其非，又恨为所卖弄，故有此举。然弊虽截断，而资财出入震动于廛市亦不少，无如何也。 三日，筹继去年灾后之赈。

十四日,大雷震,小雨。

二月,治黄泥山圆觉精蓝。[4]　　叔兄赎金沙高曾祖墓侧先祖鬻于瞿氏之地,计时恰一百二十年,拟即其地建墓祠,并张氏私立小学校,教其乡之子弟。[5]

三月,江、常、太、宝、崇、海、通、如、靖九县开治江会于上海。[6]　　奉、直战起,电劝息争,不效。[7]　　闻江、浙构兵之风说,电两省督军劝阒。[8]　　决惩交易所偾事首祸之人。

四月一日,召集各盐垦股东开会。先是,五六年间继大有晋、大豫而成立之盐垦公司,为大赉、大丰、大纲、华成、新南、新通,粗有设施而未成立之公司为遂济、通遂,尤稚者为通兴。盖歆于垦牧公司日进不已之垦利而为之。此十余公司外投袂而起者,涨脉偾兴,各涎一地,假以号召者,尚七八处,有先时不知其名。余以为危,止之不能。其属于通系者,率挹注于大生,大生以棉为纺织必需之原料,有裨于本计,又尝有所挹注而资之,且冀垦地所入可偿岁息,他无所恐也。[9]讵垦利缓而负债重,工程未施,恃天孟晋。适己未、庚申、辛酉,虫雨风水,连灾三年,垦无所获,债息紧逼,乃有踬决肘见之象。[10]此皆余夙昔自治锐进之说之为咎,至是增一至大之阅历。[11]股东会议设盐垦纺织总管理处。　　建第三养老院成。

五月,被推为交通银行总理。　　二十日,久旱,因县知事请,祈雨。　　二十三日,合中等学校开运动会于白塘庙新场。　　二十五日,生日,中外宾杂沓而至,梅浣华亦来。[12]公府遣少将罗泽玮来。[13]

闰五月十六日,教育、慈善事资竭,又鬻字。

六月,叔兄修北土山福田寺落成,土山亦县风景之一也。

怡儿奉政府特命任调查美、英、法、德、荷、比、意、瑞、日九国实业,作使行之训。[14]　　从嫂倪卒,年九十五。

七月,八日至十日,连三昼夜飓风为害。　　十四日,第五女孙生,名之曰聪武。　　二十日,飓风大雨又作,二日而止。

八月,叔兄曾孙生,叔兄命名慎修。　　三姓街张氏近修族谱,其辈行字,前曰"昭兹来许,绳其祖武",后曰"慎乃俭德,惟怀永图",余"其"字辈也。[15]

九月,政府特命进勋一位,辞。[16]　　属陈邦怀续校《九录》。

十月,众议地方认集赎胶济路款。[17]　　沈曾植卒于沪。[18]

十一月,命怡儿入京。[19]　　日宾来,告以中日须公诚亲善。　　十二日,规张家港生圹地。[20]　　营濠南别业西楼。

十二月,日海军对马舰长池田他人来。[21]　　二厂管工员小讧,令实业警卫团张清鉴往缉解之。[22]

[手稿本及铅印单行本均记至此而止,此下为《九录》本所增。]

注释:

〔1〕交易所:类似当今股市与证券交易。下文有叙,可知大概。

〔2〕辛酉:民国十年,即上一年前。　　歆:嗅闻;贪图。

〔3〕朝窭夕丰:早晨贫穷,晚上暴富。　　埋窖锈涩:地窖中生锈的银子。

〔4〕圆觉:庙宇名称。　　精蓝:佛寺;僧舍。精,精舍;蓝,阿兰若。

〔5〕"叔兄赎"句:张謇赎祖父张朝彦赌博输后出卖之田。张謇有诗叙及(见后附录)。

〔6〕江、常、太、宝、崇、海、通、如、靖:江阴、常熟、太仓、宝山、

崇明、海门、通州、如皋、靖江。

〔7〕奉、直战起：该年 4 月(阳历)奉系军阀(张作霖)与直系军阀(吴佩孚等)之间的战争，直系胜。

〔8〕江浙构兵：江苏督军齐燮元与浙江督军卢永祥之间争夺上海的纷争。　劝阋：劝阻。

〔9〕挹注：谓将彼器的液体倾注于此器。《诗·大雅·泂酌》："泂酌彼行潦，挹彼注兹，可以濯罍。"孔颖达疏："可挹彼大器之水，注之此小器之中。"后亦以喻取一方以补另一方。

〔10〕踵决肘见：拔一拔鞋，脚后跟露了出来；整一整衣襟，胳臂肘露了出来。犹捉襟见肘。

〔11〕"此皆"句：对自己"自治锐进"脚步过速导致弊端的检讨。

〔12〕梅浣华：梅兰芳。

〔13〕公府：指总统府。　罗泽玮：四川绥定人，日本士官学校毕业。

〔14〕"怡儿奉政府"句：北洋政府任命他为考察欧美日九国实业专使，时间长达年余。

〔15〕"三姓街"族谱字辈排行，详本书"族谱"辑。

〔16〕政府特命进勋：张謇辞，并有辞之诗。此处《九录》增"电政府维持招商局"。

〔17〕赎胶济路款：赎路集金会由赵尔巽发起创办，以联合国民共同集金收回胶济铁路为宗旨。张謇是响应并实行。

〔18〕沈曾植：张謇早年的挚友。写有哀悼组诗。

〔19〕怡儿入京：本年十一月初一从上海出发，至次年二月初二回。经宁、津，一路几次写信。为何事不知。

〔20〕张家港：此南通的一地名。　生圹：生前预造的坟墓。

〔21〕"日海军"句：池田他人拜访张謇，并设宴；池田复邀请张到舰只。

〔22〕实业警卫团：张謇实业中的"护厂"武装，这是他自治思想的一种实践。

十二年癸亥　七十一岁。

正月，作《商榷世界实业书》及《盐垦水利规划告股东书》。〔1〕　路工处开会。

二月，看张佩纶《磵于集》，自是峭直刻深一流，然敢决有为，当时信隽才也。〔2〕　作《纺织公司股东会宣言书》。〔3〕　与退翁、瞿知事同至丝鱼港，看江堤十八里。　自订七十前年谱，根据癸酉以后日记，唯日记有缺失者。〔4〕　闻海军闽人宣言自卫。〔5〕　甘肃杨汉公等来问甘肃宜棉之荒地。〔6〕

三月，女师范纪念会。　美国人六自沪来参观，宴之。往掘港视垦，培原区低湿，宜种稻。　连日盐垦公司股东会。　汽车往垦牧三小时即达，二十年前须三日，交通便否，关系如是。　视垦牧高小校。　视闸工及各堤，汽车且行且止，历一时半。　临城匪劫车，将引国际交涉。〔7〕

四月，师范开廿周纪念会。　为融孙延保姆蒋女士。自编年谱竣。　看剑山后整地。　为人作小楷书。　答孟莼孙、凌植支信，说陇海路线。〔8〕　黄生励生追悼会。　以大生一、二、三厂股东会事去沪。三生于一二，二生于一，一之始甚棘，继渐纾而效见，亦二十余届。〔9〕自顷十年大水灾，十一年纺织大厄，蟊蠹生于内，豺虎撼于外，将如始创时。〔10〕余委蛇披揭，俾众不疑,坦坦示人,人少少解,盖又一险难也。 　　　　连日董事股东各会,酬酢极烦冗。

　　五月,第三幼稚园游艺会。 　　　通明、淮海、大达、盐垦各开董事股东会。 　　连日雨,河大涨。 　　　作《临城票》《建福火》《新华车》三诗,皆近事也。[11] 　　　生日谢客,客犹有至者,置酒城南。午后观剧。 　　　闻各乡水灾之警告。 　　　周视城南南山各处。 　　　东京帝国大学教授吉野作造、九洲帝国大学教授田中贞次来参观,云将以南通自治介绍其国人。

　　六月,与退翁、作三、怡儿等计实业事,并地方水利规画。[12] 　　　闻无知乡人毁垦牧闸。[13] 　　　怡儿去沪,为各公司开会事。 　　　至天生果园视鱼苗。 　　　谭鑫培子小培挈其子来演艺,索诗。 　　　至海门溥善堂开会,海人之复溥善堂,自清光绪十一年始议,十三年始请于总督,梗于吏胥,屡进展止,旋以属余,复前嵩巡抚批驳了案,盖黄贵筑护抚之力;成矣,与胥吏战,又数年,惟杨梅汀是赖,至光绪二十年而定,二十三年而大定。[14] 　　　专制时代,成地方自卫事之难如是。 　　　会后回尊素堂。 　　　视察家庙及二宅梅雨泛滥状。 　　　予以运督关系,被任为扬子江水道委员会副会长。[15]

　　七月,七夕,宴客公园苏来舫,舫缮治新成。 　　　与客泛湖有诗,并为客改诗。 　　　全县水利谈话会后,开大会。 　　　怡儿出使,随员朱、席、许等来辞行,与退翁合宴之。 　　　连日训示怡儿考察门类,并令儿至英、日,访候汤姆斯、内藤虎次郎、西村时彦诸君,皆老友。保坍工程师特来克母尚在,亦命儿至荷慰问之。[16] 　　　二十九日,怡儿往沪远行,挈孙儿女送之港埠,九时展轮,汽车与大庆平行并进,至大堤桥转弯而分,不复见矣。[17]

数万里之行,历四大洋,如何不念? 但为后生计,亦岂宜缩屋而终也。

八月,至沪,闻黎黄陂至。[18]黎欲来晤,乃先诣之,为言江、浙和平之重,勿有听人举动之事。[19] 晤香港英籍何晓生(东)说和平事。[20] 七日,午后二时送怡儿行,送行人甚盛,五时启碇。 视谢霖甫病于筱崎医院。[21] 晤英总领事巴尔登。

九月,怡儿至法,得途中所发各信及诗。 往如皋寿沙健庵六十,有诗。[22]

十月,县人圮城为路,有诗。[23]鬻字助慈善。 作杨点墓碑。 由沪无线电传怡儿在巴黎演说关税,极有价值。得蒙哈缠回王公抗议设筹边使文件。[24] 怡儿遍游欧大陆各国,复至英。 沪校演讲竞进会至通开会,余主席。 江浙和平有溃决势,电各方劝阻。 日对马舰司令野村吉三郎来。 看《国语》,四十年前所读者。

十一月,连日消寒集,有诗。[25] 各法团贺镇守使张仁奎六十,写纪寿碑字。[26]

十二月,以港务会议事至沪。 史量才约观梅剧。[27]港务会议通过草案,与部局七代表同勘浦东杨思桥滨口。结束淞埠事,改设参事会。 视袁保圩生圹地工。 新疆督军杨增新、绥远马都统各遣人来谈设纱厂事。[28] 怡儿由英往美。 余自少作客以来,必归常乐度岁,至是以实业多未了事,怡儿又远出,孙儿女天寒来往不便,故先归致终岁之祀,而回通度岁于濠南别业。 一月以来,无日不为实业言筹款,至是犹呶呶,世事可厌,然非儒理。

注释：

〔1〕《商榷世界实业书》：载新版《张謇全集》④《论说演说》部分，题为"商榷世界实业宜供求统计 中国实业宜应供求之趋势书"；《盐垦水利规划告股东书》：载新版《张謇全集》⑤《章程 规约 告启 说略 帐略》部分，题为"盐垦公司水利规画通告股东暨公司职员函"。

〔2〕张佩纶：见《年谱》光绪十九年中注〔4〕。

〔3〕《纺织公司股东会宣言书》：应当即是《张謇全集》⑤《章程 规约 告启 说略 帐略》的每届董事会的"南通大生第一纺织公司第×届帐略"。

〔4〕癸酉：指同治十三年(1873)，张謇从此年的九月起，留有日记。 有缺失：如光绪六年五月至光绪八年六月，缺两年。再如，光绪二十年，其父逝世的九月十七日始至年底。缺几天、十几天也有发生。

〔5〕"海军闽人宣言自卫"事件：1923年4月8日，北洋政府海军驻沪几艘舰艇与海军机关，宣布独立，推举原第一舰队代理司令员林建章为海军领袖。史称"海军沪队独立事件"。

〔6〕杨汉公：曾任甘肃省立法政专门学校教师、师范学校校长。

〔7〕"临城匪劫车"事，见注〔11〕。

〔8〕孟莼孙：即民国著名史学家孟森。 凌植支：民国著名画家，梅兰芳的师友。

〔9〕三生于一二，二生于一：说大生三厂由大生一、二厂派生，二厂由一厂派生。

〔10〕十一年纺织大厄：此时，张謇的实业遭遇巨大危机，下文分析天灾、外部环境、内部人事等。 螟螣生于内：说公司内有蛀

虫。豺虎撼于外：公司外有虎狼窥伺。

〔11〕《临城票》等三诗，见《张謇诗集》。《临城票》：这是一件轰动国际的"绑票案"。山东枣庄以孙美瑶弟兄叔侄为首揭竿而起"山东建国自治军"，为解北洋官军围剿之困，通过内线侦知5月6日（阴历三月二十一日）列车上载有参加山东黄河宫家坝堤口落成典礼的中外记者和外国旅客，因劫持其中中外贵客六十九名以与北洋政府谈判，历时三十七天始得平息。孙美瑶部虽逼使北洋政府以"山东新编旅"收编，不久仍被官军所灭。《建福火》：指当年阳历6月26日故宫建福宫的火灾。今知其是人为纵火，"内务府"管理人员、太监，古玩市场奸商为掩盖此前偷盗而作的毁尸灭迹之举，张謇视如灾异。《新华车》：叙述曹锟逼迫民选总统黎元洪下野，而自圆总统梦事件。民国十一、十二年间，曹锟及其亲信直隶省长王承斌等，先倒张绍曾内阁，再逐黎元洪。6月6日（阳），张绍曾因处处遭掣肘而请辞，陆军检阅使冯玉祥、北京卫戍司令王怀庆借口内阁负责无人，向黎索饷，警察罢岗，撤去黎宅守卫，切断电话、自来水。所谓"国民大会""市民请愿团"鼓噪高呼"总统退位"。冯玉祥、王怀庆声言辞职，盛传兵变，曹锟、吴佩孚不闻不问。6月13日，黎元洪离京，车抵天津，王承斌迫令向国会辞职。交出总统印玺，宣布由国务院摄政后，方允放行。"新华车"有一定寓意，这个"国民""议会"打点的"新中华""共和国"之车到底走向何方？

〔12〕作三：王作三，张謇早期朋友，后在张謇实业中做事。

〔13〕毁垦牧闸：前几天正大雨成灾，乡民认为闸阻止水流入海，因此毁闸。

〔14〕溥善堂：关于丧葬无业难民的慈善组织。　嵩巡抚：嵩骏，1886年至1888年间曾任江苏巡抚。　黄贵筑：黄彭年（1824—

1890)，字子寿，号陶楼，贵州贵筑县（今贵阳市）人。道光二十七年进士，官至江苏布政使。杨梅汀：即杨点，张謇的农民朋友。家乡此类善事，张謇托杨点处理。

〔15〕运督：运河督办。

〔16〕特来克：见《年谱》民国十年注〔5〕。　命儿至荷慰问之：上文言及张孝若将率考察团赴欧美。

〔17〕大庆：轮船名。

〔18〕黎黄陂：黎元洪（1864—1928），原名秉经，字宋卿，是湖北黄陂人，故称"黎黄陂"，中华民国第一任副总统、第二任大总统。

〔19〕1923 年 8 月，江、浙各界联合发起成立和平协会，以图阻止江浙军人发起战争。

〔20〕何晓生（1862—1956）：名东，字晓生，香港著名买办、企业家、慈善家。父亲是荷兰裔犹太人何仕文，何母是广东宝安人施娣。由于头脑精明，何东很快成为香港的超级富豪，其创立的何启东家族是英属香港时期的香港第一望族。

〔21〕谢霖甫：民国时期银行家。筱崎医院：日本侨民筱崎所创建。

〔22〕沙健庵：即沙元炳。张謇同科进士，也是要好朋友。

〔23〕圮：毁坏；坍塌。此指拆城墙修路。张詧认为坏了风水，张謇表示同意。

〔24〕蒙哈缠回：蒙古族、哈萨克族、维吾尔族、回族。　筹边使：官名，北洋政府设置，节制两省以上，其性质与巡阅使相似，民国八年曾特派徐树铮为"西北筹边使"。

〔25〕消寒集：旧俗入冬后，亲朋相聚，宴饮作乐，谓之"消寒会"。此俗唐代即有，也叫暖冬会。

〔26〕张仁奎(1865—1944)：字锦湖，民国陆军上将，枣庄市山亭区山亭镇沈庄村人。1916年，张调任通海镇守使，并代理两淮盐运使。

〔27〕史量才：见《年谱》民国十年注〔18〕。　梅：梅兰芳。

〔28〕杨增新(1864—1928)，字鼎臣，汉族，云南蒙自人。光绪十五年进士，历任甘肃天水县知事、河州知州、陆军学堂总办等。多次击退外蒙古军队，保全了阿尔泰。入疆后先后任阿克苏、镇迪两道道台。民国元年为新疆督军、省长。对于不时觊觎边陲的外国侵略势力，则折冲肆应，力求自保，维护了边疆的和平。民国十四年，杨通电拥护南京国民政府，宣布易帜归附，就任新疆省政府主席职。同年七月七日被政敌刺杀，时年六十六岁。　绥远马都统：马福祥(1876—1932)，字云亭，今甘肃临夏人，蒙藏委员会委员长、军事委员会委员、绥远都统、安徽省主席、北洋将军府祥武将军。中华民国时期西北马家军领袖马鸿逵之父。

十三年甲子　七十二岁。

正月元日立春，余生以来三度矣。〔1〕先像前行礼后，接见宾客，旋至厂。　以中、交两行会议事去沪。

二月，计议实业地方各进行事。　视袁保圩工。　九九消寒会至此终。〔2〕　石港百岁陆翁来，宴之。

三月三日，修禊梅垞，各有诗。〔3〕　改怡儿诗四十五首，寄东京使署转。　至我马楼磊石，大风。　女师校友会、伶社评议会、师范运动会，皆到。　十七日，沪电怡昨夜抵吴淞口外。　怡儿到沪，应廿五团体欢迎会，演说三小时之久。怡回通，与退翁各挈儿孙接之天生港，朋好到者二百余人。

四月，连日各公司开会。　全县高小联合运动会。　去如皋预省道通车礼。　　政府任怡儿驻智利国全权公使。[4]
路工处考试汽车夫。

五月,与退翁、瞿知事游钟秀山,有诗。　　生日,公府派水
利总裁常耀奎来。[5]

六月,观《维摩诘诸经讲义》,太虚所讲也。　　以旧藏画十
二辰展览于中公园。[6]　　属沈生秉璜将测成之三千五百余种
导淮图表目录印布。

七月,至西林写碑。　　复初入住濠阳。[7]

八月,江浙和平无望,战争开始。　　商会设救济江南灾民
会,余典衣捐二千。

九月,鬻字十五日。　　江浙军激战。　　卢、何避日。[8]

十月,北方局势激变。[9]　　至金沙看七乡保卫团操及沧园
菊苑。[10]

十一月,劝齐退。[11]　　束劭直母九十,往贺。　　浚公园
鱼沼,筑藕堰。

十二月,西山视我马楼、虞楼工。[12]　　卢与奉军南下。
沪、杭复有军事。　　岁除庙祭。　　得阅徐师父子诗文稿;元
尹真清才,充其所至而永其年,一归熙甫也。[13]为之三叹。

注释:

　　〔1〕"正月"句:说春节与立春在同一天。　　三度:三次。

　　〔2〕九九消寒会:谓消寒会依"入冬九九歌诀"的"一九"一次。
参上文"消寒集"。

　　〔3〕三月三日、修禊:古代民俗于农历三月上旬的巳日(三国魏
以后始固定为三月初三)到水边嬉戏,以祓除不祥,称为修禊。　　梅
垞:张謇供挂梅兰芳照片的斋舍。

〔4〕政府任怡儿驻智利国全权公使：未到任。

〔5〕公府：总统府。　常耀奎（1875—？）：字朗斋，河北易县人，廪贡生。历任河南巡警总局总稽查，津浦铁路巡警教练所所长，顺天府大城县知事，京师警察总监，全国水利局总裁，扬子江水道讨论委员会副会长，中国农工银行总经理。

〔6〕旧藏画十二辰：即十二时辰图，作圆图。

〔7〕复初：姓李，是张孝若在上海结识的女友；张謇原拟不承认其身份。

〔8〕江浙军激战：称齐卢战争，指江苏督军齐燮元与浙江督军卢永祥之间进行的战争。结果是浙军失败，卢永祥与其属下淞沪镇守使何丰林出走日本。

〔9〕北方局势激变：指第二次直奉战争，导致军阀之间的分化消长。

〔10〕七乡保卫团操及沧园菊苑：张謇有长诗一首咏及此两事，前事体现张謇的寓兵于民的思想，后事是张謇的自治体系中造公园与园艺思想。

〔11〕劝齐退：江浙战争之后的第二次直奉战争中，因孙传芳倒戈，导致齐燮元战败，因劝其退隐，遂流亡日本。

〔12〕虞楼：靠长江边，为纪念虞山翁同龢而命此名。

〔13〕徐师父子：指徐云锦与其子徐元尹。　充其所至：任其所往。　永其年：长寿。　归熙甫：明代的著名文学家归有光。说元尹极有才华。

十四年乙丑　七十三岁。

正月，作《徐征君并元尹孝廉遗著叙》。[1]　　闻江阴、常州间仍剧战。　　齐无锡一战后出洋。自直皖分裂北洋系,皖再挫于直,至是皖复合奉而胜直。频年一彼一此,南北之民,皆受其祸,顾今战犹未已也。[2]　　齐部旅长陈孝思来见。　　作《义犬镮铭》。[3]

二月,读《诗经》。　　十九日,孙中山卒于京,作挽联。[4]

三月,开会追悼中山。　　奉军旅长毕庶澄来见,八年前荐于冯华甫,令入军官教育团,将往无锡,令其保护大成巷赵师家。[5]　　至虞楼、天生等处看桃花,有诗。

四月,奉天陶钜遒来,张雨亭参谋也。[6]　　至垦牧看五、六、七堤外滩地。

闰四月,在村庐写碑。　　各公司开会。　　为各校学生演说。

五月,腕屈郁拇筋痛,不能作书。　　农旱望雨。　　气象台报飓起闽、粤海中将至,果然。　　掘港西方寺僧范成与海门周紫垣来,作金轮度世法,申问三世夙因,说及先府君、先太夫人身后事;见示府君并转人道,为济南千佛山僧名普静,太夫人生净土边地,无有退堕云。[7]　　生日颇有客至,大非吾意,然世法不得不周旋。　　内争消息又紧,劝不效。

六月,各校暑期讲习会开会,演说。　　以电气治右腕。海门西三区保圩会开会。　　吴寄尘偕李升伯来,李任一厂经理。[8]

七月,公园星河舫成,乘之纳凉,有诗。　　十七日,先室徐夫人七十冥生,有诗。　　闻垦牧一、四堤受风潮损坏。

八月,又用电治腕。　　莫楚生六十生日,宴之。[9]　　至农大演说分科治农。　　南公园看警察队操法。　　滕县高师熙喆避兵祸来。[10]

九月,孙与奉军战,屡胜至宁。[11]　　重阳集饮公园,听吕四乐工旧乐。

生平不喜作词,看《弇州山人稿》,忽兴动,始为小令学焉。[12]

十月,宝山人来,以复吴淞商埠相强,峻却之。　　十八日卯时,八窑口室人吴夫人生圹破土,寅初即起。

十一月,孙馨远、徐又铮过访。[13]　　孙、徐同游东奥山庄,为备蔬餐。　　吴子玉再起,合奉张战冯。[14]　　伶社评艺会。

十二月,武进李毅士来画像。　　唐驼来种兰。　　吴约怡儿任参赞及外交副处长,令辞。[15]

注释:

〔1〕《徐征君并元尹孝廉遗著叙》:承上年年谱结尾事。此文在新版《张謇全集》⑥《艺文杂著》部分,题目为"徐征君并子少石孝廉遗著叙"。

〔2〕"闻江阴"句及此一节,叙说的是上年江浙战争与第二次直奉战争的余波。

〔3〕《义犬镮铭》:这是关于如皋一犬为冤死主人复仇的故事。

〔4〕挽联:其内容是"使第一任终采择刍荛,公可至今存,超然立万物之表;更数十年后绸缪桑土,国犹有与立,毋忘革三就而孚。"

〔5〕毕庶澄(1894—1927):字莘舫。山东省文登市人。　　冯华甫:即冯国璋。

〔6〕陶钜道:张作霖属下。　　张雨亭:张作霖。

〔7〕"掘港西方寺"句:一种掺杂宗教的迷信骗术。

〔8〕吴寄尘(1873—1935):又名兆曾,字缙云,别号咏秋,江苏

镇江人。中年始协助张謇创办南通大生纱厂。1926年张謇病逝，吴为张作墓志。 李升伯：上海永丰钱庄的经理，时大生纱厂经营存在重大危机，债券团决定由李来任大生一厂经理，总算稳住基础。

〔9〕莫楚生：张謇老友原太仓知州莫善徵的儿子。与张謇关系甚佳。

〔10〕高师熙喆（1854—1938）：是张謇第五次会试的房师，字亦愚。光绪九年进士，授翰林院编修，后继任国史馆协修，甲午科会试同考官，曾任河南道、贵州湖广两道监察御史等。 避兵祸：避张宗昌的兵祸。

〔11〕孙：孙传芳（1885—1935），即下文的孙馨远，山东泰安人，直系军阀首领，与张作霖、吴佩孚并称为"北洋三大军阀"，是直系后期最具实力的大军阀。巅峰时曾为浙、闽、苏、皖、赣五省联军总司令。 屡胜至宁：即指任五省联军总司令。

〔12〕《弇州山人稿》：是明代文学家王世贞的词集的名称。

〔13〕徐又铮（1880—1925）：树铮其名，中国近代史上的政治、军事人物，北洋军阀皖系名将。江苏萧县（今属安徽）人，因区别于徐世昌，人称"小徐"。与张会见稍后，在离京经廊坊时被政敌枪杀。 徐树铮文武双全，才华横溢，著有阐述他政治思想的《建国铨真》及文学作品《视昔轩文稿》《兜香阁诗集》《碧梦庵词》等。

〔14〕吴子玉：即吴佩孚。 奉张：奉系头目张作霖。 冯：冯玉祥（1882—1948），字焕章，原名基善，原籍安徽巢湖市，生于河北沧州市，中国国民革命军陆军一级上将，西北军阀。有"基督将军""倒戈将军""布衣将军"之称。

〔15〕吴：吴佩孚。张孝若曾是吴佩孚手下的参谋。

十五年丙寅　七十四岁。

正月,拜庙后雨大雾重。　　临《书谱》。[1]　　视女校工。　　约客我马楼观烧,有诗。[2]　　怡儿生日,友好合馔于千龄观、俱乐部二处。　　时局又变,翻覆甚矣。

二月,清明,令人分祭特来克、张景云、沈寿三公墓。[3]驻长江日舰队司令水野修身至,邀宴其舰上。[4]　　以九千九百元币,释教育局沙田案之讻争,即以购得沙田产权助男、女两师范。[5]

三月,女师范廿周年纪念会。　　视垦牧水泥工。

四月,怡在京汉,迭电促回。　　各公司开会。　　英驻长江舰队司令嘉美麟及少将高梅伦等来见。　　内人去沪医齿。[6]　　为火柴联合会事言于省府,以纾其厄。[7]　　通、海官绅会勘县界,至老洪港,返经竹行镇,今昔五十年矣。[8]

五月,端午饷客泛舟,有诗。　　保坍会十七椿沉排,往观。[9]　　十日,政府特任怡儿为扬子江水道委员会会长。连日燥热,往梅垞。　　临怀素。　　读《左传》。　　热至一百度,日课一诗。[10]　　至姚港东,视十八椿工。

《张謇全集》⑧第 987—1049 页・原据 1925 年铅印本

注释:

　〔1〕《书谱》:初唐杰出书法家孙过庭所著,有三千七百字,内容广博宏富,涉及书学各个重要方面,且见解精辟独到,揭示出了书法艺术的本质及许多重要规律,从而成为我国古代书法理论史上一部具有里程碑性质的著述,用草书写成。下文还写及临怀素的草书。

　〔2〕我马楼:张謇在江边马鞍山麓的楼宇。　　观烧:南通地区

风俗,把田间未收尽的柴草烧了,以利春天发芽,同时扎成柴把,燃烧舞动,俗谓"照田财"。 诗:诗名"观烧行"。

〔3〕分祭……三公墓:特莱克是殉职的外国工程师,沈寿是著名艺术家,张景云是张謇属下一个堪称人师的模范人物。这体现张謇的公德引导取向。

〔4〕驻长江日舰队司令水野修身至,邀宴其舰上:1858 年《天津条约》规定,外国的商船与军舰可在长江自由航行。因此下文有英舰司令来访一事。

〔5〕教育局沙田案之讼争:详见《在沙案订界报告会之演说》,载新版《张謇全集》④《论说演说》部分。

〔6〕内人:张孝若生母吴夫人。

〔7〕"火柴联合会"句:为火柴厂经营事。 言于省府:日记谓言于"孙司令",即孙传芳。

〔8〕"通、海官绅会勘县界"句:张謇协助地方勘定县界,止息纷争。

〔9〕保坍会十七榶沉排:此说长江岸的保坍。榶,河工以埽料所筑之柱桩。十七榶,犹第十七至十八号柱桩。

〔10〕此后张謇病,七月十七日(公历 8 月 24 日)逝世。

案：墓志铭是古时人物生平的重要撰述。本铭是张謇哲嗣所撰，其述、其评、其咏自有独特视角，或失之于亲情而偏颇，然而仍不失其人物传之重要价值，因附而录之。

附：先考季直府君墓志铭[1]

张怡祖

民国十九年

府君之卒也，以中华民国十五年七月十七日，同年九月二十九日奉葬县东南袁保圩新阡。[2]岁月奄忽，距今盖四年矣，墓志铭之属犹未得人。[3]怡祖思之重思之，世之显宦贵人，非府君素愿；故旧中能文章书法者，或与府君志不同而道不尽合，皆未当。昔先祖墓，我府君志之；今我府君墓，怡祖其志之耶？[4]自维薄劣不文，安敢志我府君，然又安敢不志耶？[5]又思古来人子表亲墓，不数觏，后世所传诵之《泷冈阡表》，其最著者也。[6]怡祖固不敢望欧阳永叔于万一，而我府君又岂欧阳崇公可望？[7]永叔早孤，凡表所称，俱述自太夫人。[8]今怡祖于我府君，固亲炙目睹而身历者也；然则一本乎理而铭其实，怡祖又安敢缓待？[9]乃志曰：

府君江北农家子也，累世躬耕，安贫信道。先祖性冲约，有义声于乡里，殁之日，不赴而哭吊者千有余人。[10]先祖母慈恺奉佛，独教子严峻有方。[11]府君幼读书，聪嶷异常儿，益勉学励志。[12]既届就试年，遂有冒籍如皋事，盖功令积俗，必由此道。[13]

年十六隶如皋学官弟子，而冒籍之族，梼杌饕餮，诬张为幻。[14]先祖及府君苦之甚，顿悟铸大错，誓欲自拔于深渊绝阱之中；连遭坎轲，极人世崎岖忧患之遭。[15]幸赖师友仗义，学使贤明，卒归通州原籍。五年间几倾其家，府君反怵惕奋发，视为磨练成人必由之径。[16]归籍后食廪饩，学使者连试首选。[17]

以二十四岁至庐江吴武壮公戎幕，暇辄与名师益友，研精覃思，学益大进。[18]会光绪壬午朝鲜兵叛，日人藉端侵略，武壮公奉朝命援护。[19]凡攻战谋略，参典机密，武壮公一任之府君。[20]陈师鞠旅，远抚长驾，未旬日而大定。[21]当年韩人箪食壶浆之盛，中朝严明威武之军容，与夫府君之风采轩昂，今白头遗老，犹有能历历道者。[22]风景不殊，山河已改，而纪勋遗爱之碑，闻屹然尚在无恙也。[23]及事平，府君察微证往，力陈革新韩政为保韩之本，注视日本为固圉之防，瘏口哓音，举世争传而未用也。[24]

注释：

〔1〕墓志铭：放在墓里刻有死者事迹的石刻。一般包括志和铭两部分。志多用散文，叙述死者姓氏、生平等。铭是韵文，用于对死者的赞扬、悼念。 张孝若(1898—1935)，字怡祖，张謇独子，"民国四公子"之一。曾留学美国，获学士学位。民国八年任淮海实业银行经理。1923—1924 年游历欧美各国，1924 年被任命为中华民国驻智利公使，辞不就。1926 年张謇逝世后，继任大生纱厂等企业董事长、私立南通大学校长。1935 年遇刺身亡。著有《南通张季直先生传纪》，编有《张季子九录》等。

〔2〕府君：旧时对已故长者的敬称，多用于碑版文字。 袁保圩：地名，当时称啬公墓，今称啬园，张謇号啬庵因名。 新阡：新筑的墓道。

〔3〕奄忽：疾速，倏忽。《旧唐书·刘仁轨传》："奄忽长逝，衔恨九泉。" 属：所属意者。

〔4〕先祖：张孝若祖父，即张謇父亲张彭年。 志之：作墓志铭。 其志之：能作墓志铭吗？

〔5〕维：思考。 安敢志：谓自己"薄劣不文"。 安敢不志：谓父恩世德，自己岂可推托？

〔6〕《泷冈阡表》：欧阳修在他父亲死后六十年所作的墓表，是欧阳修的代表作之一，被誉为中国古代三大祭文之一。

〔7〕欧阳崇公：欧阳修父亲欧阳观，后封赐"崇国公"，《泷冈阡表》中称"崇公"。

〔8〕孤：《孟子·梁惠王下》："幼而无父曰孤。" 太夫人：指母亲。

〔9〕亲炙：谓亲受教育熏陶。《孟子·尽心下》："非圣人而能若是乎？而况于亲炙之者乎？"朱熹集注："亲近而熏炙之也。" 一本乎理：全力根据铭文的原理与礼节。 实：指张謇的生平事实。

〔10〕不赴（同"讣"）：未得讣告。（张父逝时正謇大魁天下之时）

〔11〕先祖母：指张彭年第二位夫人、即张謇生母金氏。 慈恺：慈善和乐。

〔12〕嶷：幼小聪慧。《诗·大雅·生民》："诞实匍匐，克岐克嶷。"毛传："岐，知意也。嶷，识也。"

〔13〕就试年：考科举秀才的年纪。 冒籍如皋事：此及以下至〔15〕条，参《归籍记》。

〔14〕冒籍之族：指如皋张驹、张镕父子。 梼杌饕餮：传说为远古的恶人，"四凶"其二。《左传·文公十八年》："舜臣尧，宾于四门，流四凶族浑敦、穷奇、梼杌、饕餮，投诸四裔，以御螭魅。" 诟张

为幻：以欺骗迷惑别人。出自《尚书·无逸》。

〔15〕铸大错：《资治通鉴·唐昭宗天祐三年》："全忠留魏半岁，罗绍威供亿，所杀牛羊豕近七十万，资粮称是，所赂遗又近百万；比去，蓄积为之一空。绍威虽去其逼，而魏兵自是衰弱。绍威悔之，谓人曰：'合六洲四十三县铁，不能为此错也！'"胡三省注："错，鑢也，铸为之；又释错为误。罗以杀牙兵之误，取铸错为谕。"后指造成重大的而又无可挽回的错误。　迍邅：困顿、难行。

〔16〕五年：张謇冒籍案迁延五年。　怵惕：戒惧；惊惧。《书·冏命》："怵惕惟厉，中夜以兴，思免厥愆。"

〔17〕廪饩：得廪膳生资格，有每月六斗米，过年四两银子。连试：至学政组织的科试、岁试、优拔贡生试。　首选：选拔为第一名。

〔18〕庐江：今安徽合肥。　武壮公：吴长庆逝世后的谥号。此处及〔24〕，参《自定年谱》光绪八至十年间关于赴朝平"壬午之乱"的叙述。　研精覃思：专心研究，深入思考。《〈尚书〉序》："承诏为五十九篇作传，于是遂研精覃思，博考经籍，采摭群言，以立训传。"

〔19〕光绪壬午：光绪八年（1880）。　藉端：找借口；趁机。朝命：朝廷的命令。

〔20〕参典：参与掌管。《北史·魏东平王翰传》："东平王翰，真君三年封秦王，拜侍中、中军大将军，参典都曹事。"一：一统；全部。

〔21〕陈师鞠旅：出征之前，集合军队发布动员令。出自《诗经·小雅·采芑》。　远抚长驾：出司马相如《难蜀父老》"将博恩广施，远抚长驾……"，指运用合宜的手段，掌控远方的军队，安定边远地区。

〔22〕箪食壶浆：用箪装着饭食，用壶盛着浆汤。《孟子·梁惠

王下》："以万乘之国伐万乘之国，箪食壶浆以迎王师，岂有他哉！避水火也。"后用为犒师拥军的典故。 风采轩昂：赴朝平乱中，吴长庆用张謇所拟之计：时乱首李昰应已掌权，据礼节，宗主国使节拜访附庸国首脑（李昰应），李当到宗主国使节驻地回拜，此时定计拿下，速用丁汝昌军舰押回中国天津（后置保定）。乱首既擒，从者瓦解。

〔23〕风景不殊，山河已改：出刘义庆《世说新语》，有改动，谓江山易代。 纪勋遗爱：记述功勋，留下爱民佳话。

〔24〕察微证往：考察细微，求证往昔得失。 "力陈"三句：谓张謇其时写下《壬午东征事略》《乘时规复流虬策》《朝鲜善后六策》等，震动朝野。 固围：巩固守围（同御）。 瘏口哓音：犹唇焦舌敝。语本《诗·豳风·鸱鸮》"予口卒瘏""予维音哓哓"二语。

乙酉中顺天乡试南元，名益噪起，倾动海内。[1]当时卿相诸侯皆倒屣争迎，欲罗之幕下，增声价；而府君高蹈邱园，负独立于世、顾影无俦之致，仍乡居致力实用之学，不欲屈志如故，而世固以国士目府君。[2]甲午恩科会试，先祖命府君北行。[3]府君念世之贵重科名，视为神物，若射雕然，盘马弯弓，一发而得，纳之囊中，曰吾非不能也；既而探囊出物，掷之天外，曰吾不贵之也，人何需此？[4]

府君既大魁，适战日兵败，盟城下，分崩离析，国步益艰。[5]而府君忧深思远，推究中国贫弱之由、泰西日本富强之原，与夫士大夫报国自立之道，若甚有得，乃从事大生纺织工业，兴地利而塞漏卮，引用泰西机械工艺于中国。[6]工商久为世贱，士而工商尤可贱，诟病谤笑之声腾于国中，遍及朋好。[7]而府君掉头不顾，挟利斧，辟荆棘，开径目前，踔厉风发，自信有光明灿烂之前途可即也。既而复垦辟东海卤滩于蔓草荒烟之域，号通海垦牧公司，筑堤障海，与怒潮相击搏者历三五度，二十年而克成文化锦绣之邦。[8]此成事者也，盖由通之吕四至海州，沿黄海计千余里，数百万亩整片待垦之田，皆继垦牧而起，为府君淮南盐垦政策之初基。新天地自不难睹，视今后人努力如何耳。

庚子拳匪构祸，朝野骚然；洋兵攻据京师，波及长江，形势危迫。[9]府君为刘忠诚公、张文襄公画江鄂自保之策，持危扶颠，决于俄倾；东南半壁，秋毫不惊，所保全至大。[10]逮后外患纷乘，蜩螗鼎沸；府君陈改革政体自强之大计，说详法备，数上，格不行。[11]而府君退念，县治乃国家所积成，固本尤在生聚教训，矫世变俗，民胞物与，锲焉不舍；[12]有一夫不获时予之辜之概，历尽艰辛而终称世范。[13]

注释：

〔1〕乙酉：即光绪十一年。 顺天乡试：张謇获江苏优贡生试第一（贡元），因可找缘由而赴北直隶（顺天）乡试。 南元：第二名，第一名按例给顺天籍（即北直隶籍）者。

〔2〕卿相：指朝中尚书、军机大臣、大学士等高官。 诸侯：指封疆大臣，如曾国荃、李鸿章、张树声、张之洞等（可参其自定年谱、书信等）。 倒屣争迎：古人家居脱鞋席地而坐，争于迎客，将鞋穿倒。形容急迫争竞地欢迎宾客。出《三国志·王粲传》。 高蹈：隐士高超、超脱貌。苏轼《和寄天选长官》："葆光既清尚，命尹亦高蹈。" 邱园：家园；乡村。《易·贲》："六五，贲于丘园，束帛戋戋。"王肃注："失位无应，隐处丘园。"孔颖达疏："丘谓丘墟，园谓园圃。唯草木所生，是质素之所。"后以"丘园"指隐居之处。 无俦：无志同道合者。 国士：一国中才能最优秀的人物。《左传·成公十六

年》：“皆曰：国士在，且厚，不可当也。”

〔3〕甲午：光绪二十年。　恩科：常例外因皇室喜庆而另加一科谓“恩科”。是年慈禧六十寿。　会试：礼部组织的举人试，中者进士，即会试。

〔4〕射雕：谓善射易中。比之进士试。　非不能：此省略“是不为”。其实张謇乡试六次，会试五次。　不贵之：不视之为贵。

〔5〕大魁：殿试第一名称“大魁”，即状元。　陆游《老学庵笔记》卷九：“四方举人集京师，当入见，而宋公姓名偶为众人之首……然其后卒为大魁。”　战日兵：指中日甲午战争失败。　盟城下：订立城下之盟，指李鸿章赴日订《马关条约》。

〔6〕泰西：犹极西。指欧美各国。　漏卮：原指底上有孔的酒器。后比喻为办事过程中的大漏洞。

〔7〕士而工商：考中进士而经商办实业。

〔8〕东海：其实是黄海，在长江入海口北。　卤滩：盐碱地、海边滩涂。　通海垦牧公司：即张謇所办中国第一个农业近代化公司，在今启东市。　障海：围海。

〔9〕庚子：光绪二十六年（1900）。　拳匪：义和团运动。　构祸：酿成八国联军侵华事件。

〔10〕刘忠诚公：刘坤一，时为两江总督。　张文襄公：张之洞，时为湖广总督。　江鄂自保之策：史称“东南互保”。　持危扶颠：出《论语·季氏》，原文是“危而不持，颠而不扶”，意思是当局面处于危险而不扶持，颠倒而不扶正。因此，意为在困境或危局得以稳定或改善的行为或态度。

〔11〕蜩螗鼎沸：蜩螗，蝉；沸，沸腾。形容声音嘈杂喧闹，好像蝉噪、水滚、羹沸一样，比喻纷扰不宁。　改革政体自强之大计：当

指张謇所主张的立宪、强工商、办学校等。

〔12〕民胞物与：张载《西铭》："民吾同胞，物吾与也。"意谓世人，皆为我的同胞；万物，俱是我的同辈。后因以谓泛爱一切人和物。　铘焉不舍：即铘而不舍。

〔13〕夫不获时予之辜之概：出《书经·说命下》，意为即使只一个老百姓生活上不能得到安宁，也认为是"自己的责任"。辜：罪，罪过。《书·大禹谟》："与其杀不辜，宁失不经。"孔传："辜，罪。"

府君虽未一日居官，固未一日忘国。[1]清政失纲，武汉举义，天下匈匈，府君咨赍涕洟，沦胥是惧，乃呼号奔走，衡盱南北，竭尽智能。[2]旧朝说逊，新邦乃立，盖融合五族建民主，与改朝易代关一姓之荣辱事截然不同，府君固无往而不为民生国脉计也。[3]不久，列国群认中华民主，国会两院俱遵法集，府君以农工商关建国大本，而定布法令尤迫切，乃允入新阁。[4]元首举全阁人选咨两院，询可否，及期揭瓯，众独于府君名翕然称当，票数几无缺额，他名瞠乎莫及。[5]府君得真民望若此，盖民国有史以来之异数也。[6]

府君在都，日乘敝车，驾羸马，踥蹀长街赴阁议。[7]而御摩托车，明灯锦幔，乌乌风驰而过者，皆各部司员也。[8]列席阁议时，沉默坐一隅，听人高谈雄辩，待其敛，乃执要晰理，一二言而决。逢国庆，礼服入贺；元首私家婚嫁，不趋府。[9]人皆谓老辈风度，固自不同。

府君于盐政，力主就场征税，即民制、官收、商运、商卖法。[10]于水利，力主实地测量，用西法机工疏治。[11]四十年来，劳心焦思，孳孳研求，著书立策极详尽。政未合轨，世未能行，而府君固谓功不必自我出，名不必自我居也。

注释：

〔1〕府君……居官：张謇在清朝做了一些虚职：翰林院修撰、中央教育会长等。辛亥革命爆发，清任命其农工商大臣、东南宣慰使等，未就。孙中山政府任实业总长，几个月；袁世凯政府任工商总长、农林总长、水利局总裁，两年即辞。想一展抱负，然外环境太差，倒真是不恋栈之人。

〔2〕纲：维系政权的根本。 訇訇：喧扰；激愤；凶猛貌。 咨贵涕洟：语出《周易》，原文为"贵咨涕洟，无咎"。"贵"意为带着、怀着，"咨"是叹息，"涕洟"则指痛哭流涕的样子。描绘了一种悲痛的情感状态，一种带着叹息和痛哭流涕来表达内心的哀伤或不满。沦胥：沦陷、沦丧；族灭国亡。 衡盱：当为盱衡，意指用眼睛盯着看，用心思考衡量，形容人思虑周详，审慎谨慎。

〔3〕新邦：指民国。 五族：辛亥革命后曾称汉、满、蒙、回、藏五个民族为"五族"。 民主：与此前的君主政体相对的制度。

〔4〕两院：参众两院。 法集：本指佛教徒讲解佛法的集会。这里或喻指集体议事。 农工商：即张謇所任工商总长、兼农林总长。 新阁：新组建的内阁。

〔5〕元首：总统（袁世凯）。 匭：此指选票箱盒。 翕然：一致貌。 称当：被称允当。

〔6〕异数：特殊的礼遇。唐钱珝《代史馆王相公谢加食邑实封表》："无补艰难，方怀惭惧。讵谓圣慈，忽被异数。"

〔7〕蹀躞：小步行走、频繁匆忙貌。

〔8〕摩托车：英语 motor，此处指汽车。 明灯锦幔：指豪华车的装饰。 各部司员：指各部的属官。

〔9〕元首：指总统袁世凯。张与袁是吴长庆部旧识，但在私事

上并不趋奉。

〔10〕就场征税：一种征税制度，税务机关仅对在产制环节征收税款。民国初期建立食盐中央集权征税制，实现了对盐税的有效管理和控制及公平分配。其正始于张謇的主张。

〔11〕实地测量：后张謇专办水利测量学校，即河海大学的前身。

民国十年夏，淫雨连三月，江淮河海俱暴涨，江北灾为百年仅见。府君偕会办韩公躬亲勘河患，时上下游水高低距数丈，堵节惟恃昭关坝。[1]府君至高邮，上下游各布数千人踞卧坝上下，互争开不开，叫嚣声起如雷。[2]上游人求开尤慓悍，且集千余人围府君所居万寿寺数重，暴戾恣睢，难理喻，必府君允开坝始解退，以生死相要。[3]府君谓必巡视下游各邑灾状后乃能决。相持一日夜，府君威棱胆气，凛不可犯，终拒之。[4]逮舟至兴化县一带，但见水光接天，浩荡若海，村间烟囱澎湃露水面无人烟，鸡犬走屋上，情状堪骇且悯，宁忍决坝，益沉浸下游于釜底？终不允开。[5]复为辟王家港，通海泄水。[6]次年下游七县雨旸时若，谷大穰，丰收值千余万金，民至今德府君。[7]

改革后，武夫性好乱，生事扰民，国愈危殆；[8]诚欧阳永叔所谓兵骄逐帅，帅强叛上。[9]十余年来，恩怨翻覆，得失弥常，滔滔皆是。府君每垂涕祈和平，强聒不舍，或听或不听。[10]

注释：

〔1〕会办：指治水与赈灾的专办官员。　韩公：韩国均。江苏海安人，曾任江苏民政长。　堵节惟恃昭关坝：民国十年八月二十一日（农历）日记："约同道尹（地方官）、会办，午后二时万寿寺集高、宝、江、兴、盐、东、泰七县会议。高、宝争开昭关坝，兴、盐、东、

泰争不开昭关坝,江都则湖西之人如高、宝,河东之人如四县,高、宝东乡人亦有如四县者,卒大哄……"昭关坝是高宝湖水坝枢纽。

〔2〕互争开不开:开,指开堤泄。水灾中争昭关坝开者利上游,争不开者利下游,因成对峙的焦点。

〔3〕相要:用来要挟。

〔4〕威棱(同稜):威力;威势。《汉书·李广传》:"是以名声暴于夷貉,威棱儋乎邻国。"

〔5〕此句谓若开坝,则下游水势难退,若锅底。

〔6〕王家港:在今大丰市,当时入海口。

〔7〕雨旸时若:雨天晴天与去年相仿。

〔8〕"改革后"句:指辛亥革命后逐渐形成军阀割据与混战局面。

〔9〕兵骄逐帅,帅强叛上:出欧阳修《新唐书·兵志》。

〔10〕"或听"句:谓不管听从不听从,道理都反复讲清楚。

府君一生恬淡磨钝,负意气,无仕进心,惟挈挈以农工为务,数十年如一日,天下具瞻。[1]清末内阁,民国临时、正式二政府,尊贤使能,无不以此席奉府君。[2]国内若钢铁业、银行业、航业,每值风雨飘摇,不绝如缕,府君辄攘臂起,仗义维护,邪立退,难关一一安渡。府君嫉世贵显托足外人,引为国耻。[3]生平未尝置一产一屋于租地,终其身不变。当世爱国,莫府君若也。[4]林木关气候,防泛滥,童山濯濯遍国中,府君力任奖倡,手定植树节,制为令,沿以至今。[5]南通五山,江中远望,松柏涌翠如盖,气象万千,三十年前府君督学子植也。[6]府君生平喜建筑,南通自治教养,高堂邃宇连绵不断,规模宏垲,世未曾有;不谓府君竟成杜子美"安得广厦千万间,大庇寒士尽欢颜"之愿也。斯皆府君荦荦大事应志者。

呜呼!谓府君生平之志之业失败耶,则明明三十年努力况瘁,穷僻之乡进为光明,无旷土,无游民,除旧布新,治具毕张,集资营江淮海地方生利者现值逾万万金,而所营公私事业待而养活者合数十万户,安得谓失?[7]谓府君成功耶,则虽有制治保邦极深研几之政见,而坐视旱干水溢,毒痛四海,民日困而无告,负澄清天下之志而道未一行?[8]即其所营实业,进展骤而人众渐纵,力分疏防察,又孰能心府君之心者,亦几濒于危沮,安得谓成?[9]府君五十年来谋国之忠规谠论,谏不行而言不听,所虑又几无不中。[10]呜呼!使我府君怀才未大试,投老寂寞而终,而国事益泯棼杌陧无宁日,然则府君之不幸耶?[11]国之不幸耶?

注释:

〔1〕磨钝:磨砺顽钝。苏轼《谢除龙图阁学士表》之二:"敢不磨钝自修,履冰知戒,庶全孤节,少答殊私。"谓纵天赋不足,犹以勤勉与毅力磨砺坚强的性格。

〔2〕此席:指前句"工农为务",即清末任命其农工商大臣、孙政府实业总长、袁政府工商、农林总长。

〔3〕托足外人:由下文知,指在外国租界地置产。

〔4〕莫府君若:莫若府君。

〔5〕童山:无草木的山。孙中山《建国方略》:"童山变为森林,石田变为沃土。" 濯濯:光秃貌。《孟子·告子上》:"是其日夜之所息,雨露之所润,非无萌蘖之生焉,牛羊又从而牧之,是以若彼濯濯也。"赵岐注:"濯濯,无草之貌。" 植树节:民国植树节在清明节。

〔6〕五山:长江边狼山的五个山头。

〔7〕失败：张謇晚年，实业衰敝。胡适在张孝若《南通张季直先生传记》序中谓张謇是"失败的英雄"。 治具毕张：指地方自治的政策法令条例全部形成而实施。

〔8〕制治保邦：制治于未乱，保邦于未危，语出《尚书·周书·周官》。 极深研几：研究探讨事物的微妙深奥之处。见《周易·系辞上》："夫《易》，圣人之所以极深而研几也。" 毒痛：毒害，残害。《书·泰誓下》："作威杀戮，毒痛四海。"

〔9〕这里揭示张謇实业后期的衰敝的原因。

〔10〕忠规谠论：犹"忠言谠论"，谓出言忠诚，立论正直，出自《经进东坡文集序》。

〔11〕泯棼：泯灭纷乱。 杌陧：倾危不安貌。

　　七十后，举世迫于离乱饥寒，府君回天无力，益放怀，与湖上清风、山中明月为伍。[1]南山建别墅，高下东西，可接而望。环山辟清溪，树荫浓蔽日。塔影江光，随云阵出没作态，小山零乱布其间，小鸟近人鸣噪索食，宛似画中景物。四季之花不断，四季之景常新，府君时入山休止。[2]城南有湖，岸多垂柳，风拂开，楼榭桥栏隐约现。春秋佳日，府君招词客，携伶童，放舟中流。[3]暮色沉沉，苍烟轻起，霞绮散锦成五色。新月初上，清喉笛韵，渡湖面四澈。舟舷彩灯垂挂，影落波心，上下攒荡，若金蛇戏水。岸上人遥指曰：此我张公宴客时也。

　　逢祭祀，间亦回长乐故里。[4]落照荒村，湿云垂野，万念俱寂，徘徊豆棚菜圃中，与田父野老论道故常，视为至乐。晚年亦爱歌舞以遣兴，遁迹山林，无故宫禾黍之悲，生沧海沉沦之感，一惟寄慨于诗。[5]呜呼！府君竟终老于诗耶？[6]

府君才气开朗纵横，而自处法度谨严，守绳墨。自创业以来，数千万金出入于掌中，而府君自奉刻苦简俭，平日餐不特杀，多蔬食，一衫三十年不易，犹葆乡农本色。[7] 生平义利之辨，硁硁自守，不越毫发。[8] 作事光明磊落，不染纤介之尘污。赖精诚，容异量，因得人心。凡新进后生，伶工技手，无男女贵贱之别，能自食其力而抱一艺之特长者，府君无不絷之维之，挈置青云。人谓府君过矣，不知府君爱才之真也。

注释：

〔1〕湖上清风、山中明月：化用苏轼《前赤壁赋》中"惟江上之清风与山间之明月"句。

〔2〕本节所述，在张謇同时期诗作中多有反映。

〔3〕伶童：指伶工学社的学生等。

〔4〕长乐：张謇出生地，在海门，亦写作"常乐"。

〔5〕故宫禾黍：《诗经·王风·黍离序》："周大夫行役，至于宗周，过故宗庙宫室，尽为禾黍，闵周室之颠覆。"谓对灭亡故国的怀念之情。

〔6〕府君竟终老于诗耶：张謇逝世前不久，犹谓"日课一诗"，晚年的诗作远多于前期。

〔7〕特杀：杀牲。明谢肇淛《五杂俎·事部三》："自奉疾病之外，不复特杀，亦惜福之一端也。"

〔8〕硁硁：理直气壮、从容不迫貌。《新唐书·裴均传》："均字君齐，以明经为诸暨尉。数从使府辟，硁硁以才显。"

府君当盛旺时，忧勤惕厉，不自矜饰，尤不喜为标榜声华之事。遇挫顿时，胸襟豁达，能自反，参盈虚消息之道，了然空成毁之相。[1]盖府君天性学养之厚且深也。府君一生进退语默之际，外则无不为民，内则一本乎义。凛匹夫有责之言，怀侨将压焉之惧，必人人所不为而世所不可无者，黾勉戮力以赴之。[2]固无往而不以民自居，亦无时而不为民谋福。民主时然，君主时亦无不然。居常以田子泰、顾亭林自况，彼小夫一孔之见，安足以度量府君？[3]

至若府君足未出国门，而目营世界；[4]以科第中人，而信重泰西机械工艺之学，立实业教育孳乳相生互用之规；开一代风气之先，竞生存于国际之林；在野负天下重望者凡五十余年，斯尤事业眼光之前无抗手者也。

府君贫士也，以有志于救国贫弱，乃致力农工，业成获大利，不欲以富自堕其廉隅；[5]乃以一己之产公诸地方教养建设，计数百万金，家藏书籍骨董之属，尽公之社会，以完其志。[6]复返于贫，怡然自得。常谓怡祖曰："生财不易，散财尤难。当用者、为人用者，千万勿吝；不当用、为己者，一文勿浪。"又曰："余遗汝财，不若以债，有财足以倾家败德，无财其勉为余子。"府君生辰有谋称庆者，府君曰："余既尽人事矣，今日死，不为短；若犹有未尽之人事，则再活百年不为长，何庆之有？"

注释：

〔1〕自反：回头反思自己。　盈虚消息：事物生长、衰亡的规律。　然空：当有误字，此词当亦是并列对举式，如"实空"。

〔2〕凛：凛然面对。　匹夫有责：对天下国家的负责态度（顾炎武语，参下）。　侨将压焉：出《左传·襄公三十一年》，原文中是郑国政治家子产对好友子皮说："栋折榱崩（栋榱比子皮），侨（公孙侨即子产）将压焉（被压塌），敢不尽言。"大意是，如果房屋的梁断

椽崩，我也将会压坏。我怎敢不把所有的话都说出来。此说张謇知道自己与国家民族俱处危殆之中，因此必然尽讲忧虑与处置方略。

〔3〕田子泰、顾亭林：张謇诗《至垦牧乡周视海上示与事诸子》有"雄节不忘田子泰（名畴），书生莫笑顾亭林"句。张謇推崇汉末战乱中的田子泰不慕名利，率宗族和随从几百人到徐无山中种田养亲，合张謇的"自治"与"村落主义"理想。因此，其垦牧公司议事厅谓"慕畴堂"。顾亭林不慕虚名，崇尚经世之学，是一介匹夫而犹"天下兴亡，匹夫有责"（参上文），为张謇所崇敬。

〔4〕未出国门：实际并非完全未出国门，张謇年轻时曾去朝鲜平乱，1903年又去过日本考察几个月。 目营：犹观瞻而效法。

〔5〕廉隅：比喻端方不苟的行为、品性。《礼记·儒行》："近文章，砥厉廉隅。"《汉书·扬雄传上》："不汲汲于富贵，不戚戚于贫贱，不修廉隅以徼名当世。"苏洵《御将》："况为将者又不可责以廉隅细谨，顾其才何如耳。"有过分小心谨慎之意。此句说，张謇不因自己富裕而明哲保身，只图虚誉，而仍将钱财投身于社会事业，拯救苦难大众——故转向下一层次。

〔6〕骨董：古董藏品（谓建博物院）。

　　怡祖趋庭之时，每陈论天下事得失，有当有不当。[1]某岁，怡祖语府君曰："今日而言拯民定国，惟一手执笔，一手操枪耳。"府君不答，屡请，喟然曰："设余少十年而汝早生十年者，汝言未尝不可用，今则余老矣。兵犹火也，画虎不成，并此一隅之民而入于水深火热，余不为也。毋多言。"府君自初病至终逾半月，无一言及他。呜呼！其以怡祖为不足教耶？其以尘世罔两为不足撄其心耶？[2]

府君生平,详于怡祖所著传记。[3]府君遗著,怡祖敬编次为
《张季子九录》。[4]又编图册,全载府君事业摄影。俱先后行于
世。我府君文章,久为声名事业所掩,而学问又为文章所掩。呜
呼!声名随府君往矣,事业之存不存系于不可知之天,独文章学
问之足以传后,固世之公言也。[5]

注释:

〔1〕趋庭:《论语·季氏》:"(孔子)尝独立,鲤趋而过庭。曰:
'学诗乎?'对曰:'未也。''不学诗,无以言。'鲤退而学诗。他日,又
独立,鲤趋而过庭。曰:'学礼乎?'对曰:'未也。''不学礼,无以
立。'鲤退而学礼。"鲤,孔子之子伯鱼。后因以"趋庭"谓子承父教。

〔2〕罔两:恍惚;迷茫无所依貌。《淮南子·览冥训》:"其行蹎
蹎,其视瞑瞑,侗然皆得其和,莫知所由生,浮游不知所求,魍魉不
知所往。" 撄其心:扰乱其心神。

〔3〕所著传记:张孝若撰有《南通张季直先生传记》。(1930年
中华书局出版)

〔4〕《张季子九录》:是张謇的第一本全集性质的书。(1931年
中华书局出版)

〔5〕事业之存不存系于不可知之天:事业传在自己手上,其命
运尚须尽人事而听天命。

曾祖讳朝彦,妣氏吴。[1]先祖讳彭年,妣氏葛、氏金。[2]大伯
父誉、五叔父警俱葛太夫人生。[3]二伯父蕃、三伯父督及府君,俱
金太夫人生。[4]府君讳謇,字季直,晚号啬庵。以清咸丰三年五
月二十五日卯时生。母氏徐、氏吴,徐太夫人前府君卒。[5]府君
得子至晚,四十五岁吴太夫人方生怡祖。府君弃养时,怡祖年未

三十也,悲夫![6]怡祖何足当府君有后? 然怡祖求所以不死其亲
与不辱其亲者,固戒慎恐惧,恒以持之。[7]怡祖行将远适异国,作
汗漫游,吸新知识,观览奇山水。[8]而归则耕读于东海之滨,以待
太平,而先业之克承与否,尚有待于天也。怡祖妇,石埭陈氏。[9]
生子女六人,俱幼。[10]既为志,更铭曰:[11]

　　呜呼! 人生上寿,百年难逢。尽瘁民事,生乃不空。[12]府君
貌癯,而民融融。府君家倾,而民日丰。府君体魄所依之宫,乃
在手造之南通。淮水北障,五山南崇。[13]清流潆洄,坛松青
葱。[14]千秋万世,民毋忘我先公。

《张謇研究》2020 年第 3 期　赵鹏整理

注释:

〔1〕按墓志铭的体例,在文后简介家族世系。　曾祖:即张謇
的祖父。

〔2〕彭年:张謇父。　葛:第一夫人,是童养媳。　金:外祖
父母为张彭年所娶,约定所生姓吴。

〔3〕誉、謷:分家后继承张彭年在西亭的祖产。

〔4〕蓍:十岁时溺水殇。

〔5〕母氏徐:海门人。　吴:吴道愔,张孝若生母,如皋人。张
謇还有两位陈氏,一位梁氏,一位管氏妾。

〔6〕弃养:父母逝世的婉词。谓父母死亡,子女不得奉养。亦
泛指尊者、长者死亡。

〔7〕不死其亲:不使父亲人死而业绩声名亦死。　不辱其亲:
为使父亲留下正确形貌声名与评价。

〔8〕适异国:张孝若曾留学美国,1923—1924 年代表北洋政府
率团考察欧美日本八个月。此次去何国,未详。

〔9〕石埭：今安徽石台县。

〔10〕子女六人：为非武、柔武、融武（子）、粲武、聪武、绪武（子）。妾余学懿生子范武（天）。

〔11〕铭：通常为韵文。

〔12〕生乃不空：人生才有意义。

〔13〕淮水北障，五山南崇：谓北有淮水、南有五山（狼山）拱卫。

〔14〕坛松：墓地的松柏。

归　籍　记^[1]

清光绪三十二年(1906)

　　痛乎,习非成是之俗之锢人甚于阱擭也!^[2]天之生人也,而必有一生之地。^[3]系其人于地,而土地之官志之,曰籍。^[4]由是而隮于庠序,升于朝,必籍以别之,使操铨衡者有考焉。^[5]其人而修其行业,致美其名誉,天下之人慕焉,重其籍曰,是某之人。凡某之人荣焉,亦曰是某之人;反是则籍且辱,人之辱其籍者,其言亦如是。籍之系于人尽此矣。国家之功令曰,士子与试,必身家清白,必无刑丧过犯。择诸生屡试优等有学行者,别于附学生、增广生,而特给廪糈以养之,为廪膳生。^[6]俾各稽其乡里耳目近习之士子,果清白,果无刑丧过犯与否,无则保焉,曰认保。^[7]犹虑有不肖者以功令为市也,又于学使试时,由学官循州县试录士子之次第,与廪生历资之次第,比而属之,以监认保,曰派保。^[8]功令之法尽于此。通之言籍,权不操于土地之官,而操于学官;^[9]学官不尽操,而寄廪生操之。^[10]操之之术,相必表其籍者之贫富强弱而予拒之。^[11]予拒之效,又视乎所予所拒。^[12]故有时或茹富而弱,吐贫而强。^[13]茹者强,亦茹强富,无可茹,即贫弱不吐。^[14]以是一廪生缺,售值贵或钱三五千缗,贱亦数百千缗。^[15]学官因利分肥,上下昌言,略不为怪。^[16]其予拒有说焉,以与试之家祖父是否诸生为准。[17]苟祖父非诸生而富而弱,耳语相涎,瞰若大肉。下此而及贫与强,钩纤括微,无漏豪芒。

注释:

〔1〕归籍记:籍,指学籍,考籍。科考习俗,祖父以下无人为官或正途生员(指科考取中者,捐监之监生即非正途)出身者为"冷籍",须由县学的五位廪生认保或县学所指定的廪生、增生监保,方可取得考籍;或寄籍于有生员以上功名的人家,以该家子孙的名义应试。张謇家世代务农,正是冷籍,因听从"准岳父"身份的同业师宋璞斋,决定寄籍于如皋(今如东马塘)举人张驹家,做张驹兄张驹亡儿张铨之子,更名张育才;并于同治七年(1868)童生试中考取如皋第二十六名附学生(即秀才)。后因如皋张氏居功肆意敲诈,不堪重负,遂自首情愿革去生员资格而回原籍通州重考(其实为博得通州知州与省学官同情谅解而归籍);后经各级协调,打通如皋方面的重重阻挠,重行复杂的"认派保"手续,准许回归通州,此谓"归籍"。此事诸多矛盾丛集,因归籍之事闹成迁延多年、耗资不菲、影响甚巨的社会事件。 《九录》系该文于光绪二十三年,然二十七年二十二日《张謇日记》记有:"编次《归籍记》",三十二年四月十三日更记:"复改《归籍记》述作。"可见此文是多次修改定稿的文章。此事发生时间与撰写此事时间相距近三十年,是认知与研究张謇生平的重要文献。

〔2〕习非成是:语本扬雄《法言·学行》:"习乎习,以习非之胜是,况习是之胜非乎?"谓错误成了习惯,反以为是对的。

〔3〕此句说,老天降生一人,必使其有出生之地,谓"籍"之原由。

〔4〕系……地:牵系、安置于该地。 土地之官:地官。古代

六官之一。《周礼·地官·序官》:"乃立地官司徒,使帅其属而掌邦教,以佐王安扰邦国。"郑观应《盛世危言·农功》:"稽古帝王之设地官司徒之职,实兼教养。" 曰籍:这就是籍贯。其派生则有考籍、学籍。

〔5〕隮:升登。 铨衡:品鉴衡量。考核、选拔(人才)。《三国志·魏志·夏侯玄传》:"夫官才用人,国之柄也,故铨衡专于台阁,上之分也。"

〔6〕"择诸生"句:解释廪生与廪生的资格及权利,并旁及附学生与增广生。县、州、府学中生员以优劣分为廪生、增广生、附学生等,均有限额,廪生最少。廪生,由国家供给廪膳(月廪米六斗,年廪饩银四两)。增广生是廪生以外增加的生员,附学生是增广生以外增附的生员。

〔7〕"俾各稽"句:此说"认保"的方法,把考生(士子)与该住地的廪生关联稽核,请认定其清白,作认保人,并担负连坐之责。

〔8〕犹虑有不肖者以功令为市也:(朝廷)还顾虑到不正派者把国家法令视如可买卖而作弊牟利。 学使试时:省里学政到州县负责岁试、科试时。此句及以下说"派保"。 录士子之次第:将生员分出等次,并可擢升。 比而属之:由廪生以下,比排分出增广生、附学生。 以监认保:以互相监视作保,以示公正严肃。

〔9〕通之言籍:通州士子的考籍问题。

〔10〕寄廪生操之:学官托廪生操纵士子的学籍,自己坐分其利。

〔11〕"操之之术"句:察看那些欲走科举仕途的,根据学子的贫富强弱,而决定答应认保或拒绝认保。予,给予认保,犹"答应",与"拒"相对。

〔12〕效：视牟利之功效。　所予所拒：所以予、所以拒的方式、理由、借口。

〔13〕茹富而弱，吐贫而强：含住富裕而弱势者（容易敲诈），吐出贫穷而强势者（不易敲诈）。

〔14〕贫弱不吐：即使是贫弱的士子，也不放弃敲诈而使之财尽的机会。

〔15〕缺：廪生的缺额。　售值：谋廪生额而贿赂学官的钱。贵或钱三五千缗，贱亦数百千缗：贵者三五千两；贱者数百两、一千两。

〔16〕昌言：直言不讳。《后汉书·马融传》："俾之昌言而宏议，轶越三家，驰骋五帝，悉览休祥，总括群瑞。"

〔17〕有说焉：有讲究。　以与试之家：对应试之家而言。诸生：已入学的生员。　准：此处指判断如何攫取的标准。

余张氏之在通州也，以三姓街为最著，族丁众逾万，散之他州县者，亦往往而有，相传元季由常熟迁通。[1]余家自太高祖以上世数不可考，相传居石港。[2]高祖由石港迁金沙。祖幼孤家落，迁西亭。先君三十后，从外家吴氏，侨居海门。[3]仍世业农，积勤起家，尚气乐施，人以为富，实仅不窭。而余兄弟幼时读书村塾，稍异常儿，人以为才。当时廪生及凡张姓，咸以为张氏子旦夕必就试，其家上世无诸生，而有资易噬，竞思攫之。[4]先君惟塾师言是信。师举人宋璞斋琛、廪生宋紫卿琳。[5]先是，琛之父蓬山先生效祁馆余家三年，教余兄弟，自读《诗》《书》《易》《礼》而至《春秋左氏传》，自始执笔学为诗文而至成篇，温昫敏挒，多方而不倦。先君尊之若父执，朝夕必问饮食，服御必时其喜好，病调其医药,而殁经纪其丧,岁时必祭。推尊先生之意,以礼先生子姓之贫者,无不及。先生既殁,余从紫卿师于西亭塾,而问业于璞斋师,故先君之信二师无间。[6]人事风俗,展转缪误,遂有冒籍如皋之事。然方其始,未尝必由此路也。[7]

注释:

〔1〕三姓街:今通州区区政府所在地金沙镇的一条街,街上初时只三姓。

〔2〕太高祖:高祖是曾祖父之父。太高祖,指高祖以上。　　石港:在通州区西北。下句中西亭,在金沙之西。

〔3〕先君:张謇父亲张彭年。　　外家吴氏:彭年外祖父吴圣揆。吴氏原住东台,后迁金沙作瓷商;圣揆只一女,招彭年父朝彦为婿,当有改姓承嗣之约,唯朝彦或违之而后迁西亭;吴圣揆则东迁海门常乐。彭年娶葛氏后以代父母侍养外祖父母的身份迁居常乐,并继承吴氏财产。吴氏再给张彭年另娶东台籍金夫人,令金氏生子须姓吴,金氏生二、三、四子,遂取名吴庆华、吴首梅、吴起元。首梅即张詧,起元即张謇。老二吴庆华(张蓍)早年溺亡。

〔4〕"廪生"所涉句:此意为有认保资格的,欲认保牟利(对认保的要酬谢)。　　张姓:指张姓中有功名者,拟提供寄籍方便而牟利。　　旦夕必就试:早晚间必走科举之路。　　易噬:容易吞噬,攫取。

〔5〕宋璞斋琛:宋琛,字璞斋。即下句张謇家坐馆的塾师宋蓬山效祁之子。　　宋紫卿琳:宋琳,字紫卿,蓬山侄。宋琳是廪生,授业师。宋璞斋自忙礼部会试,供张謇"问业"。

〔6〕余从紫卿师于西亭塾:从此寄宿于宋家读书走科举之路。　　无间:没有空隙。谓不打折扣。

〔7〕方其始：辨别考察科举之路的开始。 未尝必有此路：未必一定走冒籍之路。

同治六年丁卯，謇年十五岁，在西亭塾。[1]四月，宋紫卿师与璞斋师讯，言静海乡廪生易兰士欲致余试静海。[2]讯云：

> 昨午后易蔚霞约往伊处，其族人廪生兰士在焉。蔚霞撮合长泰（謇小字）入籍，弟以学问尚歉未能应试对。[3]惟院试在即，不日当补考，此事如何处置，兄可便道新地，一候廪生张宝琛，微叙其事，看渠意如何。[4]弟想此事若行，势非公保不可。[5]公保人多，钱亦难少，实费踌躇。[6]兄到彼，止言系先父学生，家道平常，笔下亦平常，幼童观场，并无奢望，若数目太多，恐难径行。[7]如不甚着重，可令车来，弟即往妥议。[8]

璞斋师不允。

注释：

〔1〕同治六年：1867 年，干支纪年丁卯。以下年代叙述可类推，不注。

〔2〕宋紫卿师与璞斋师讯：謇授业师紫卿在西亭宋宅；璞斋在通城亦有宅，居以游学、访学，为会试而准备，故居通州城是常事。由于璞斋是张謇的准岳父，謇考籍的决定权在璞斋，西亭至通州有三十余里，当时交通不便，故须通讯。 "言静海乡"句：谓易氏与紫卿相商把张謇引致静海乡参考（易氏亦拟牟利）。此"静海乡"是海门厅旧称。宋时有古海门县，元明间，长江主航道北移，坍塌海门县，县境不断缩小而北移，易名"静海县"，最后寄通州一隅，更名"静海乡"，唯保持缩小了的生员名额。乾隆时海门复涨，升为等同

县级的海门厅,其"静海乡"应已取消。故"静海乡"是用旧称。

〔3〕未能应试对:以张謇尚没有达到应试的能力作为对易氏邀约的讨价还价的弹性回应。

〔4〕院试:本指由省学政主持的考试——生员试中知县主持的县试,知州或知府主持的州府试,学政主持的确定生员录取的院试,此指学政前来视察指道各类考务。　新地:外地,陌生之地。　"一候"句:指拜会有寄籍资格与愿望的廪生张宝琛。　微叙:稍透露作试探。　渠:他。

〔5〕公保:即认保或派保。

〔6〕人多:认保或派保均五人,均需酬谢。

〔7〕止言系先父学生:拟璞斋口吻。　观场:谓第一次考试只熟悉考场而已。　径行:直接任性而行。

〔8〕不甚着重:指要价不高。

七年戊辰,謇年十六岁,在西亭塾。正月,璞斋师识如皋人张駉。駉素以识学使书吏招摇为事,居通城久。[1]师因谋使认駉为族,试如皋,事成酬三百卦(通俗钱八百为卦),不成,唯供应駉子若孙县、州、院试资费。[2]书告先君。二月,命余单身挟银圆数十至城,就师宅识駉。[3]即夕从駉并子镕二人,附班船往如皋,举银圆付駉。临行,师戒曰:"凡事听二老爹作主(駉行二)。"駉故有孙育英,读书抚幼塾。抚幼塾者,如人公设,以教育婴堂长成之婴,及他孤贫子弟,塾师通州附生吴溶。[4]駉利不纳修膳金,故命孙从学。余至塾,则闭置一室,不令见一人。县试前一日,镕谓余:"今以汝兄育英,名汝'育才'矣。"[5]既与镕、育英俱就试,镕令与育英易写所作。[6]试毕,明日独与駉还,仍至西亭塾。闻县榜发，取二百余名，县令贵州周际霖。四月，应州试，备试资如应县试时，匿璞斋师戚徐氏宅，宅仅屋两间，亦不令见一人。榜发，取二百余名，知州合肥梁小曙直刺悦馨。[7] 是时通族人未之知也。[8] 九月，犹至西亭塾，邀应试。[9] 紫卿师与先君讯云："昨有三姓街贵族人来，其言颇合礼，现届九月，院试已速，兄如稍闲，即来一叙。适需四五十圆，请为调度，有即携来。"[10] 先君至西亭商之，璞斋师仍不允，紫卿师两可之。[11] 未几院试，入场坐西余字三号。[12] 榜发，取二十五名，学使鄞县童侍郎华。[13] 余之自州试归至塾也，每夜读制艺辄过三更，日未出即起，课文月九日，日课诗文三首，如是迄院试凡六阅月。[14] 既入县学，先君至州城，知余县州试三代系张镕所填。[15] 盖张駒之兄驹，为州城玄妙观庙祝，一子铨前卒，镕填亲供，以余当铨子，报年十四岁。[16] 先君语璞斋师曰："秀才，士之始进也，若何隐年？三代诬，尤不可不改。"[17] 师嗤嗤鼻出笑声，曰："汝不知举人、进士有官年耶？[18] 如若言，发达后请改不迟；今请改三代，则秀才立时斥革。种田人家甫得一秀才，易视如此耶？"先君顾余，目眦荧荧，余悚惕不知为计。三叔闻余入县学，颇咎父过听宋师言，相视瞠目而已。[19] 张镕索学官认派保廪生赀及他费银一百五十圆，十二月至家坐索八十圆，复索二百二十圆之约券为谢。[20] 此外凡曾刺知有应县州试事，及试时曾为接送者，均挟不泄功索谢。[21] 其两宋师之当重谢无论矣。

注释：

〔1〕学使：省学政，提督学政的简称，又叫督学使者。清中叶以后，均从进士出身的官吏中简派，三年一任。不问本人官阶大小，在充任学政时，与总督、巡抚平行。　书吏：承办文书的属员

（跟随学政者）。

〔2〕认驹为族：使謇认如皋张驹为本族，寄籍其家。即下文二老爹。　事成：指考中生员。　三百卦（同挂，一挂八百文）：约二百四十两银子。　不成：未考取秀才。　子若孙：儿子、孙子。即下文子张镕与孙张育英。　县、州、院试资费：三试之杂用。

〔3〕城：通州城，今南通城。　师宅：璞斋宅。

〔4〕如人：如皋人。　公设：公益设施。　育婴堂……之婴：育婴堂中的社会弃婴。

〔5〕此句说，从"育英"排行，称名"育才"。

〔6〕易写所作：谓试卷上换写姓名。

〔7〕梁小曙：梁悦馨，字小曙，安徽合肥人，同治四年任通州知州。东渐书院创始人，紫琅书院重建者。　直刺：清朝直隶州知州之别称。以知州别称刺史，故名。此处点明周际霖与梁小曙，正表明他们主持县试与州试的资格。

〔8〕通族人：南通的张姓同族人，特指三姓街张。

〔9〕邀应试："邀"的主语是三姓街张。　应试：实指邀其寄籍。

〔10〕"紫卿师"句：建言停止如皋张的寄籍，改寄籍三姓街张。

〔11〕两可之：指不再坚持寄籍三姓街张，由璞斋拿主意。

〔12〕西余字三号：试场编号（以千字文顺序编排）。

〔13〕童侍郎华：童华，道光进士。官至吏部右侍郎、左都御史，曾任光绪帝老师。

按，这里讨论一下张謇的生员三试。生员试须通过县试、府（州）试、院试三关，县试、府州试属资格试性质，院试是录取之试。关于童生试录取比例，《钦定学政全书》卷二十二"童试事例"："务照入学定例名数,县考取二倍,府(州)考取一倍。"以如皋为例,(秀才)额取二十名,"县考取二倍",一倍为倍之,二倍指翻番,即本数之四倍,即取二十之四倍即八十人参加州试。州试取一倍,即倍于二十,是四十名,参加省学政的院试。通州领一州三县(通州、泰兴、如皋、海门)的名额是八十名,两倍是一百六十,参加省院试。定额或稍有增加(如皋只能增至二十五名左右),但张謇县、州试均二百余名,未能通过县州两试之关。然而张謇却递次上试了,那是老捐客张驷起的作用,这是如皋张家敲诈的原因之一。

〔14〕此长句是补叙为准备州院试用功情境。 课文月九日,日课诗文三首:后句中"文"衍。指一月中九天练八股文,一天练习三首诗。

〔15〕三代:祖、父、自己,这里指报考的履历,即下文的"亲供"。

〔16〕"盖张驷"句:追述语。 庙祝:庙宇中管香火的人。亲供:亲自书写的履历(详下)。

〔17〕隐年:隐瞒年纪。 三代讹:指謇"亲供履历"上的自己、父亲、祖父的名字都讹误。

〔18〕官年:具报官府的年龄。洪迈《容斋四笔·实年官年》:"士大夫叙官阀,有所谓实年、官年两说……大抵布衣应举,必减岁数……至公卿任子,欲其早列仕籍,或正在童孺,故率增抬庚甲有至数岁者……"此说官年、实年之不一致是科举、官场的常态。

〔19〕三叔:住通州城的叔父张彭龄,无子,以张謇为嗣子;因此三叔经常参与张謇归籍事,并发表意见。

〔20〕认派保廪生赀:此犹言,我张驷举人的免认保优惠你未能用好,而凭自己成绩通关;但我仍为你打通关节,故你得先付五位廪生的认保费等。

〔21〕刺知：刺探知晓寄籍事。　挟不泄功：以不泄露寄籍秘密为要挟。　索谢：索取谢礼。

八年己巳，謇年十七岁，在西亭塾。张镕执券约索银。[1]是时先君力已竭，家中辚羹勃溪之声相闻。[2]镕讯逼迫已甚，讯云：

　今来信非为他务，特为去年所收两票，一纸九月内取，一纸十二月内取。九月消息无闻，十月间余告令兄九月洋钱与十二月洋钱，要十一月一统送来，不能拖欠分毫，迄今又无音信，故专人到尔，令尔明白。[3]尔若愿与，尔即于冬至前备洋二百二十足，来城取票。[4]尔若不愿，尽可与来人说明，无容变计拖沓。若故为推诿，余即于节后自己来领，必至与他人贻笑。[5]

先君不得已，贷银一百五十圆，自赍还镕，商缓后期。未一月，镕讯逼如前，百计措贷与之。讯云：

　前月令尊在舍，所与之数，谅尔尽知。余有手票存于别处，期是十一月二十日付，现已过期，余无辞可以对人。[6]今又烦驾速禀令尊，请于初十前，所欠之数一统送来，万不可短少、过期。立俟回复。

注释：

〔1〕券约：即上文二百二十两银子的借据。

〔2〕辚羹：辚釜，用勺刮锅。语出《汉书·楚元王刘交传》："初，高祖微时，常避事，时时与宾客过其丘嫂（大嫂）食。嫂厌叔与客来，阳为羹尽，辚釜，客以故去。已而视釜中有羹，繇是怨嫂。"说刘邦年轻时常带来朋友用餐，其嫂厌恶，用"勺刮锅"表示"羹尽"以

逐客。　勃谿：婆媳争吵。《庄子·外物》："室无空虚,则妇姑勃谿。"总说因冒籍案致贫穷而引发家族矛盾。

〔3〕令兄：称对方之兄,当是胞兄张詧,曾来应付债务。

〔4〕取票：用钱换借据。

〔5〕推诱：推托而引往他人,引向别事。

〔6〕手票：亲手写的字条,指借据,此伪称处理你的事而借别人的债。

九年庚午,謇年十八岁,仍在西亭塾。张镕索前券银圆既竟,值乡试报罢,见余落卷批不恶,又通句容杨某为索千金。[1]杨故尝兄事先君,先君时时资其乏。[2]至是杨以镕言恫喝,镕亦面责,余谢无以应。[3]十月,镕讯诘责,讯云："外日面谈一事,尔已透明。[4]余不过便托杨士峨代达,无容推诱别人。不论是否,务俟实在回信。"余仍不应。闰十月,镕讯益狂恣,讯云：

> 信到逆子育才知之：尔初流落在外,忽有同城宋璞翁先生说尔要误大事,予接尔到家。[5]前年入学,尔运虽佳,实是予德。[6]不意春初伯祖过世,尔未曾穿服,其罪一也。[7]况久在外乡,不率家训,竟忘入学时之艰难。[8]前年学费十余项,要开发钱一百余万(通俗以十千为万)[9],洎今尚与人未清,不能糊涂了事。来信无别,限尔十日到家,同予理料前事。[10]尔若故意昧心,不欲归正理事,予即写逆子怨单数十张,遍贴通城、如城、西亭、金沙、袁灶港、长乐镇各处。[11]尔若再行无耻,予先请如皋学官来请尔。尔若再行无耻,予亦不能顾尔,予就使尔出学了。[12]看果能如此否？速速自悟。

以示璞斋师，理师前说。[13]师谓："此等事，由来如此，我亦无法，当与镕父计之。"[14]十一月，得张駍讯，讯云："闻方子村来通，据云树屏（张镕字）与伊一同赴县有事。[15]及询所由来，则云与贤孙犯难，未知何事，予故特此走草，如信诳言。可即来通，到璞斋先生处方知的实。否则听之而已，毋悔。"讯故出镕手，冀恫喝以转圜。[16]璞斋师宁不能执前说责其反复，而始终无一言？辄以议婚令合买宅，及明年会试乏资，属紫卿师致意先君。[17]紫卿师云："海话（镕小名海寿）自璞斋回，如弟所言，安排已定。至璞斋所托，尚俟兄来一商。"[18]议婚之说，盖承先师蓬山先生遗意。[19]先生尝谓先君："泰婚缓定，我甚爱此子。"[20]先君志之；而璞斋师以余农家，又兄弟四人，故不决。[21]至是，师妻弟孙锦裳属紫卿师议焉，而令合买玄妙观前宅，为招赘计；宅值钱八百卦。[22]紫卿师授前讯寄先君，余因叩讯言何事，师微露崖略。[23]余言："是于义不可。舍父母不养而就妇，不孝；竭兄弟之力逸一人，不弟。[24]且璞斋师有二子，而赘婿同居，非李非奈，亦不安。先师蓬山先生之过爱，固期以成人也，不孝不弟，不足承先师意，敢辞。"师斥曰："我讯与若父，可否若父主之，若非所宜言。[25]"乃奉信归，并以答师语请于先君。先君诣紫卿谢曰："婚不敢议。买宅之半价，我当任之，是冬竭蹶摒挡以践约。[26]"念张镕事未已，重属紫卿师询焉。十二月二十一日，璞斋师答讯，语吞吐。讯云：

> 前到家询僖牧（駍字）致书之意，欲就中了事，并非伊欲作难。海相公系讼师钱瑞清唆使，呈子亦钱写。两日内与如皋人动身行事，洗心道士（駍弟驯，为龙王庙道士）谓小为周旋。伊可作主，总替润翁（先君字润之）省事。[27]务望父

子一人来城，方可无事。予于廿三日晚船北上。总之即到
如城，亦无大事，不如省事之为妙耳。斟酌要紧。

注释：

〔1〕既竟：指二百二十银圆借据已清偿。　报罢：科举时代考
试落第称报罢。　落卷：未被录取者的试卷。　批不恶：批语不
错(指有考中潜力)。　句容杨某：即下文杨士峨。　为索千金：
凭杨与张謇家老关系，张镕托杨代为索取。杨与镕当有交易。

〔2〕兄事：视如兄长。　资其乏：在贫乏时资助他。此言杨恩
将仇报。

〔3〕"恫吓"句：杨转述张镕的凶横之貌。　面责：当面责问讨
债。所叙当与上句事次第发生。

〔4〕外日：犹言那天。

〔5〕此信中，镕称謇为"逆子"，是败笔(详下，謇家依此反击，原
定謇是镕之死去堂兄铨之子，此指出张镕冒张铨身份)。接尔到
家：指让张謇到如皋张镕家寄籍。

〔6〕入学：考中生员。　予德：我的恩德。(综合下句"入学时
之艰难"文，表明张驹在生员试中出力)

〔7〕伯祖：张驹，张铨父。按，原定是张謇继祖父，此处张镕更
动，露破绽。　穿服：穿孝服。

〔8〕率：遵行；遵循。《左传·哀公十六年》："周仁之谓信，率
义之谓勇。"

〔9〕此句说张镕敲诈的名目，谓为謇到如皋县学交学费。其实
謇从未在如皋上学，只寄籍考学而已。　一百余万：据张謇自注，
当指一百贯，一百余两银子。

〔10〕家：张镕家。　前事：学费欠债事。

〔11〕递子怨单：控诉逆子忤逆的民间告示。此用污蔑名誉作威胁。

〔12〕出学：开除生员的学籍。

〔13〕示璞斋师：所示指张镕之信。　理师前说：理出当时老师与如皋张的约定，"前说"即"试如皋，事成酬三百卦，不成，唯供应驹子若孙县州院试资费"一语。

〔14〕镕父：张驹。

〔15〕此信名义上是张驹写与张謇父亲的。　方子村：不详。此作先佯为转述，表示客观，其实是设计、转圜。说方子村与张镕同赴如皋县城，听得有关信息。　有事：暗指交由学官处置（威胁）。承下句，张驹信，转述方子村探知的如皋信息，是如皋方面要为难你的贤孙张謇。

〔16〕讯故出镕手：此信本张镕假托。　恫喝以转圜：对此前的恫吓作一转圜。

〔17〕议婚令合买宅：详以下几条注。　会试：宋璞斋已是举人，赴京参加礼部会试。　所致之意二：一议婚买宅，二资助宋璞斋会试盘缠。璞斋不好意思出此口，故托紫卿转致。

〔18〕"紫卿师云"长句，分两个层次：一、转述张镕的话"等璞斋回后，复述我紫卿所言之事，安排解决一切（指冒籍引起种种风波）。"二、璞斋所托，即注〔17〕中"致意"两条。

〔19〕"议婚之说"，追述宋蓬山先生的生前意愿。

〔20〕泰婚：（蓬山语）对话中敬辞、美言。犹"好婚姻、大婚"。
缓定：暂缓决定，言下之意，我有孙女即璞斋之女欲许配张謇。

〔21〕"璞斋师"句：说当初倒是璞斋不满我家的条件而对婚姻犹豫。

〔22〕孙锦裳：璞斋的舅子。

〔23〕崖略：大略，梗概。谓紫卿写由张謇带给张父的信，謇打听到大致内容即议婚招赘事。

〔24〕舍父母不养：此说入赘婿难养自己父母。"竭兄弟"句，说自己专务科举，已牺牲兄弟权益。逸，谓自己读书轻松省力。

〔25〕"师斥曰"句：意为儿子的婚姻是父母做主的，你不适宜发表意见。

〔26〕竭蹶：颠仆倾跌，行步匆遽貌。表示尽力而为。　践约：指任买宅款之一半的约定。

〔27〕伊：指张驯。

十年辛未，謇年十九岁，在海门学署读书。[1]正月初三日大风雪，先君贷钱五十千，命謇至城送璞斋师行，以师初五六日北上也。[2]余家距州城八十里，雪深没膝，行二日乃至。师本属措五十金，见所赍不足，色不怿。叩以镕事，曰："若父子殊不晓轻重，镕即有事，待我回再了耳。"是岁余去西亭，从海门训导无锡赵菊泉先生彭渊学。[3]四月二十九日，如皋学门斗夏堃，持学官初十日签传。[4]签据初八日镕禀，镕自认原名铨[5]。禀云：

> 为乖伦败俗事。祖兆熊，早游泮水。[6]父驹，年六十八岁，初贸易，现筋力已衰，行走不爽。子育才，年十七岁，于十四岁蒙童大宗师岁试拔取入学，始则循规蹈矩，不出户庭，继乃视功名为易得，时在外放逸为非，不率家教，至诗书废弃，不待言矣。[7]生因育才足不入户，常寻其所至之处竭力训诲，而育才置若罔闻。于今年暮春，仍见育才暴弃如常，即执戒尺处治，使之率教攻书。不特不率家教，抑且侮

慢实甚。伏乞老师台立提究办，感恩不竭。

学官签则云："限十日赴学面询，如果不受家教，以凭惩儆；倘违，牒县会详学宪核办。"[8]先君令人以签送赵先生署，余以呈先生。[9]先生故知其事，走商之师山院长太仓王菘畦先生汝骐。[10]王先生为如皋训导杨泰焕中表，而余肄业师山书院蒙奖许者也，授讯令诣杨。[11]讯云：

> 门生张育才，即阁下之贵门生，号树人，少年聪隽，性质温美，洵佳士也。本籍通州，寄居海门，家世务农。乍得读书子弟，州人名之为冷籍，虽身家清白，亦难考试。其父于考试一道，本属门外。其师通州宋璞斋，有戚张僖牧，见育才年少聪隽，而格于俗难考，以侄名铨者无后，与璞斋熟商，作为铨子，填籍考试。[12]虽博一衿，酬谢开销，已去家资之半。嗣后僖牧之子张煐，岁有诛求，其父家寒力薄，实不能堪。[13]今张镕又顶其亡兄之名，以镕为铨，捏成大题，呈递忤逆，可骇可笑。[14]骐念芝兰玉树，为樵牧所践，意甚怃然，用特付函，令诣台端，务望鼎力手援，急为详请更正。[15]张郎非池中物，观其相貌可知。[16]公门桃李，后望无穷。[17]至禀帖如何缮写，即烦指教。[18]

五月初四日，至西亭见紫卿师，师命即去。乃乘梢蓬小船，只身携咸蛋四枚、饭焦一篮，走二百里，往谒杨，呈王先生讯。[19]杨怒，谓："汝用若干钱得来？"[20]不待更衣，命题面试，题为"子游问孝"两章。[21]余请笔砚，就侧屋试。未竟，见有黑胖人蹒跚入，与杨嗫嚅语，语声忽高忽下，不甚可辨，但闻"此人能文""此人能文"。旋黑胖人大声而出曰："老师太不情，人家子弟天热尚放学,奈何令袍带作文字?[22]"亟趋余曰:"张世兄且休,我严月船也。"杨旋令诣书办周大家管押。王先生闻之大恚,疾作书责杨。赵先生婉劝:"若怒杨,徒重张生罪。"王先生悟,即为易讯。讯云:

> 前书匆促,未尽所言。发书后,细想阁下亦有为难之处。但此事骐实为怜才起见,并无别情。骐之素怀,谅蒙深信。伊父因措资艰苦,并虑伊子荒废学业,属骐函请阁下朝夕训诲,倘有余暇,命题督课。[23]一切不了之事,自有父师料理,决不敢放在脑后。育才年幼,并祈推情,时时劝慰之。

注释:

〔1〕张謇拒绝宋家婚事,显然无法在宋家读书,乃回海门读书。此句是对自己就学去留的总叙。

〔2〕五十千:即五十挂,只四十两银子(需五十两)。 北上:应礼部会试。

〔3〕此句是对第一句总叙的补叙。 训导:学官名。明清府、州、县儒学的辅助教职。 赵菊泉:海门学官,甚器重张謇。参下《亲供》注。

〔4〕门斗:官学中的仆役。 签传:县学官签署的传票。

〔5〕签据:发签的依据。 禀:对上报告,指张镕所书呈。镕自认原名铨:镕铨本两人,认作一人,即使镕成张謇之"父",便于罗织不孝之名,以利敲诈。但露出被反击的破绽。

〔6〕早游泮水:早早入学。古代学宫前水池,形如半月,名泮。

〔7〕童大宗师:即前文涉及的童华。大宗师,明清时,由朝廷简派典试府县童生之学政,人称之为宗师,或亦冠以大字。

〔8〕签:签署处置办法。 牒:行公文。 详:旧时下级官员

对上级官员请示报告曰"详"。　县：县衙。　学宪：省学政。

〔9〕"令人"句：张父见是公文，公对公，叫来人送往海门学署，随即令张謇去学署找赵先生。

〔10〕走商：前往商量。　师山院：当时海门厅的厅学，犹县学。　王菘畦：王汝骐，字菘畦，太仓人。详下《乡试亲供》注释。

〔11〕中表：表亲，泛指远房亲戚。　授讯令诣杨：王写信交门斗转与杨泰煐。

〔12〕格于俗：受"冷籍"不能取得学籍的风俗所匡限。

〔13〕张煐：或即张驷子张镕，何以异，不详。

〔14〕捏成大题：硬作揉捏，上升附会为"忤逆不孝"的大题目。

〔15〕芝兰玉树：比喻为优秀青年才俊。　台端：敬辞，称对方。　更正：更正其考籍，使回归通州。

〔16〕池中物：比喻蛰居无为的人。《三国志·吴志·周瑜传》："刘备以枭雄之姿，而有关羽、张飞熊虎之将……恐蛟龙得云雨，终非池中物也。"

〔17〕"公门"句：谓张謇也可视如你们如皋的隽才，以后有无穷的希望与腾达。

〔18〕"至禀帖"句：意思是恩亲指教张生如何缮写请求归籍的禀帖呈文。

〔19〕饭焦：本指锅巴，此指通海地区的麦饭，作行路的干粮。

〔20〕"杨怒"句：谓王氏的信是花钱买来的。

〔21〕"子游问孝"两章，出《论语》第二篇"为政篇"。因张镕说张謇忤逆，因此出题"问孝"。

〔22〕"黑胖人"的意思是："大热天怎能让考生宽衣博带写作呢？"表示同情。

〔23〕命题督课：请杨泰煐闲暇中出题督促张謇的功课——此缓和之计。

自五月初八日初押至七月杪，余日读《资治通鉴》、吴梅村诗，与友人陈国璋、黄毓琳、顾酉书、严桂芬酬唱往还。[1]先妣思子而病，赵先生与海门徐石渔先生云锦、刘君馥畴逢吉、秦君烟锄驾鳌合谋旦夕脱身之计。[2]八月，资延海门朱某，与三叔往如皋，用先君名具诉本末；学官不纳。嗣用银圆百余，修敬于学官及其书斗，学官乃改窜其词，令重写，纳而释焉。[3]禀云：

> 窃生世居通州之西亭，业务农桑，家传清白；子长泰因资质稍慧，寄膳通城宋宅读书，得识住通考如之张镕。[4]同治七年，生子年甫十四，张镕挈与伊子育英往考如皋。生于考试本属门外，长泰年幼不谙律例，托其领结，代填亲供。[5]讵张镕暗将真正亲供抹去，改填张镕已故之堂弟张铨三代名字，并将生子改名育才。（当）蒙童学宪拔入如庠。[6]后悉亲供错误，屡欲缮请更正，乃镕居奇勒诈，非谢钱百余万不办，有信可凭。今年四月，张镕索诈不遂，竟冒列原名张铨，捏以育才不率家教等谎禀。[7]奉师台饬传生子来学面问，仰见洞鉴下情。[8]伏念生子长泰，髫龄无识，志切观光，一时朦昧，误入张镕罗网，以致三代误填，咎又何辞？[9]悔之无及。第生惧镕波害，予取予求，不谓不厚。[10]至于长泰，究属生所亲生，抚育栽培，历今十有七年，道路口碑，历历可问。只以亲供错误，受累靡穷，篝灯夜话间，生子每为之饮泣。今张镕公然送"逆"，世岂有骨肉之亲，彼外人可得而冒认也？[11]况镕自镕，铨自铨，铨之父驹上春已故，镕之父駧今

日犹存。现镕考结,复填驹而舍驷,统核先后考结,大相径庭。[12]起死为生,化二为一,不愈谬乎?[13]缘奉饬传,合将实在苦情,缕晰声明。惟求师台矜怜愚昧,核实成全。

计粘抄张镕并张育英亲供互异单一纸:[14]

同治七年岁试张镕(年二十九岁) 曾祖廷封 祖兆熊 父驷

九年科试张镕(年三十岁) 曾祖廷封 祖兆熊 父驷(县草册有涂改字迹)

十年岁县试张镕(年三十一岁,原禀镕注四十岁) 曾祖廷封 祖兆熊 父驹(核与七年不同)

同治七年岁试张育英(年十二岁) 曾祖兆熊 祖驷 父镕

九年科试张育英(年十五岁) 曾祖兆熊 祖驹 父铨

十年岁县试张育英(年十六岁) 曾祖兆熊 祖驹 父镕(此祖父名字又三次不同)。

注释:

〔1〕七月杪:七月末。 陈国璋、黄毓琳、顾酉书、严桂芬:均张謇的如皋学友。

〔2〕先姚:已亡生母金氏。 徐石渔先生云锦:张謇家乡的同学之师,徐夫人同族。 刘君馥畴逢吉、秦君烟锄驾鳌:张謇的同辈年长学友。

〔3〕修敬:用钱物奉于老师长者。 书斗:学中吏役。 改窜:谓修改涂抹文字等。 纳而释焉:收下重写的禀文,释放张謇。

〔4〕窃生:张謇父谦称;表明张父曾花钱取得例贡资格,故言"生"。 长泰:张謇的乳名。

〔5〕领结：指领、填、交考籍表的一系列注册手续完成。　亲供：即亲自填写三代履历。

〔6〕此处原文为"改名育才，当蒙童"误，"当"字前编校人妄加，"蒙童"属后句，为"蒙童学宪（即童华）"。　学宪：省学政。　如庠：如皋县学。

〔7〕冒列：指原"叔"名分，改"父"名分。

〔8〕师台：敬称如皋的学官。　饬传：指上级发令下级的传票。

〔9〕观光：入考场以感觉科举制氛围。

〔10〕予取予求，不谓不厚：此句谓受张镕敲诈，其要什么，吾就给什么。

〔11〕送"逆"：谓张镕将"亲子"视如逆子送与法办，此是人伦之反常行径。

〔12〕考结：指关于生员资格的终结文表。

〔13〕"起死"句：仍说张镕代张铨事。

〔14〕所附证据，表明镕所填自己及儿育英亲供之屡屡作假，以旁证对张謇寄籍事之敲诈。

既释而归，而如皋董事马锦繁来讯言："駉在如城，可以小就。[1]若仍坚执，学使按临在迩，恐菶菲终成贝锦，悔且无及。[2]望星夜来如，自有良策。"语不具录。马故为如皋乡民所共耆，其策不可知。余之视如皋附学生如盈石之疣，其欲决去之必矣。会汉军黄筱霭太守海安，以甫卸厘差在海，前署海门同知宣城屠晋卿太守楷来代。[3]屠太守为赵先生己酉举贡同年，黄太守与赵先生平时过从尤密，知余方苦籍事，为审定学使禀，又合赵先生言于屠太守，请以本末告提调署通州知州桐城孙海岑太守云

锦。[4]十月二十九日,学使江夏彭味之侍郎久余按临放告,乃自递禀检举。[5]禀云:

> 窃生世居通州之西亭,家世业农。生父彭年,亦时行商于外,命生读书于通城宋宅,因得识住通考如皋之张镕,谓生虽世居通州,而祖父无应试者,是为冷籍,应考必有阻挠,莫若作为一家,随同考如皋为便。[6]时同治七年,生年甫十五岁,一心但求能考,至考中之情弊实属茫然,遂任听张镕填写三代亲供。所填生父张铨,即张镕已故之堂弟也。是年即蒙前学宪童拔入如庠,比填大结即欲更正,张镕告以有碍功名,生因而未敢造次,反感其关垂,优为酬谢,初不知张镕之意留为将来索诈地也。[7]伏思木本水源,岂容假借,今甫博一衿,而反谓他人父,自问何以为人? 再四思维,惟有检举求正,以端大本,至一衿之得失,不暇计矣。幸逢大宗师按临岁试,不敢再事因循,据实直陈,仰求更正。[8]如荷矜全,无任衔结。[9]

学使批仰通州查覆。孙太守传询,候客厅一时许,屡有人觇余。[10]及见询,甚详悉,恻然曰"是不难",使人邀璞斋师,令释此事。师言"张生自识驹、镕父子成此事。否则张生父,通州例贡,今生试如皋,讵不父子异籍?"[11]太守诘以"张宋屡代交亲,州试时寓若所,若知如是,当时曷不阻止?"师语塞而退。太守即夜签提张镕,镕逸。[12]时赵先生与刘君逢吉寓玄妙观,中夜为余事不能释而起。徘徊院落,佛灯微明,见一妇人过,姑问其姓,妇人答是故庙祝张老妻陈氏,与今以籍事构讼之张秀才一家。[13]先生心动,忆亲供驹名质刘君。[14]翌晨刘君来告先生,以白孙太守矣。太守闻即谕门吏传张陈氏至,张陈氏具言镕不肖,害张秀才,张秀才父子于故夫生死均有资助,且言愿听张秀才归宗,遂具结。[15]此十年十一月十六日也。州具录其供,加以堂谕,谕云:

> 既据该氏供明,愿听嗣孙张育才仍回本宗,侍奉亲生父母等语,即着照供具结。呈候明日传同夫弟张驷并张育才到案加结,详候学宪示遵。[16]

并取张陈氏结,结云:

> 窃同宗张育才,前继氏故子张铨为嗣,现氏愿听其回归本宗,侍奉亲生父母。[17]氏故子张铨,现在族中另有可继之人。求恩念氏贫苦,断令张育才给氏钱文,为生养死葬之资。[18]如夫弟张驷日后借口向扰,唯氏是问。[19]

十七日,复提张驷,驷亦逸。十八日复传张陈氏,领余缴案之钱。[20]实则钱自太守捐给,未令余知也。复揭堂谕,谕云:[21]

> 着将张育才缴到洋钱二十四元,以作制钱三十千,当堂给张陈氏领回,生息养活。听张秀才更换本宗亲供。即着照供具结,送候核详。[22]

并取张陈氏领结,结云:

> 窃氏同宗张育才,现有亲生父母,已经具结,听其归宗侍奉。今张育才念氏贫苦,缴给氏钱三十千。氏甘具领,嗣后不再向扰。

至是事稍有绪矣。

注释:

〔1〕董事:主持其事。犹凭资历威望受聘为县衙顾问之类。

马锦繁：举人，曾任邳州学政。其信实是张驷拟托以转圜，不愿公堂公了，拟私下了结，再得一些钱物即停手，亦恐闹大不利。下文说马氏为人"共謦（惧怕）"，说其言不可信，故未理睬。 小就：稍稍靠近转圜。

〔2〕萋菲、贝锦：花纹错杂貌。语本《诗·小雅·巷伯》："萋兮斐（菲）兮，成是贝锦；彼谮人者，亦已大甚！"后因以"萋斐"比喻谗言或成事实。

〔3〕汉军：汉人入满之旗籍。 黄筱霭：张謇前辈朋友。 太守：清时称知府，黄曾任之官。海安其字号。 甫卸：才卸任。 厘差：征收财税之吏。 海：海门。 同知：知县、知府的副职。宣城：今安徽一市。 屠楷：字晋卿，张謇师友。 代：来继任职务。这些人均謇后援力量。

〔4〕赵先生：即赵菊泉。 举贡：考取举人。 为审定学使禀：商定直接给省学使政呈文。 本末：张謇寄籍事的本末。提调：官名。负责管领、调度的人。 桐城：安徽地名。 孙云锦：字海岑，通州知州。谓张謇的师友商议决定以"自首"名义上诉于省学政与通州知州。

〔5〕江夏：湖北地名。 彭久余：进士，礼部侍郎。 放告：旧时官府每月定期坐衙受理案件叫"放告"。 递禀检举：递上自首的呈文。

〔6〕"窃生"句：说自己为冷籍，受张镕的蛊惑。

〔7〕学宪童：学官童华。 比填大结即欲更正：比，连同。指更正之事连同"填大结"一起办理。大结，指正式获取生员（秀才）后的填表仪轨。更正，指更正获取考籍时所填"亲供"。

〔8〕大宗师：明清时，由朝廷简派典试府县童生之学政，指彭

久余。

〔9〕无任：敬辞，不胜。　衔结：衔环结草，比喻感恩报德，至死不忘。相传东汉杨宝九岁时，至华阴山北，见一黄雀为鸱枭所搏，坠于树下，宝取雀以归，置巾箱中，食以黄花，百余日毛羽成而飞去。其夜有黄衣童子自称西王母使者，以白环四枚与宝，曰："令君子孙洁白，位登三事(三公)，当如此环矣。"后用为报恩之典。结草，《左传·宣公十五年》："魏武子有嬖妾，无子。武子疾，命颗(武子之子)曰：'必嫁是。'疾病，则曰：'必以为殉。'及卒，颗嫁之，曰：'疾病则乱，吾从其治也。'及辅氏之役，颗见老人结草以亢杜回，杜回踬而颠，故获之。夜梦之曰：'余，而所嫁妇人之父也。尔用先人之治命，余是以报。'"后因以"结草"为受厚恩而虽死犹报之典。

〔10〕孙太守：孙云锦。　询：传"自禀"人询问。

〔11〕"师言"句：宋璞斋谓张謇自己与"驹、镕父子达成此事"，推卸自己责任。　例贡：见上文张彭年给如皋县学"禀"文中"窃生"条。

〔12〕逸：逃逸，谓不敢应讼。

〔13〕"徘徊"句：说赵先生巧遇张驹的孀妇陈氏，承认与张謇(育才)一家，知晓寄籍事。

〔14〕质刘君：天明告诉并求证于刘君(逢吉)。

〔15〕具结：旧时对官署提出表示负责保证的文件。

〔16〕加结：作出结论。　示遵：批示后遵照执行。

〔17〕继氏故子张铨为嗣：入继我的亡儿张铨。　氏：张陈氏自称。

〔18〕断：谓请知州老爷判定。

〔19〕向扰：敲诈骚扰。　唯氏是问：只找我问责。

〔20〕领余缴案之钱：即判张謇给张陈氏的"生养死葬之资"。

〔21〕堂谕：当堂作出并予公布的告示。

〔22〕送候核详：送学政复核。

先是，太守于年终考察属吏，署杨泰煐上考；至是乃并据他所闻贪鄙事庭斥之。〔1〕劾牒具矣，而太守忽解任；代者本任梁直刺，至则追寝其牒；太仓搢绅咎责泰煐之书迭至。〔2〕泰煐由是迁怒，益衔余，百计中伤，流言大起。时太守录供详销前禀，其查取宗图族结、改请归籍之牍十一月二十二日已上，并为属厘捐总办零陵王子敷观察治罩维护焉。〔3〕且令仆人以银圆六，给梁阍人，俾余谒梁。〔4〕十二月二十六日，学使批销前案，另饬归宗。〔5〕饬云：

> 据前州牧详如皋学文生张育才归宗一案，查宗图内，并未注明女三代，及存殁日期，结内仅有族结，亦无邻右各结，未便转咨，合行札知。〔6〕札到该州，即饬将宗图注明存年及殁年月日，并查取该生族邻及同学各切结。〔7〕实系通州人，并无身家不清，别项不合例事故，由州及学切请查明，详情核咨。〔8〕

同时饬如皋知县，如饬州查覆。〔9〕文尾令县查委无冒籍捏饰，即取具原认派各保，及同学各切结，由县及学详覆。〔10〕县学官于是复有操纵之柄。〔11〕

注释：

〔1〕太守：孙云锦。　考察属吏：对下属官吏的年终考评。上考：考核上等。　至是：因此事，即张謇学籍事。

〔2〕勘牒具：处分杨氏的文书已准备完毕。　太守忽解任：指孙云锦上调省发审局。　代者：继任接替者。　本任：梁即上文出现的梁小曙。本任，其在同治四年曾任通州知州。　直刺：称刺史。　追寝：收回；停止不行。　太仓搢绅：杨氏家乡的官宦或儒者。　迭至：重迭来到。此说事情突然发生变化，致杨泰煐更加迁怒张謇。

〔3〕太守：梁小曙。　详销前禀：撤销前知州孙云锦的决定。按，梁之做法，属照章办事。　"其查"句：认为籍可归，学籍仍需补充"三代"及宗图族结等。　已上：停止上达。　"并为"句：谓请下属官王子敷促成维护有利张謇之事。厘捐，征收税捐之官。（张謇意思是补充三代宗图族结及重新定认派保，仍得回到如皋，将遇阻扰刁难。不如孙云锦直接令归籍通州便捷。）

〔4〕且令：主语是王子敷。　阍人：守门人为阍人，指梁氏僚属。　俾余谒梁：叫我重新拜访梁知州，挽回梁氏的决定。按，王子敷与张謇关系颇好，张视其为师。王告老还乡，张有赠诗。

〔5〕另饬归宗：由另一条路线归宗。

〔6〕宗图：宗室图表，是籍贯注册所附。该饬文的大意是，学籍案中"宗图三代""族结""邻居"均不完备，不便辗转行文了结，因通知有关各方。邻右，邻居。转咨，转行于相关部门咨询处置。合行札知：合当行文通知各方知晓。

〔7〕"札到"句：即指补全"宗图"，及族邻、同学的认保来结案。

〔8〕"实系通州人"句：此饬文是请通州府及州学核实的。

〔9〕"同时"句：把此饬文也发送到如皋知县、县学。

〔10〕文尾：在行与如皋公文的结尾。　另加有"令如皋县查"，使不再再有冒籍、捏造虚饰情状，然后通过正常渠道，用认保、

派保的方式,由县衙及县学复核,了结此案。

〔11〕"县学"句:张謇认为,梁小曙此举给如皋县学以操纵阻滞甚至陷害的把柄。(参注〔3〕)

十一年壬申,謇年二十岁,在海门学署读书。正月,遵通州学官谕禀复。[1]禀云:

> 切生的系原籍通州,始祖建迁居三姓街,复迁金沙、西亭等场,传至生父贡生彭年已经十有五世。[2]生今遵札,补具里邻亲族,并通州学廪附生等各同保切结,暨绘呈四代坟图、女三代存殁图,亲供切结备呈,伏乞俯赐转详。[3]

二月,通州学官如禀详州。[4]是时如皋县学详文固未到州也,原认派廪生同学之结,亦未到学。[5]派保视认保为从违,认保则张駧之从外孙;求好语于怨家,资助力于敌党,事固不易,而形势所格,更无他途。[6]会三月二十九日,学官复令门斗传往禀复。[7]四月初,与叔往如皋谒学官。至甫二日,县小吏诇报县有传签,事秘而速,语竟,遑遽即去。[8]差旋至,签据抚幼塾董事禀,以抚幼塾童应试,例不用原籍,张生昔既有籍,何为至塾?昔已在塾,例可不归。而以余名合于塾定字行为证。[9]盖学官董事辈关通知县为之,必制余无他遁之途,而后可枂而絷之也。[10]差索歇保,随时听传。[11]时日向曛矣,大风密雨。上灯后,计不如叔留而余回通。乃藏钉鞋衣底,躐敝鞋笼灯独出,语店主人,我往黄毓琳家即返。黄距店不远,日间曾过余也。既出门,向诣黄之衢,衢无行人,乃规出北门投友人处宿。旋念出北门必经县署,不便,折出东门。过桥,骤风灭灯。时甫浚城河,缘河泥淖深二三尺，连属不绝，虽雨势稍细，而云黝如墨，立桥下久之。[12]易钉鞋，而藏鞋弃灯，持盖柄为杖，蹲地定瞬，辨路高下险易，行十余步辄一蹲，足陷泥淖及踝，钉鞋屡堕，揩杖起之而行。是时忿火中烧，更不知有何畏怖，亦辄作挟利刃斫仇人头之想。又念父母在，此身事大，不值与鼠头并碎。且自解且行，东门至北门裁三里许，三四时始达。比至友人处叩门，街柝四声，雨止天霁。[13]友见余状狼狈，大骇。告以故，急借衣履易焉。外雨内汗，襦裤尽湿，足疱累累，遂坐而待旦。日甫出，乘小车驱走，百三十里一日而至通，谒王观察、梁直刺白故。[14]梁为饬县销签。[15]越数日叔归，固以为如皋事必不谐矣，而案无由定。五月下旬，仍与叔至马塘，规取认派保廪生及同学诸结。[16]认派保犹豫，乃属函请行止于学官，叔赍函星夜驰诣取答，答不能有他语，令迅成。[17]于是认派保画押，同学亦押。

六月初一日，至如皋禀呈前结。[18]初二日，如皋学官加结详通州，牒覆如皋县备案，州县据详学使。六月学使先后批答，候咨礼部。朝夕喁喁，盼部覆至矣。[19]九月，州忽奉学使札，礼部有驳令详查之事。札云：

> 准礼部札开：仪制司案呈江苏文生张育才，改籍归宗之处，来文内并未声明该生兄弟几人，并于何年出继，及何年入学，其出继时有无呈报案据，又未据绘具该生继父宗图送部，本部碍难核办。相应札查江苏学政详细查明，并饬该生绘具两族宗图，加具如皋县印甘各结送部，再行核办。[20]

十月，州饬如皋县，如部指饬查取。[21]十一月，禀县详州，州详学使。十二月，学使咨部。

注释：

〔1〕遵通州学官谕禀复：遵照通州学官对学籍的来文写"禀报"回复。

〔2〕此"禀"是张謇写的呈文。　切生：忠恳的学生我。是《楚辞》"切人"的仿词。

〔3〕札：指学官来文。　四代坟图、女三代存殁图：此亦学籍之应附材料。案，张謇希望避开如皋，仅通过通州的"亲供"及"认派保"，完成复杂的"归籍"手续。然而，如皋不放手，如皋方面要求此类程序在如皋作，想方设法阻滞归籍进程。

〔4〕如禀详州：通州州学将张禀上呈至知州衙门。

〔5〕"认派保"句：谓走认保、派保具结的老路。　未到学：同学不在校。

〔6〕从违：取舍。此说派保要先看认保的态度。案，无人认保，再走派保。　从外孙：兄弟的外孙。整句说，只好硬着头皮，重走让张駧亲属作认派保，让其刁难算计的老路。

〔7〕"学官"句，是说如皋的学官派吏差要张謇去禀报接受处置。

〔8〕诇(xiòng)报：侦知情况后报告。（通过内线）

〔9〕"签据"一段，说张謇作为"育婴堂抚幼塾(张镕子张育英附学处，详前)"的考生，按例没有原籍(弃婴何来籍？)。今既在"抚幼塾"籍，循例不归原籍。——以张謇循张育英例，属抚幼塾籍而阻张謇归籍，此招张謇未能料及。"余名"句，谓应以抚幼塾生"育"的名字特征作定案的依据。

〔10〕"盖学官"一句，是张謇的揣测性判断。说学官连同抚幼塾校董运作知县阻碍张謇归籍并重治他。　柙而絷：捆绑关押。柙，关野兽、牲畜的笼子。絷，束缚，拘捕。案，张謇此判断似夸大

了，如皋方面固然欲阻挠与刁难他，然未必敢"柙而繁之"。

〔11〕差索歇保：差不多到下令如皋方面停止给张謇补认派保手续的程度。

〔12〕甫浚城河：疏浚城河，淤泥满路。　立桥下久之：定神认路。

〔13〕街柝：街上打更声。

〔14〕王观察：王子敷。　梁直刺：梁小曙。

〔15〕梁为饬县销签：梁知州下令如皋县应取消拘传一类的做法。

〔16〕马塘：如皋张镕老家。　规取：按规定获取。　"认派保"句：走认保派保之路，请同学具结各类文表。

〔17〕认派保犹豫：此谓张謇"冒籍案"已成社会公共事件，廪生不知上面两派各自来头，因犹豫不敢决。　"属函"句：谓再向学官请示。　驰诣取答：快行到通州的学官处求取决定。　他语：通州学官同意放行，令认派保人不再有别的说法。

〔18〕禀呈前结：指按前规定补全认派保的手续。接下叙述如皋→通州→省学政→朝廷礼部之间文件呈批，并等候礼部批复。

〔19〕喁喁：仰望期待貌。司马光《晋祠祈雨文》："原陆久燥，根荄未浃，畎亩喁喁，犹有待望。"

〔20〕"礼部有驳令详查"及"札云"段，总说所报材料犹缺若干项，须得补全。

〔21〕此说如皋县遵礼部要求补充材料。至第二年五月，礼部核准将如皋学籍转为通州学籍。

十二年癸酉，謇年二十一岁，仍在海门学署读书。五月，州奉学使札，礼部核准，饬学遵照注册。文到之日，距科试不一月矣。[1]

先是，十年冬岁试，彭侍郎以余文语孙太守："生文有初春气，可贵，须共保全之。[2]顾将移籍，为置第十一，可令生知此意。[3]"是年如皋学廪缺，售贸纷纷，友人黄毓琳名次在余后，愿助二百金买缺，谢焉。[4]至是归通州，科试列第七。明年试列第五，补增广生。[5]又二年丙子，年二十四，学使长乐林锡三侍讲学士天龄试第一，补廪膳生。[6]

凡归籍之事，本末崖略如是。是于颠苦情状，裁十之六七耳，中间人事起灭变幻，岂胜殚述？今距事定二十有四年，当时仇怨之端，亦既歇为冷风，荡为空波矣，何足一一撄我胸臆？排比而记之，以示后人，庶知门户忧患之遭，师友风义之笃，并不可弭忘。而乡里有类我者，毋更被愚。[7]抑愿胶庠之士，当明天理之是非，毋囿寻常鬼鬼璞璞不值一呋之谬俗也。[8]

《张謇全集》⑥第 320—329 页 · 原据《九录》

注释：

〔1〕科试：是省学政对生员作是否具有乡试资格，补廪生以及增广生、附学生升降考试。

〔2〕彭侍郎：彭久余。　孙太守：孙云锦。　初春气：指蓬勃向上有升腾发展的气息。

〔3〕置第十一：本可取前，为不被注目而后移。

〔4〕"廪缺"句：因为廪生缺额递补，增广生中纷纷以钱活动谋取。

〔5〕补增广生：原附学生，递升一级。

〔6〕林锡三：名天龄，锡三其字。同治、光绪年间翰林院侍读学士，同治皇帝的帝师之一。

〔7〕类我者：指"冷籍"士子。

〔8〕胶庠：周代学校名。胶为大学,庠为小学。　觊觎璪璪：
委委琐琐;鄙陋。　呿：张口呼吸之小事。

案：张謇的寄籍案与归籍风波是张謇早年的重要经历,因
此他如此认真撰写并多次修改《归籍记》,他在被系如皋期间写
了四首诗,对阅读《归籍记》与认知张謇都有帮助,因此附上,供
读者参考。

附 1：占籍被讼将之如皋[1]

丝麻经综更谁尤？大错从来铸六州。[2]
白日惊看魑魅走,灵氛不告蕙荪愁。[3]
高堂华发摧明镜,暑路凋颜送客舟。[4]
惆怅随身三尺剑,男儿今日有恩雠。[5]

注释：

〔1〕《归籍记》载同治十年,“四月二十九日,如皋学门斗(杂役)
夏堃,持学官初十日签传”,“限十日赴学面询,如果不受家教,以凭惩
儆。倘违,牒县会详学宪核办”。“五月初四日……乃乘梢篷小船,
只身携咸蛋四枚、饭焦一篮,走二百里,往谒杨(如皋学官)……”结
果在如皋“押至七月秒”,张父托人关说花“银元百余”,始得脱身。
诗即作于此时。此诗叙写对事件的反思、责任的追索、父母的忧

愁,特别表示出明辨是非、分清恩怨,誓作堂堂男儿的决心。诗人自此成熟许多。 占籍:犹寄籍。

〔2〕"丝麻"句:蔓生草菟丝缠绕麻杆是谁的过失?指自己无知寄籍与如皋张氏敲诈之双方。 经綜:指缠绕。 尤:过失。

大错:自悔轻信他人(指璞斋师)铸成大错。 铸六州:唐末,天雄节度使罗绍威为对付田承嗣,向朱温求援。朱率领军队将田承嗣党羽一网打尽。罗绍威因给朱温军需巨大,实力大为削弱。罗绍威因说:"合六州四十三县铁,不能为此错也"。成语"铸成大错"即出于此,因喻铸错之大。

〔3〕魑魅:本指鬼怪,常比作邪恶势力,指如皋张氏及昏官。

灵氛:《离骚》中古代占卜者。 蕙茝:香草,用以自比。灵氛指可能预见到冒籍麻烦后果而未能预先告诉张謇的人,应指宋璞斋。冒籍案发,如皋张氏勒索不止,张謇全家无力应付,曾多次恳请宋璞斋从中斡旋,而宋璞斋却"谢不能"。此或因宋氏影响力有限,但根因是张謇父子拒绝了宋璞斋将女儿给张謇,并"购房居通"的要求,因退学至海门狮山书院,宋氏焉能无怨?如皋张氏亦因张宋婚姻破裂而肆意敲诈。此句隐透出张謇对宋氏的埋怨。

〔4〕凋颜:父母送行时木然愁苦的颜面。

〔5〕此联表示张謇慷慨任事,明辨恩怨的男子汉气概。

附2：班子行⁽¹⁾（六解）

苦如皋学官与诸伧也。

一　解

山丛林莽道路窄,洞穴巉岩班子宅。[2]

当昼化人攫行客,行客何知? 彼簪而帻。[3]

二　解

钩爪锯牙,啖人如麻。

轩髯努目,摧人胆落。[4]

人走且稀班子饥,得人不择瘠与肥[5]。

三　解

痝痝封狐,狞狞伥鬼。[6]

鬼则有手狐有尾。[7]

四　解

班子不得人,狐鬼啼且嗔;

班子得人狐鬼驯。[8]

狐鬼蠢,尔敢如此? 班子之所使。

五　解

前者喂以肉,后者贸然递相续。[9]

天地苍茫闻野哭。

吁嗟! 自不慎非班子酷。[10]

六　解

偪偪仄仄,欲辟不得。[11]

既履其尾,何有于咥?[12]

君不见,

洞穴巉岩班子宅,山丛林莽道路窄。

注释：

〔1〕此寓言诗，通过老虎与为虎作伥者的阴谋诡计与横行无忌比喻自己在冒籍案中所受的冤屈与遭遇。　班子：虎的异称。《太平广记》卷四二八引唐戴孚《广异记·刘荐》："（山魈）遂于下树枝上立，呼班子。有顷，虎至。"指祸首如皋学官。　伧：粗俗鄙陋之人，指如皋学官的走卒，即诗中狐鬼。此歌行体。"一解""二解"为原有，"解"是古代音乐段落的名称，本置每章之尾，今移作标题状。

〔2〕山丛林莽：山岭绵延草木聚集之处。　巉岩：险峻的山岩。　班子宅：老虎窝。

〔3〕簪：束发插冠之物。　帻：头巾。此说老虎装扮成人，迷惑众人。

〔4〕轩髯、努目：犹吹胡子瞪眼睛。

〔5〕此句说老虎吃人不择肥瘦。

〔6〕尨尨（máng）：大貌。　封狐：大狐。《楚辞·离骚》："羿淫游以佚畋兮，又好射夫封狐。"王逸注："封狐，大狐也。"借指恶人。　狞狞伥鬼：狰狞的为虎作伥之鬼。

〔7〕鬼则有手：鬼手拆置。《世说新语·忿狷》载，王胡之往探王螭，有隙，胡之以手持螭臂。螭拨其手曰："冷如鬼手馨，强来捉人臂。""鬼手"与"狐尾"均指难久藏而最终暴露之物。

〔8〕整句说鬼与狐如何为虎作伥的，谓狐鬼之作为均老虎使之然。

〔9〕此句谓前后相续，长其欲壑。

〔10〕下句说自己不慎所致，养虎遗患。　酷：酒性猛烈，引申为能耐。

〔11〕偪偪仄仄：指环境逼迫狭窄貌。

〔12〕既履其尾，何有于咥：咥（dié），咬。《易·履》："履虎尾，不咬人。"此节意思是，既然身处偪仄难避的地位，不如履虎尾，不畏虎咬，与老虎拼斗。

附3：生日被留如皋寄叔兄[1]

菉葹未歇艾敷荣，开卷离骚感降生。[2]
敢以数钱憎姹女，尚防击鼓怒丞卿。[3]
刀从屈后销英气，桐到焦时有烈声。[4]
苦忆去年当此日，熏风披拂彩衣轻。[5]

注释：

〔1〕此诗与前二诗同时写，时被羁如皋。张謇生日是农历五月二十五日，事在同治十年。　叔兄：张謇同胞三兄张詧。诗歌由逆境抒怀，表现出对黑暗势力的鄙视与抗争、坚忍不屈的秉性，以及冷静处置的智慧。

〔2〕菉葹：《离骚》有"薋菉葹以盈室兮"句，王逸注为"恶草"。艾：艾萧、艾蒿，亦是味烈的恶草，端午应景之草。　敷荣：开花。唐许敬宗《掖庭山赋》："百卉敷荣，六合清朗。"此说恶草繁茂，用作起兴，喻自己当时恶劣的环境。　"开卷"句：《离骚》开首四句为"帝高阳之苗裔兮，朕皇考曰伯庸。摄提贞于孟陬兮，惟庚寅吾以降"。屈原说及自己的降生，诗人遇厄期间亦逢自己生日，故以

"开卷离骚感降生"作引。诗人端午节前一天离家,故云。

〔3〕此联之典源出《后汉书·志》第十三:"桓帝之初,京师童谣曰:'城上乌,尾毕逋。公为吏,子为徒。一徒死,百乘车。车班班,入河间。河间姹女工数钱,以钱为室金为堂。石上慊慊春黄粱。梁下有悬鼓,我欲击之丞卿怒。'"河间姹女,汉桓帝妃,灵帝母董氏。"工数钱",说其千方百计敛财。"梁下有悬鼓,我欲击之丞卿怒",谓灵帝在董太后蛊惑下也十分贪财,卖官鬻爵,正直之士击鼓控诉,但当权的"丞卿"害怕损害既得利益,不许人们发声。因此,此联说如皋的县学与当局,追究张謇的冒籍案不过是敲诈勒索钱财而已。　击鼓:旧时告状者击鼓鸣冤。　丞卿:此指胥吏。

〔4〕"桐到"句,《后汉书·蔡邕传》:"吴人有烧桐以爨者,邕闻火烈之声,知其良木,因请而裁为琴,果有美音。"此联以刀、桐比说自己:犹刀,折而不曲;犹桐,遇火发声,留而成琴,并喻有才。总说自己坚贞清白,死不瞑目,抗争到底。

〔5〕熏风:初夏时东南风。《吕氏春秋·有始》:"东南曰熏风。"此指和暖之风。　彩衣:相传春秋楚老莱子行年七十,犹着五彩衣,为婴儿戏以侍奉双亲。此忆往昔家中欢娱过节情景。

附4:乌尼篇[1](并序)

学宫银杏高四五丈,鹊巢夜半为他鸟所毁,群雏堕地,其声凄然。揽衣而起,作《乌尼篇》。

崇台起乔木,美荫敷旁枝。[2]

翘翘托其上,有鸟曰乌尼。[3]

乌尼自灵鹊,云昔昭王时。[4]

厥来自涂修,一雄复一雌。[5]

繁引讫炎汉,鼓翼鸣昌期。[6]

一鸣致太平,再鸣服四夷。

寂寞向千载,翛翛无人知。[7]

翩然奋双翮,却下天河湄。[8]

于焉一枝藉,拮据良云疲。[9]

营以众芳叶,厚以香涧泥。[10]

岂不耻幕燕,庶免讽梁鹨。[11]

他族信非类,欻然乘我危。[12]

群焉覆我巢,颠我方彀儿。[13]

中夜绕明月,喈喈鸣且悲。[14]

乌尼慎勿悲,破巢宁当稽。[15]

天壤极八表,意于东于西。[16]

君看在笯凤,何如舞镜鸡![17]

徐乃为《张謇诗编年校注》上册第31—35页

注释:

〔1〕此寓言诗。诗以远来的灵鹊招"非类"他鸟攻击而中夜绕月悲鸣来比喻自己的不幸遭遇。 乌尼,亦作乌泥,喜鹊。宋许颛《彦周诗话》:"记人作《七夕》诗,押'潘''尼'字,众人竞和,无成诗者。仆时不曾赋,后因读藏经,呼喜鹊为乌尼,乃知读书不厌多。"

〔2〕崇台:高台。 乔木:此指银杏树。 美荫:浓荫。《庄子·山木》:"睹一,蝉方得美荫而忘其身。" 敷:铺开、遮蔽。

〔3〕翘翘：高貌。

〔4〕"昭王"句，谓他本是如同燕昭王筑黄金台引来的，竟遭妒忌暗算。此自比灵鹊。

〔5〕厥：其，指灵鹊。　涂修：即修涂（途）。修，长远。

〔6〕繁引：指广泛征引古籍中喜鹊的象征意义。　炎汉：汉代遵火德，故为"炎汉"。《搜神记》中说，汉代张颢击破山鹊化成的圆石，得到颗金印，上面刻着"忠孝侯印"四个字，张颢把它献给皇帝，"藏之秘府"，后来张颢官至太尉。此句说，汉代已经确定灵鹊为吉祥灵物。　昌期：兴隆昌盛时期。《乐府诗集·郊庙歌辞七·周郊祀乐章》："高明祚德，永致昌期。"

〔7〕倏倏：同"悠悠"。

〔8〕翮：翅膀。　湄：水边，说灵鹊来自天河边。

〔9〕一枝：即指银杏树。　藉：借为筑巢的依托之地。隐指自己借籍如皋。

〔10〕此句说筑成完美之巢。

〔11〕幕燕：筑巢于幕上之燕。《左传·襄公二十九年》："夫子之在此也，犹燕之巢于幕上。"比喻处境危险之极。　梁鹈：《诗·曹风·候人》有"维鹈在梁，不濡其翼。彼其之子，不称其服"。鹈鹕是捉鱼的水鸟，却栖止梁坝之上。此句大意说，燕子筑巢于帷幕，不知其危，自以为安，当以为耻；鹈鹕当入水捕鱼，却栖止于梁坝，心有何安？整联说灵鹊的感受。

〔12〕他族、非类：其他妒忌构陷的禽鸟。　欻然：突然之间。

〔13〕彀儿：才破壳的幼鸟。

〔14〕唶唶：灵鹊悲鸣之声。

〔15〕此说此处破巢，已非留恋之处。

〔16〕此句说，天上地下，四面八方，东西南北尽皆可去之处。

〔17〕筊：鸟笼。《楚辞·怀沙》有"凤皇在筊兮"。　舞镜鸡：南朝刘敬叔著《异苑》："山鸡爱其毛羽，映水则舞。魏武时，南方献之，帝欲其鸣舞而无由。公子苍舒令置大镜其前，鸡鉴形而舞，不知止。"这里自喻为"在筊之凤"，愿作自由的山鸡。

乡 试 亲 供[1]

　　张謇：原名育才，字树人；今字季直，号处默；行四。咸丰癸丑年五月二十五日吉时生。江苏通州廪膳生，民籍。[2]

　　迁通始祖：建（世居常熟，避元季之乱，遂家于通州）。

　　高高祖：德卿。

　　高高祖母氏：顾。

　　高祖：元臣。

　　高祖母氏：秦。

　　曾祖：文奎。

　　曾祖母氏：姚。

　　祖：朝彦。

　　祖母氏：吴。

　　父：彭年（字润之，号又钱）。[3]

　　母氏：葛、金。

　　具庆下。[4]

　　叔高祖：元相（早世）。

　　伯祖：朝选、朝余（早世）。

　　堂伯：绳成。

　　胞叔：彭庚、彭寿。

从堂兄：其庭、其勤。

嫡堂弟：其彬。

胞兄：誉、蕃(殇)、謇。 弟：警。

从堂侄：祖续。

堂侄：祖佩。

胞侄：承祖、慰祖、德祖、亮祖。

妻：徐氏。[5]

子：怡祖。[6]

女：一。

受业、受知师(谨以先后恭注)：[7]

庭训。[8]

邱畏之夫子，讳大璋。[9]

施梓亭夫子，讳锦标。

宋蓬山太夫子，讳效祁。[10]

宋璞斋夫子，印琛。

宋紫卿夫子，印琳。

赵菊泉夫子，印彭渊。[11]

徐石渔夫子，印云锦。[12]

王菘畦夫子，印汝骐。[13]

孙子福夫子，讳寿祺。[14]

屠晋卿夫子，讳楷。[15]

孙海岑夫子，印云锦。[16]

王子骞夫子，印治罩。[17]

张篴帆夫子，印锦瑞。[18]

李小湖夫子，讳联琇。[19]

薛慰农年伯夫子，印时雨。[20]

杨黼臣夫子，印黻荣。[21]

张廉卿夫子，印裕钊。[22]

梁小曙夫子，印悦馨。[23]

童薇研夫子，印华。[24]

彭味之夫子，印久余。[25]

吴筱轩夫子，印长庆。[26]

肄业师：[27]

李雨亭夫子，印宗羲。[28]

梅小岩夫子，印启照。[29]

勒少仲夫子，印方锜。[30]

蒋鹤庄夫子，印启勋。[31]

学师：[32]

李研樵夫子，印毓芬。[33]

王时钦夫子，讳亮工。

己卯科优贡第一名。[34]

朝考　第　等，第　名。

钦用。

家世单寒，本支凋寂，繁载远族，虑有遗漏，攀引为荣，亦无取焉。

世居通州金沙场，后迁西亭场，侨居海门常乐镇。

据《清代朱卷集成》第 371 册第 29—34 页

注释：

〔1〕此及下一份文献，是校注者从上海图书馆《清代朱卷集成》中复印所得。前一份见第 371 册第 29 页，后一份见第 117 册第 385 页。（成文出版社，1992 年）题目"乡试亲供"为校注者所拟。张謇在《归籍记》中屡屡提到的"亲供"即此。亲供，是士子科举考试所亲自填写的履历。《官场现形记》第二回："赵家中举开贺，一连忙了几天，便有本学老师叫门斗传话下来，叫赵温即日赴省，填写亲供。"此两份亲供是填在"行卷"上的。科举时代的习尚，应举者在考试前把所作诗文写成卷轴，投送朝中显贵以延誉，称为行卷。明清时所刻是科试中式的诗文。此第一份是中了优贡生第一名以后刻的应制文，为乡试作舆论准备。下一篇是考中举人的应制文，为会试作舆论准备的。第一份应当写于光绪己卯（1879）年优贡生试获第一名之稍后；第二份应当写于光绪乙酉（1885）年顺天乡试中南元之稍后。

〔2〕原名育才：见上文《归籍记》，是考中生员时的名字。处默：此号使用场合极少。　廪膳生：见《归籍记》第一部分注〔10〕。　民籍：清代将不属军、商、灶籍的各色人编入民籍。

〔3〕铿(jiān)：铿铿，人名，即彭祖。张父名彭年，故用此号。

〔4〕具庆下：亲供须填之三代中祖、父存殁情状，其中父母俱存即"具庆下"。《二程遗书》卷六："人无父母，生日当倍悲痛，更安忍置酒张乐以为乐？若具庆者可矣。"

〔5〕徐氏：名端，字蓓宜。张謇原配夫人，张孝若（怡祖）的嫡母。

〔6〕子：怡祖。其时尚未出生，张父彭年令张謇预填，谓可招子。后张妾吴氏所生。

〔7〕受业师：指传道授业解惑之师。　受知师：受到知遇之恩

的人,譬如籍贯所在的知县、知州、知府、省学政等俱属受知师。

〔8〕庭训:《论语·季氏》记孔子在庭,其子伯鱼趋而过之,孔子教以学《诗》《礼》。后称父教为庭训。

〔9〕邱畏之、施梓亭:张謇的启蒙老师,任邻居私塾,施氏提到很少,謇幼时所附学。 讳:指已故尊长者之名,也用于敬称生者的名字。此两份亲供中,第一份中"赵菊泉"称"印",其时健在;第二份称"讳",其时已死。可见,张謇"讳"字是用以敬称已故之师。印:即印章。死人不用印章。这里是名之意,用以相对"讳"的区别用语。

〔10〕宋蓬山、宋璞斋、宋紫卿:宋蓬山是张謇家请到家中的塾师。宋璞斋是宋蓬山之子,宋紫卿是宋蓬山之侄。张謇说到他与璞斋、紫卿的师生关系时说:"先生(蓬山)既殁,余从紫卿师于西亭塾,而问业于璞斋师。"(《归籍记》)"先君命至西亭,从宋紫卿先生(琳)读,宿膳其家。先生,蓬山先生之从子也。……仍从学于西亭,间从璞斋先生问业。"(《自订年谱》)因此,紫卿是"受业师",是主要老师;而宋璞斋是"问业师",次于受业师。但两份亲供均置璞斋于前,因璞斋曾是张謇的准岳父。 太夫子:老师的老师。

〔11〕赵菊泉(1806—1882):赵彭渊,字养怡,号菊泉,无锡人。道光十一年,以无锡全县第一考取秀才,二十九年中举。为人正直,学识渊博,以教学认真而受人敬重。清同治年间,在海门任学署训导。

〔12〕徐石渔:与徐夫人同族,是张謇问业师。

〔13〕王菘畦:名汝骐,菘畦其字,太仓人,是海门师山书院山长。

〔14〕孙子福(1812—1875):寿祺其名,江苏太仓人。字锡祉,号子福、侣梅。道光进士。授刑部主事、柳州知府。师山书院山长。

〔15〕屠晋卿：曾国藩幕宾，曾任海门同知，曾拟招张謇为记室。在张謇"冒籍案"中声援张謇。光绪元年逝世，因用"讳"。

〔16〕孙海岑(1821—1892)：即孙云锦，安徽桐城人。湘军部将，历任通州知州、省发审局主官(张謇任其幕宾)、江宁太守、开封太守等。

〔17〕王子勇(敷)：张謇"冒籍案"时，是通州"厘捐总办"(财税官)，早年曾是曾国藩幕宾，《张謇诗集》中张与之有唱和诗。

〔18〕张篷帆：张謇日记中两次提及，一次称"刺史"，一次称"直刺"，曾是通州知州。

〔19〕李小湖(1820—1878)：李联琇，清代诗人、学者，为李宗瀚之子。江西省临川人，道光二十五年中进士，咸丰二年大考第一，擢侍读学士，充会试同考官，署国子监祭酒，擢大理寺正卿，调江苏学政，任满，乞病居通州数年。致仕后主讲钟山、惜阴二书院，请业者云至。曾国藩多次举荐他，他则一心教学和著述，坚辞不出。

〔20〕薛慰农(1818—1885)：时雨其名，安徽全椒人。咸丰三年进士，参李鸿章军幕，晚清著名词家。去官后主讲杭州崇文书院、江宁尊经书院、惜阴书院等，门生甚众。 年伯：科举时代对父亲同年登科者的尊称，后亦用以称同年的父亲或伯叔，后则泛指父辈。此处当是"同年的父亲"。《诗录》中张謇称薛之子为"同年"。张薛两家似认过亲戚。

〔21〕杨蘸臣：张謇《自订年谱》光绪二年中有"孙先生(云锦)赴河运差将行，延怀远(安徽)杨蘸臣先生畟荣课东甫(孙云锦儿子)兄弟，先生长制艺，余因亦从之问业。"这就是两人的师生关系。杨是光绪二年的江南乡试解元。

〔22〕张廉卿(1823—1894)：裕钊其名，湖北鄂州人，晚清官

员、散文家、书法家。道光二十六年中举,考授内阁中书。后入曾国藩幕府,为"曾门四弟子"之一,被曾国藩推许为可期有成者。曾主讲江宁、湖北、直隶、陕西各书院,培养学生甚众,有得通州三生(张謇、范当世、朱铭盘)后事有继之说。

〔23〕梁小曙:悦馨其名,安徽合肥人,进士,曾两任通州知州。东渐书院创始人,紫琅书院重建者。江苏学政。

〔24〕童薇研(1818—1889):童华,字惟兖,号薇研,浙江鄞县人,道光进士。官至吏部右侍郎、左都御史,曾任光绪帝老师。江苏学政。

〔25〕彭味之:彭久余:进士曾任礼部侍郎。江苏学政。

〔26〕吴筱轩(1829—1884):吴长庆,字家善,号筱轩,安徽庐江人,清末淮军名将。张謇的第二个幕主(第一个是孙云锦)。张謇曾随其进京,又随其赴朝平乱,对张謇的影响至大。

〔27〕肄业师:区别于受业师,指修习课业中得到指导帮助的老师。

〔28〕李雨亭(1818—1884):宗羲其名,清代四川开县汉丰镇人,道光进士,同治四年任两淮盐运使,旋升安徽按察使,迁江宁布政使。同治十二年,补两江总督。

〔29〕梅少岩(1826—1894):启照其名,江西省南昌人。梅启照是中国近代洋务派著名人物,清末中兴名臣,与曾国藩、左宗棠、李鸿章等同列为清末同光(同治、光绪)十八名臣。

〔30〕勒少仲(1816—1880):勒方锜,江西南昌人。清代词人、书法家。翰林学士,历任江苏按察史、江苏巡抚等。

〔31〕蒋鹤庄:字启勋,湖北安陆府竟陵人。咸丰十年进士,授吏部主事,出任镇江、苏州知府等,蒋启勋家共出了五位翰林:自蒋

启勋曾祖父蒋祥墀起,依次为蒋立镛、蒋元溥、蒋启勋、蒋传燮,分别为清代乾隆、嘉庆、道光、咸丰、光绪年间的五代进士,并两登鼎甲,即继蒋立镛中状元之后,蒋元溥于道光十三年中探花。

〔32〕学师:此处称府、州、县学学官。

〔33〕李研樵、王时钦:应当是南通州府学的学官。

〔34〕优贡:清制,每三年各省学政于府、州、县在学生员中选拔文行俱优者,与督抚会考核定数名,贡入京师国子监,称为优贡生。

会 试 亲 供 [1]

张謇：字季直，一字处默；行四。咸丰癸丑年五月二十五日吉时生。江苏通州廪膳生，民籍。

迁通始祖：建（世居常熟，避元季之乱，遂家于通州）。

高高祖：德卿（自字以降，世以农为业）。

高高祖母氏：顾。

高祖：元臣。

高祖母氏：秦。

曾祖：文奎。

曾祖母氏：姚。

祖：朝彦。

祖母氏：吴。

父：彭年（字润之）。

母氏：葛、金。

严侍下。[2]

叔高祖元相（早世）

伯祖：朝选、朝余（早世）

堂伯：绳成。

胞叔：彭庚、彭寿。

从堂兄：其庭、其勤。

嫡堂弟：其彬。

胞兄：誊(字伯几)、謷(殇)、謇(字叔俨)。弟：警(字觉初)。

从堂侄：祖续。

堂侄：祖佩；祖俪。

侄：承祖、慰祖、德祖、念祖、亮祖、仁祖、怀祖。

妻：徐氏；妾：陈氏。

子：怡祖

女：一

庭训。

受知、受业、肄业师(谨以先后恭注)：

邱畏之夫子，讳大璋。

施梓亭夫子，讳锦标。

宋蓬山太夫子，讳效祁。

宋璞斋夫子，印琛。

宋紫卿夫子，印琳。

赵菊泉夫子，讳彭渊。

徐石渔夫子，印云锦。

王菘畦夫子，印汝骐。

孙子福夫子，讳寿祺。

屠晋卿夫子，讳楷。

孙海岑夫子，印云锦。

王子骞夫子，印治罩。

张篷帆夫子，印锦瑞。

李小湖夫子，讳联琇。

薛慰农年伯夫子，讳时雨。

杨黼臣夫子，讳毓荣。

张廉卿夫子，印裕钊。

梁小曙夫子，印悦馨。

童薇研夫子，印华。

彭味之夫子，印久余。

林锡三夫子，讳天龄。[3]

吴筱轩夫子，谥壮武。

李雨亭夫子，讳宗羲。

梅小岩夫子，印启照。

勒少仲夫子，印方锜。

蒋鹤庄夫子，印启勋。

夏子松夫子，讳同善。[4]

沈幼丹夫子，谥文肃。[5]

盛伯希夫子，印昱。[6]

李苾园夫子，印端棻。[7]

沈仲复夫子，印秉成。[8]

乌少云夫子，印拉布。[9]

己卯科优贡第一名（未经朝考）。

乙酉科乡试中式第二名；复试一等第二十六名。[10]

会试中式第　名；

复试　等第　名。

殿试第　甲第　名。

朝考第　等第　名。

钦点

族繁只载本支。亲属世居通州金沙场,后迁西亭场,侨居海门常乐镇。

据《清代朱卷集成》第 117 册第 385—390 页

注释:

〔1〕解题见上一份。此份亲供与上一份大同小异,可比照研读。后面多了几位"受知师"。

〔2〕严侍下:参上一篇注〔4〕"具庆下"条,父存而母殁,为"严侍下"。其时,嫡母葛氏、生母金氏均已亡故。

〔3〕林锡三(1830—1878):天龄其名,福建长乐人,又字受恒,谥文恭。清同治、光绪年间翰林院侍读学士,逝于江苏学政任上。

〔4〕夏同善(1831—1880):字舜乐,号子松,杭州人,咸丰六年进士,散馆授编修。善写文章,时人誉谓"在曾(国藩)、左(宗棠)之上"。同治十年任兵部右侍郎。光绪元年,与内阁学士翁同龢直毓庆宫授读。曾任江苏学官,极器重张謇,张謇优贡生第一(贡元)即其任上所取。

〔5〕沈幼丹(1820—1879):葆桢其名,今福建福州人。 晚清重臣,政治家、军事家、外交家。林则徐之婿。曾任两江总督兼南洋大臣等。两江总督任上,与巡抚吴元炳、学政夏同善主持优贡生试,取张謇第一名。其亦极器重张謇,逝世前,托人要张謇写纪念他的文章,张謇果然写了。 谥:古代帝王、贵族、大臣、士大夫或其他有地位的人死后,据其生前业迹评定的带有褒贬意义的称号。按,林、夏、沈三位,均任职于张謇生员时,倒是真正的师生关系,但上表不能填,在避讳之列。而会试,此已是"过去式",可填。

〔6〕盛伯希(1850—1899)：昱其名，号韵莳、意园，肃武亲王豪格七世孙。盛昱少慧，宗室闻名。光绪二年进士，授编修、文渊阁校理、国子监祭酒。盛昱在国子监祭酒任，张謇赴京乡试，盛昱取其报到试第一，后取中南元。是极器重张謇的朝廷官员，与张謇在师友之间。

〔7〕李苾园(1833—1907)：端棻其名，贵州贵阳人，清朝著名政治家、改革家、教育家。同治元年，应顺天乡试中举，次年会试中进士。历任监察御史、刑部左侍郎、仓场总督、礼部尚书。第一个疏请设立京师大学堂(北京大学前身)。举荐康有为、梁启超，支持戊戌变法。是张謇顺天乡试的考官。

〔8〕沈仲复(1823—1895)：秉成其名，浙江归安人，咸丰六年进士，授编修，迁侍讲，充武英殿总纂，文渊阁校理等，升苏淞太道，河南、四川按察使，广西、安徽巡抚，任两江总督等要职，有政声。

〔9〕乌少云(1843—1891)：富察·乌拉布其姓名，满洲镶黄旗人。咸丰十一年辛酉顺天乡试举人。同治十三年进士。光绪三年升翰林院侍讲。四年以翰林院侍讲充文渊阁校理。五年改翰林院侍读。充日讲起居注官、武英殿协修。

〔10〕乡试中式第二名：张謇作为通州籍的生员本在江宁参加乡试，但五次落榜。因其是优贡生而有国子监监生资格，所以借当年孙云锦任江宁知府、学生避忌之理由，参加"北直隶顺天"乡试。解元理当"北直隶"原籍，因此屈居"第二名"，俗称"南元"。

二、关于张謇父亲

疇昔是州今是縣

江淮之委海之端

述　　训[1]

清光绪二十六年（1900）后

先曾祖瞿园公耕于金沙东乡，故有资业，卒时，先祖西亭公方九岁。[2]先伯祖不治生计，时时挟资出游，不为先曾祖母姚夫人所爱。[3]姚夫人有所蓄，意待先祖长大有室而后予之。既先祖方在塾，姚夫人猝病，召回，口噤不能语，遂卒，时嘉庆九年二月二十八日也。先伯祖外出终不返。先祖姑适邱氏，居相近，先祖倚焉。[4]先祖姑疑弟尽有母蓄，令从子邱某诱先祖为最易晓之博，曰十张麻雀。[5]先祖每赌辄负，货产以偿，不两岁而产尽。先祖行三，乡人嘲曰："张三麻雀输不足，今年卖田，明年卖屋。"后宅鬻于瞿。道光二十九年春，瞿得姚夫人窖银于灶下，银实以坛，上盖散钱，凡两坛，瞿顿富。时先祖已迁西亭，瞿邻以告，先祖曰："是各有命，银未必有张氏识也，我守穷而已。"卒不一言。

乡里老者相传，瞿氏购我祖田宅极贱。田故有先高祖、曾祖墓，瞿氏环兆域侵削日甚。[6]光绪七年十一月，訾索观瞿契，则嘉庆十一年九月瞿宏余所卖，价七十三卦（八百为一卦）。[7]又道光九年十一月宏余与子学忠补价字一纸，非先祖名也，纸色鲜新，钤金沙城隍印。[8]訾于二契，各署押以识之。[9]

先祖性介，虽贫不受人馈遗。初由金沙迁西亭时，子女繁盛,岁获常不给。一日,邻媪李见先祖妣溲米少之,举斗米相益。[10]先祖知之,节啬两月还焉,戒先君勿忘媪。[11]媪子死,先君岁饷斗米终其身。[12]

先祖行三。謇年十四至十八读书西亭时,从故老访先祖言行,多不能举,举亦无首尾,唯言张三老爹是真好人,不欠租,不宿债,受人欺侮不计较,则无异词。

注释:

〔1〕述训:上海辞书出版社《张謇全集》有以下注:"《九录》作光绪二十年,然文内有'光绪二十六年八月'云云,则必为此后所成。"此注不够准确。在张謇光绪六年二月初四的《日记》有"奉父命作《述训》(按,文中还记光绪七年事)"。由此可知:一、《述训》是奉父命所作;二、是陆续记载成篇。查《四库全书》,偶有"述训"一词,均指祖辈或圣贤对后人的训诫之词。本文之初,是转述父亲关于祖辈的传承与事历;稍后则是父亲的经历、为人、事迹,是此文的主干。

〔2〕瞿园公:据《张氏常乐支谱》名张文奎,"瞿园公"盖取地名,该地瞿氏是大家望族。 先祖:此指亡故的祖父张朝彦。"西亭公"亦取自西亭地名,其是西亭之始迁者。

〔3〕先伯祖:祖父之兄。

〔4〕祖姑:祖父之姐。 倚焉:倚靠于她。

〔5〕易晓之博:易学的赌博。 十张麻雀:清代碰和纸牌中的一种赌博名式。

〔6〕兆域:墓地四周的疆界,亦以称墓地。 侵削:过界侵蚀。

〔7〕詧:謇三兄张詧。 卖:当为买。 契:卖田宅的契约。七十三卦:合五十八两银子四钱。

〔8〕"又道光"句,谓还有一张补价字据。所含意思为:当年是"活契",卖方可加息赎回。今有补价字据,指续为"死契",不能赎回。而说非先祖名云云,指此据伪造。 城隍印:指双方并未惊动官府与中保,仅到城隍庙盖城隍之印,以示神灵可鉴。请中保也需开销。

〔9〕二契:原契与补价契。 各署押:双方在文书上签名,另誊一份,使各执一份。

〔10〕祖妣:祖母。 溲米:此指淘米。 相益:赠与。

〔11〕先君:亡父张彭年。

〔12〕媪子死:谓无子赡养。

先君初至长乐镇侍先曾外祖父母,岁频歉。[1]适瞿氏长姑,一日饷米二斗,先君受之,曰:"妹恤兄嫂,义也。[2]然有翁姑,不当以私财济人。"[3]逾年倍还。先君幼慧,喜读书,极为塾师静海丁先生(遗其名,诸生)所爱,而先祖恒督之治田。间逃至学,先祖必怒责曰:"家贫口多,不耕胡食?父暴中田,而子坐清凉之屋,可乎?"丁先生为请,乃定半日读书,半日耕田,读竟《诗经》、能属七言对即止。

道光二十八、二十九、三十年,连岁大祲。[4]先君贷资,附舟至上海,转商于宁波。[5]出吴淞,见舱尾有妇人,口操海门音,问之故有夫,为人掠卖转鬻去宁,悔且泣。鬻人亦在舟,质之值二十余金。[6]既至宁,则予鬻人值,寄妇某所。事已,挈之返,归于其夫。时其夫闻人言妇出吴淞,与先君同舟,疑信旁皇,谋构讼,至是释焉,而控前掠卖人。[7]其戚族集资归妇值,先君谢曰:"若此非吾志。"[8]卒不受。

咸丰三年大旱蝗,斗米千钱。四年春,斗米值钱二三百,无可得米,剥蚕豆和麦屑而食。[9]门临大路,殣人相望。有乞食者,先君与先姊金夫人自减以给之,裁得半饱,曰:"救一人是一人,救一刻是一刻。"自后凡临食有丐者,必与一碗。训訚、謇等曰:"汝曹知饥人闻饭气之香乎?我半饱时尚食人,子孙但有饭吃不可吝。"

注释:

〔1〕"先君"句:先祖本入赘先外曾祖吴氏,后先祖迁西亭,先外曾祖迁海门长乐镇。而父亲张彭年迁家继承先曾外祖父母家产,因有"侍"之说。

〔2〕长姑:张謇的大姑妈,父亲的大妹妹。因下文有"妹恤兄嫂"一句。

〔3〕翁姑:瞿氏长姑的公婆。 不当以私财济人:此说作儿媳该持之礼。

〔4〕祲:日旁云气。古时迷信,认为此由阴阳二气相互作用而发生,能预示吉凶。常指妖气,不祥之气。此指灾害。

〔5〕"贷资"句:此说借贷后出外做生意。

〔6〕鬻人:买下又拟转卖者。 质之值:问价钱。目的是赎其身带回海门老家,详下。

〔7〕"时其夫"句:谓当时传言张父诱拐妇人外逸,其夫谋构讼张父。

〔8〕先君谢曰:"谢",是辞却,此所辞当指归还赎金"二十余金"外的谢礼。因前文说此行本是"贷资"而做生意,岂可轻掷二十余金? 吾志:指救人而谋谢礼。

〔9〕斗米千钱、斗米值钱二三百:查《张氏常乐支谱》原稿同;

唯后"斗"，当是"升"，两字形似而误。据之常识，当年灾，次年春时（夏熟前），粮价最贵。　麦屑：麦麸。

　　先祖尝负李氏债，未几卒，李某恃族强，恶声勒偿。先君忿然曰："子应还父债，然不能受轻蔑。"邀约戚友，明定偿期，质贷而归之。[1]归之日，数而责可市，李族与市人环笪而听。后十余年先君馆宋蓬山先生于家，李欲令子附学，浼人探可否；[2]先君曰："前隙既返之矣，渠子从师读书，是另一事，奚校。"

　　通俗，凡鬻宅于人，迁让时必留其灶神之主及妇女溺器，索迁移费。[3]道光二十七年，先二叔以细故误伤佣工致命，先祖、先君倾家营救，借田主周氏钱，后不能偿，以宅归之。迁之日，周氏馈钱，使无留物。[4]先君却之曰："我自迁徙，何与渠事，且安知将来宅不复归我？"[5]先祖卒后，先三叔尝奉先祖妣向周补宅价，后宅复归我，先君如所补数还之。[6]今退据犹存。

　　西亭旧宅，先祖以道光二十六年营造。二十八年贷周氏钱，二十九年、三十年无息，咸丰元年，以宅归周。同治九年，先君贷戚任氏钱赎还。[7]十年，使詧、謇任任债，俾伯兄、五弟析爨居焉。[8]光绪十五年，伯兄、五弟复鬻于宋氏，宋得之尽改旧观，前后不五十年。先君尝语詧、謇："凡事成败，凡物去来，皆若有命。事安能保其终不败，志士图成而已。"

　　先祖墓在西亭河西三总桥，近二十年内，形家推为吉壤。[9]地为先三叔所卜，价则先君任之。[10]临葬，墓邻以风水阻挠捍围，理释亦叔之力为多。[11]每上冢时，先君指穸穴处示詧、謇曰："他日三叔位此。"[12]

注释：

〔1〕"邀约"句：说向亲友借资而偿李氏债。偿期、质贷均对亲友而言。 之：李氏。

〔2〕浼：托他人问询、央求。元无名氏《百花亭》第二折："我特特央浼你通个信去，与他知道。"

〔3〕溺器：马桶。民俗忌讳马桶，谓碍人风水时运，故作索要迁费之筹码。灶神当同于此。

〔4〕先二叔：张彭庚。 田主：其先祖所租的地主。 归之：指抵押。 馈钱：指另加部分。 使无留物：即指灶神主与马桶。

〔5〕渠事：别的事；他人之事。

〔6〕向周补宅价：即赎宅之钱。 我：指"我们张家"。

〔7〕戚任氏：亲戚任氏。据《西亭张氏支谱》，张謇大姐适任氏，当是张彭年亲家。

〔8〕謇、謇任任债：张彭年把任家的债分与謇、謇。按，謇、謇是金氏母生的同胞。张謇的冒籍案花了不少钱，葛氏母生的伯兄、五弟显然有意见。因此分家分债。 析爨：即分家。伯兄、五弟就住回西亭。

〔9〕形家：旧时以相度地形吉凶，为人选择宅基、墓地为业的人，也称堪舆家。 吉壤：旧指风水好的坟地。

〔10〕三叔所卜：三叔请形家选取墓地的。卜，古人用火灼龟甲，根据裂纹来预测吉凶，叫卜。后泛称用各种形式（如用铜钱、牙牌等）预测吉凶。

〔11〕"墓邻"句：民间因宅、墓关碍邻居风水，常造成纷争。捍圉：通"捍御"。 理释：此指据理解释，削除纷争。

〔12〕"每上冢"句：是说将好的穴位给三叔。 穆穴：昭穆次

序之穴。昭穆，古代宗法制度，宗庙或宗庙中神主的排列次序，始祖居中，以下父子（祖、父）递为昭穆，左为昭，右为穆。

謇兄弟蒙塾师海门邱先生，先君初至长乐时所识。居近而交亲，謇兄弟修金视他儿逾倍，邱先生倚之，虑謇兄弟他适。[1]先君曰："我子十岁后若能读书，当自延师，若不能，不他适。"[2]馆课故轻，謇十一岁止读《诗经》，试对四字，尚不晓平仄。[3]先君见謇以"日悬天上"对"月沈水底"，剧喜；明年甲子，乃延宋蓬山先生授謇兄弟读，而礼厚邱先生无间。[4]

謇兄弟十二三时，夏日，师不在塾，舍书而嬉。先君命各荷锄，导之田间削草（通州谓芸草曰削，海门曰脱）。日暴背膊如炙，面赤而痛。晚归，先君曰："读书、削草孰苦？"乃请终读。曰："然则以父之苦，供儿之乐也。而惰而嬉，何以为子？"

弟警不喜读书，先君督责良苦。一日语謇曰："他日必为汝累。汝知天下父母之常情乎？爱少子亦爱了子（通海人谓不长进为了）。"[5]

先君种田，麦豆之行，必使纵横相直，田四周薙草必洁，种树木亦然。[6]佣不如法，必移正之，不厌其数。乡人语曰："张家种树，一回不住。"先君闻之亦笑。

先君始所居瓦屋五间、草屋三间耳，栖佣峙物庖湢咸在，早晚粪除，必整必洁。[7]曰："屋止此，若散漫垢秽，人将安容？"后有兴作，凡木石砖瓦，一一度其修短厚薄之尺寸而豫计之，无有差忒。临时，必使謇兄弟杂作小工，而于砌墙每层将合时，尤令注意于需砖之度，相其修短厚薄，检以界工，曰"工屡觅砖，或断砖不合，则耗时而费料"，亦以是练儿童之视力。至他人家，亦视其营造之合否而教之。以是謇兄弟于土木建作计划，稍稍有知识。

注释：

〔1〕逾倍：超过一倍。此指张家有兄弟几个在读，故有倍之说。　倚之：倚仗张家孩子的修金。　他适：上别的私塾。

〔2〕若能读书：指能走科举之路。　延师：自家设馆请塾师。

〔3〕馆课故轻：教育进度有意放慢，不使"他适"。　平仄：对联（格律诗）句间有平仄粘对关系。下引"日悬天上""月沈水底"即不合平仄。

〔4〕明年甲子：是同治三年，謇十二岁。盖甲子是六十甲子的起始年，希望孩子的科举与前程有递进的开始。　无间：指年节的礼遇没有差别。

〔5〕少子：小儿子，即张謇。　了子："了"有不任事而挥霍钱财的意思。

〔6〕薙草：除草。

〔7〕栖佣：佣人宿舍。　峙物：堆藏杂物。　庖：厨房。湢：浴室。　粪除：打扫；清除。

江南各州县失陷时，辟难海门之人极夥，有以缓急告者，先君必周恤之。[1]江宁葛某死，子女相继，一子方幼，其妻痛不欲生。先君谋聘其死女，配前卒仲兄以安之。[2]其子长，学缝人，艺成乃资之归。

自先祖于业田外兼货瓷，故为荷瓷行鬻之人尝十余辈，终先祖、先君之世，其无家可归而死为之殡者五十余人。[3]先君曰："祀终我之身，汝曹他日每节焚冥镪一包足矣。"[4]

方謇兄弟出痘时，邻范姓子亦出痘。[5]范故极贫，先君延痘医兼令诊范子。越旬余，访知范子痘痂结而缺调养，先君以一棉褥付佣质钱四百资范。[6]此事謇兄弟绝不知，闻之当日质棉褥之佣周裕生云（光绪二十六年八月，周来语及之。周时年八十一岁）。

先君乘小车，逢桥必下，过辄行数十步然后坐。[7]语謇兄弟曰："非独慎万一之倾跌，亦自习劳而舒车夫之力，使不疲苦。"[8]

废铜旧铁，竹梢木段，但稍成用者，长短方圆厚薄必以类储。其大者簿记其尺寸，遇有造作，按簿取资，无枉费，亦无寻觅之劳。

性爱书籍。自謇兄弟十岁后，即稍购备。恒自检其阙叶脱字，修缀写补，虽不完全之书，亦修整之。六十后，春秋以是为课。平日见盈尺之线，成寸之纸，辄储之以待用。修缉之日，几唯一研一墨一笔一锥一篾一糊器，旁一烘炉，非三餐及溲便，不离坐起立。客至，口语酬答而修缉不废。

注释：

〔1〕江南各州县失陷：指太平天国运动席卷江南。　缓急：复词偏义，偏于"急"，谓急难。

〔2〕此句说，聘其死女作此前溺死的老二张謇的妻子，此谓阴亲。

〔3〕荷瓷行鬻：挑着瓷器下乡叫卖。　"终先祖"句，谓为祖、父几代的此类佣工中丧葬的有五十余人。此说父亲的善举。

〔4〕"先君曰"句：是嘱咐儿子，在我死后逢节祭祀时，你们要给他们带上一包纸钱。　冥镪：冥币。镪，成串的钱，银锭。　足矣：说先君的心愿。

〔5〕出痘：出天花。

〔6〕下文说不让同病儿子知，尚有以下意味：出天花是极危险

之病,此种资助具有盼因果报应为自己孩子消灾之意。

〔7〕小车:即木制独轮车。　逢桥:当时河间木桥甚窄且破,行车有险。

〔8〕句义谓体恤车夫之劳。

晚岁喜看阴阳形家之书,亦喜究徐氏《农政全书》,暇与先三叔谈以为乐。[1]叔请田二十亩,依法试行,字规句摹,费重而收不逮,家人咸笑。[2]先君语謇:"汝叔不审土性,而泥守成法,不能取效,坐是为人诟病。然古人不为著书欺人之事,时未至,虽躬行者且自惶惑,何论旁观。[3]审观天下大势,非农商不能自立,汝曹志之。"

初,止有海门之田二十余亩,岁获不足于用,而治之甚劳;謇兄弟请界佃而征其租。先君戒曰:"子弟非躬亲田间耕刈之事,不能知稼穑之艰难。汝曹日后无论穷通,必须有自治之田。世人言田为富之终而累之始,未尝无理,而非吾田家之言也。"

先君六十后,以家事付謇,而日为乡里排难释纷,日不足则继以夜。坐上常满,遇食即食。[4]先君为之疏析本末,别白是非,必两家告者意释而后已,不得已则出资以解之,由是诉者益众。家人厌苦供应,[5]先君曰:"毋然。穷人有屈抑,欲诉于能为解释之人,既自惭形秽而畏人嗔,复慑于众口而不能尽意,偶不申而归,妻子亦丧气,汝祖一生处此境。[6]今及我之未衰,以口舌保乡里和平,亦安心之事也。唯子孙不晓事者,万不可学。"[7]

《张謇全集》⑥第284—288页·原据《九录》

注释:

〔1〕阴阳形家之书:即堪舆卜卦的书籍。　徐氏《农政全书》:

徐光启的《农政全书》。

〔2〕依法：以《农政全书》的"理论"。 字规句摹：机械依照该书的教条种地。

〔3〕"时未至"句：若时机未到，即使亲身实践的人尚且没有把握，何况旁人？

〔4〕遇食即食：逢吃饭时刻，提供饭食。

〔5〕厌苦供应：以难以供应饭食而厌烦。

〔6〕畏人嗔：怕人责骂。 慑于众口：为人众舆论震慑而不能尽意。 不申：不能申说。 妻子：妻与子。

〔7〕唯：只是。 "子孙不晓事"句：整句意谓，若子孙不明事理，就千万不要学着去评长论短，达不到息事宁人的作用。

哀　启[1]

清光绪二十年(1894)

先严禀赋素强，年七八岁时，先大父以兼祧外氏，岁祲析处，裁从富人赁数亩之田，力耕自给。[2]初命先严读书村塾，塾师叹为勤敏。既命半日读书，半日耕作，既弟妹多益贫废读矣。

外氏析处寓海门，距家七十里。[3]一月之中，先大父必命走省，留三数日为竟田作而归。[4]先外曾大父母爱先严甚，归必多与衣食物。先严荷归，一一告大父母，分饷弟妹。不孝等稍有知识时，先严责令督稼力作，曰：“无惮劳，劳乃无病。”以是先严一生无一日竟安坐，或为世闲暇虞乐之事。

六十后，凡时晴暖，犹饬佣治场圃。寒及阴雨，取家所有四部书缉散理坏，芟补覆脱。[5]甚寒，则遍观儒先法语、小说、宅法、葬经、日者之书，或至夜分。[6]不孝等劝阻，始稍节养，然三十余年未尝见先严剧病也。[7]前数年乃间岁再病，皆不久即愈，而精神耗衰，不孝等私语相忧。

十八年，不孝謇报罢归，请于先严，试事愿四十为断，此后授徒侍养。[8]先严笑而诺，继之以泣。[9]去年，不孝謇署贵溪，受代归省，凤负千余金不能偿，侍先严，语及之。[10]先严曰：“吾家固贫，吾一生习苦，亦至今日，不愿汝曹贪污速富。”

今年正月初滞食小病,逾旬良愈,命不孝詧姑再试礼部。[11]直不孝督亦奉随办庆典差入都。[12]不孝詧既蒙恩登第,虑先严劳顿;不孝詧五月假归料理,七月回京,先严无恙也,而倭氛日恶。[13]八月,先严右肩患疔渐大,甚痛,延医刺去脓溃,痛稍解,而寄讯京师不令尽言。[14]不孝督、詧别见里人讯,述医言张太翁所患气血衰,新肌不易生,不能即时平复,弥用忧惕。顾义不可乞假,亦尚冀旬月无他,祝嘏后可归也。[15]九月十六日得初四日家讯,词气吞吐,而有"公竣千万早归"之语,心大动。其时不孝督又奉差天津,不孝詧无与商归计。越二日得急电,乃星夜至津,偕不孝督驰归;归则先严果于前十七日寅刻弃养矣。呜呼痛哉!

先严贫不能竟读书,而养生送死无憾于先大父母也;[16]不孝督、詧重为先严之苦而读书,而亲之生不能尽一日之养,殁又不能视含殓也。[17]官为亲乎?不孝督不能毕凫负;不孝詧方受禄于朝,不能及亲也。[18]不为亲乎?深宫忧奋子立于上,不能有毫芒之补。进为无耻不义之臣,而退徒为不能侍养、不能视含殓之子也。呜呼痛哉!

不孝誉当率不孝督、詧治丧卜葬,勉终大事。[19]哀梗悲塞,呼抢以闻。

《张謇全集》⑤第3—4页·原据《南通张氏常乐支谱》

注释:

〔1〕哀启:文体的一种。旧时丧家叙述死者生平及病终情况的书启。多附于讣告之内,也有单独成文送给亲友的。《九录》题作《中宪府君哀启》。

〔2〕先严:称亡父。 禀赋:谓人所禀受的体性资质。此指身

体。　先大父：亡祖父。大父，祖父。　兼祧：在封建宗法制度下，一个男子同时继承两家宗祧的习俗。兼祧人不脱离原来家庭的裔系，兼做所继承家庭的嗣子。本文指张謇祖父张朝彦既承祧张家，还承祧丈人家吴氏，张謇祖父入赘东台人在金沙作瓷器生意的吴圣揆。　外氏：指外祖父母家。　岁祲：指灾年。　析处：分家。其实，这是委婉说法。实质是吴圣揆要女婿兑现承祧吴家的承诺，让外孙姓吴，张朝彦不愿。　赁：租。此说祖父离开金沙的吴氏，到金沙西的西亭租地耕种。

〔3〕此句说吴翁自与女婿分家，就迁居海门常乐镇买地种地兼做瓷器生意。　七十里：西亭至常乐的距离。

〔4〕走省：前往省视。此乃张朝彦夫妇觉得有负岳丈之补救，当然也为吴翁的家产。

〔5〕四部书：中国古代图书分类名称。将群书分为甲、乙、丙、丁或经、史、子、集四类，称"四部"。　绨散：连缀散落的书册。理坏：整理损坏的书册。　芟补：削除补缀。　覆脱：颠倒脱落。

〔6〕儒先：犹先儒。明李贽《题孔子像于芝佛院》："父师非真知大圣与异端也，以所闻于儒先之教者熟也。"　法语：合乎礼法的言语。《论语·子罕》："法语之言，能无从乎！"邢昺疏："以礼法正道之言告语之。"　小说：小悦，小欢乐。《吕氏春秋·疑似》："褒姒之败，乃令幽王好小说以致大灭。"　宅法：指家宅风水。　葬经：殡葬礼仪、风水。　日者：古时以占候卜筮为业的人。《史记·日者列传》裴骃题解："古人占候卜筮，通谓之'日者'。"　夜分：半夜。

〔7〕节养：此同摄养。摄养，养生、调养。刘义庆《世说新语·夙惠》："陛下昼过冷，夜过热，恐非摄养之术。"或自奉俭省。《晏子春秋·问上十四》："为君节养，其余以顾民，则身尊而民安。"　剧

病：严重的病痛。

〔8〕十八年：光绪十八年（1892），张謇第四次会试。　报罢：科举时代考试落第称报罢。清赵翼《瓯北诗话·杜少陵诗》："天宝六载，召试至长安，报罢之后，则日益饥窘，观其诗可知也。"　试事：科举考试。　四十为断：四十岁为结束，此年张謇四十虚岁。　授徒：设馆收授学生。

〔9〕继之以泣：为儿子的命蹇而哭泣，认为儿子的才学足以中进士，而时运不通。

〔10〕署贵溪：代理江西贵溪的知县职责。　受代：旧时谓官吏任满由新官代替为受代。　归省：回家省视父母。　凤负：原先负债。

〔11〕试礼部：即科举中的会试，进士试。

〔12〕奉随办庆典差入都：即作为江西省代表入都参加慈禧六十岁庆典。

〔13〕假归料理：指筹措张謇考中状元的庆贺事宜。　倭氛：时在甲午年，日本发动侵略中国的形势极严峻。

〔14〕疬：疮疬。隋巢元方《诸病源候论·小儿杂病诸候·疬候》："肿结长一寸至二寸名之为疬，亦如痈热，痛久则脓溃，捻脓血尽便瘥。"　不令尽言：谓不把病重的实际情况说清。

〔15〕不可乞假：不能请求假期。指才考中状元，又逢慈禧寿辰，且国家遇战争风险，自己理当效力。　祝嘏：此指庆贺慈禧寿辰。

〔16〕竟读书：读完应读之书。此中隐含父未竟读书而能孝养祖父母，自己竟读而未能尽孝。

〔17〕亲之生：父母亲健在时。　殁：承上句，犹"亲之殁"。视：亲见。　含殓：亦作"含敛"。古代丧礼，纳珠玉米贝等于死者

口中,并易衣衾,然后放入棺中,曰"含殓"。

〔18〕禄：禄养。以官俸养亲。古人认为官俸本为养亲之资。汉焦赣《易林·革之观》："飞不远去,法为罔待,禄养未富。"唐司空图《卢公神道碑》："禄养之荣,孝敬之美,一时罕及也。"因有下句"不能及亲也"之叹。

〔19〕不孝誉：葛氏母所生长子。治丧当由其领头主持。 卜葬：选择吉壤(好墓地)下葬。

告 奠 文 [1]

清光绪二十年（1894）

呜呼！父其遂弃儿也乎？[2]不孝誉岁五十而不能奉养，不能教子成立以慰吾父也；不孝督、謇不能奉养，不能禀父之教效命于君国以慰吾父也；不孝警不能奉养，不能成立于父之教以慰吾父也。[3]

父其遂弃儿也乎？五载之冬，七载之秋，母弃儿而儿无母也。[4]儿今更无父也乎？乡里之于吾父也，其顽者闻父一开谕之言而悟也，其忿者闻父一解释之言而平也，而不孝等顾不能承父之教以教子，不能奉父之命以效于君，不能谨率父教以成父慈也，不孝等犹人也乎？[5]不孝督七月之再奉差于京也，父未病也，且行，谓儿归吾不知及见否也，谓不孝謇不知有用于国否，委身于君而君有寇忧，吾不望有儿也。[6]不孝督衔父之语而悲，告之不孝謇而益悲。[7]而岂谓父惜不孝督之远行而不复见，父绝不孝謇之反顾，而一第之故，致吾父弃儿有一瞑万世之心也。[8]

父其遂弃儿也乎？前乎此，不孝等侍父之疾而父瘳，则不孝督、謇不及侍父之病而父遂永背，罪无可逭也。[9]前乎此，不孝督、謇之易出，一出门而悬悬于父之或有疾，而不能坚谢绝人世无足轻重之名心，致父之生不能养，而父卒并不能视含殓也，罪无可逭也。[10]父委子于国，而不孝謇徒为口舌之争，不能死敌，不能锄奸，负父之命而窃君禄，罪尤无可逭也。[11]父之终身劬苦于田间也，何尝待子之禄以为养而求禄也。父之连数载或十数载不入城市，目不识长官，口不道当世龌龊要人之名，何尝责子之仕以为荣而求仕也。[12]即禄又何尝能养，而何者为荣也。呜呼痛哉！椎牛而祭，不如鸡豚之逮存也，馈筵之荐以为荣而不足荣吾父也。[13]封诰荷于君，君恩不可为不荣，而父又不及见封诰之辞也。[14]呜呼痛哉！父治之畴，畴无恙也；父营之室，室无恙也；父理而整齐之册籍无恙，父课种之竹树无恙，几席庭户，履杖帷幕，一切无恙也，而独不得见吾父。[15]呜呼痛哉！

《张謇全集》⑥第 253 页·原据《南通张氏常乐支谱》

注释：

〔1〕《九录》作《告父文》。从内容看，犹"哭父文"，悔奉养之不及，遂父教之不够。

〔2〕弃儿：弃儿而逝。此句全文三次重复回环，故如"哭父文"。

〔3〕此复句三层：长子詧领头，忏悔"不能教子成立"；詧、謇忏悔"不能效命君国"；警忏悔"不能成立"。按：一、詧之子"念祖"横行乡里惹事；二、詧时是江西贵池县知县，謇已中状元；三、《述训》中张父对謇说，警不读书，是"了子(不肖子)"。此均有所对应。

〔4〕此句所叙为：光绪五年，詧、謇生母金氏去世。 光绪七年，誉、警生母葛氏去世。

〔5〕"乡里"前三句：叙述张父晚年常为乡里排解纠纷而有成效。 不能谨率父教以成父慈：犹未能为父亲增添光彩。

〔6〕"谓儿归"句：是老年人一种不祥预感。 "谓不孝謇"句：指盼望张謇能有用于国，为君王消除日寇侵略之忧。 吾不望有

儿：谓若无效于君国，宁愿无儿。

〔7〕衔父之语：含着父亲的这一席话（即"有用于国否长句"）转告。

〔8〕反顾：指顾念家庭而分心国事之念。 一第：指科举考中功名。 一暝万世之心：此说考中状元而致父"弃儿"，使我（謇）万世功名利禄之心尽皆泯灭。

〔9〕前乎此：指謇年初离家赴考、謇七月离家赴京导致不及临终见面。

〔10〕易出：交替着出门。

〔11〕委子于国：送孩子为国效力。 口舌之争：帝党后党之争（謇是帝党），或指甲午战争的和战之争，张是主战派。

〔12〕"父之"长句：谓父亲是信任孩子的，未曾责备孩子的求仕仅为虚荣。 要：通"邀"，邀名。

〔13〕椎牛而祭，不如鸡豚之逮存也：《韩诗外传》卷七："是故椎牛（杀牛）而祭墓，不如鸡豚逮亲存也。"可见原文夺"亲"。

〔14〕封诰：謇任知县，封张父朝议大夫；謇官修撰，加赠中宪大夫。 荷于君：蒙恩于君王。

〔15〕整齐之册籍：《述训》中记述，张父晚年喜欢修补书籍。

题 主 祝 辞[1]

清光绪二十年(1894)

礼经作主,盖以栖神。[2]傍徨求索,以怆吾亲。[3]今府君形且权归于外曾大父母之垄,而忱乎堂室,忾乎庭户;音声言笑,庶朝夕临诸见,临诸闻。[4]古用桑栗,今柏是裁,体府君之贞。[5]伏维精灵永皈,而复以秋以春。[6]

《张謇全集》⑥第 254 页·原据《南通张氏常乐支谱》

注释:

〔1〕题主:旧丧礼,人死后,立一木牌,上写死者衔名。用墨笔先写作"×××之神王",然后于出殡之前请有名望者用朱笔在"王"字上加点成为"主"字,谓之"题主",亦称"点主"。

〔2〕礼经作主,盖以栖神:故礼说人死后立神主,是让死者神灵有寄托。

〔3〕傍徨求索:指张父之魂漂泊无依。　怆:匆遽;慌乱。谓找不到"栖神"之处。

〔4〕府君:对死者敬称。　形:形体,指棺柩。　权归:权且归葬(拟另觅吉壤迁葬)。　忱乎堂室,忾乎庭户:此"忱忾"拆置。忱,同忱。忾忾:感慨。谓有了栖息之处而感慨。　临诸见,临诸

闻：为所见所闻，皆熟悉之人，熟悉之地。

〔5〕桑、栗、柏：均棺柩用材。

〔6〕复以秋以春：如同生前一样生活在四季之中。

祖 奠 祝 辞[1]

清光绪二十年(1894)

　　乌乎！礼葬有期而先茔,百里水程之壅涸而弗克归也。[2]寇
警有戒而侨地,一隅土泽之埙薄而不可窆也。[3]外曾大父母之兆
域,生尝傍是焉,庐;而殁是焉,藏也。[4]府君之事外曾大父母,生
也谨,殁后而体魄之依虽暂,而于府君安也。[5]濒河之皋路庚庚,
斯府君之所尝游也。[6]苏焚之柏枝油油,斯府君之所尝攀也。[7]
追维先迹,心之縻也。[8]灵车之驾,祖道之遵,永迁而即原莽而不
可留也。[9]乌乎哀哉!

　　　　　《张謇全集》⑥第 254 页·原据《南通张氏常乐支谱》

注释:

　　〔1〕祖奠:亲人入葬后祭祀,以使灵魂与先祖会合。此次是将
父亲灵柩暂厝与外曾大父母墓侧,明春移去通城金氏母亲处合葬。
祝辞将此意告诉父亲与外曾大父母之灵。

　　〔2〕礼葬有期:礼葬,是指最终安葬。有期,按葬礼有拟定的
日期。　先茔:指暂厝在吴圣揆夫妇老墓。　下句说路远道阻不
能遽往。

　　〔3〕寇警有戒:路上不太平。　一隅:指墓地。　土泽:指土
地。　埙薄:贫瘠。　窆:下葬。

〔4〕兆域：墓地。 "尝生傍是焉，庐"两句：父亲生前在外曾祖的墓侧筑庐，逝世后宜暂厝于此。此"筑庐"并非古礼筑的守墓之庐，实指住宅。

〔5〕谨：谨严。 安：说府君心安。谓暂厝于此，是一种对外曾祖的孝道。

〔6〕皋：高地。 庚庚：明亮貌。

〔7〕苏焚：杂草焚烧干净。苏，草。

〔8〕追维先迹：追慕先人踪迹。 縻：或"縻"之形误。被牵引，记挂。

〔9〕灵车：神灵所驾之车。 祖道：古代为出行者祭祀路神，并饮宴送行。 遵：沿着。 永迁：长逝。 原莽：草野。谓父亲的灵魂远去了。

中宪府君墓志铭⁽¹⁾

中宪府君墓志铭[1]

清光绪二十一年四月（1895）

府君姓张。张之族望不一，自晋而后，著于吴中。[2]元季之乱，始迁祖建由苏州常熟来通，至府君盖十有五世。[3]其常熟以前世次不可考，长老相传，大都本于吴郡为近。康熙、雍正、乾隆三朝，族远祖之仕宦者二三十人，由府君而上，高祖、曾祖，仍世为农。[4]祖九岁而孤，十七而丧母，侮于戚党，一岁而覆其田宅。[5]曾祖母降神戚家，戚惧，请为孤纳妇以赏谴，而里中东台吴公故无男子，相祖质厚，赘焉。[6]子女既繁，直岁连祲，外曾祖吴公析处海门，营薄田而耕，而祖亦裁从富人赁田数亩力耕以自给。府君于兄弟居长，又外曾祖父母所钟爱，十余岁时，一月之中，必奉祖命自家走七十里省外曾祖父母，为治田功。既外曾祖父母老且衰，府君岁常留侍，又时时走省祖父母于家中。缘仲父横遭家祸，覆祖资产，于是季父徙州城之南，而府君家海门。[7]府君强立好义，天性绝人。憾幼贫不能竟读书，则益务并力于农而督睿兄弟读书力田。当事有稽，舍而嬉有察，曰："从古无穷人之天也，人而惰则天穷之。"[8]每作一事必具首尾，每论一事必详其表里。虽仓卒小札，盐米计簿，字必完正，语必谨备，亦往往以此教子而观人，曰："轻重者，植骨贵贱之征；人莫贱于轻，莫贵于重。"[9]艺蔬种树,横纵成列;位器疏密,皆有尺寸。[10]佣或偷贰不如约,不厌再三易,曰:"凡事有度,吾当而后安也。"[11]虽贫不求援于富室,虽为农不降诎于有势力之人,曰:"同戴三光,吾任吾力;吾不违天而谁吾诎也?"[12]期謇等之致于学,则礼下耆儒美文行之士滋恭:有德于謇之师,丧则经纪之,或为古执友之服而岁祀之。[13]收养流亡,恤赎孤寡,抚故人之子,祀故人之无子。[14]人以急难告,则量其时之力应之;时乎不能应,则太息而嗟咨曰:"吾贫未尝愿求人,吾知贫至于求人之可戚。"六十后,以家事付叔兄。乡里就府君质所忿争者,府君必尽召两家事中之人,周询其本末曲折之故而平释之,当食具食,或资以钱;不释则继以夜,又不释,明日召之如故,必释而后已。[15]以是府君之卒,走哭者数十里,不赴而吊者千有余人。[16]乌乎!自謇有知识,所闻于府君、习见府君之行事约略如此。其它雅言佚事,有謇等所不尽知,有须次为家范示后人者矣。方謇之甫登朝籍也,倭氛日棘,戚友贺者数謇归期,府君曰:"丈夫之仕,犹女子之嫁也。子尚为吾有乎?"[17]病亟,家人闻梦中呼春儿。春,叔兄小字也,时亦以太后大庆奉差京师。[18]或问亦思季否?府君曰:"渠不当归。"[19]乌乎!府君之执持大义,不愿子为幸生窃禄之臣,其意可知已。[20]语于家人戚友,而于謇无显命,以为謇庶几不辱生平之教。而謇之薄植新进,曾不能分君忧万一之豪芒,而府君则既弃养矣,又不克视含殓。君恩父志,国难家忧,进不得有所施为,而退徒以叨窃浮荣来天命之酷。悲夫悲夫!

高祖讳元臣,姓氏秦。曾祖讳文奎,姓氏姚。祖讳朝彦,姓氏吴。光绪十九年,叔兄权令贵溪,以覃恩请赠,封祖与府君俱朝议大夫;今以謇官修撰,再荷推恩,加级赠封,俱中宪大夫;祖妣、妣葛、妣金俱恭人。[21]葛恭人幼丧父母,育于吾祖,终身顺约而喜洁,光绪七年八月十八日疾卒,生伯兄誉,从九品职衔;弟謷,为后于仲父。[22]金恭人光绪五年卒,行具武昌张先生志,生仲兄蓍,早卒;叔兄督,监生,军功擢五品衔,江西候补知县;季即謇。[23]孙八人,存者六人。府君讳彭年,字润之,贡生,生嘉庆二十三年正月十一日,卒光绪二十年九月十七日。[24]十二月,权厝海门外曾祖墓侧,明年归葬州城东南王字河东,距金恭人墓半里而近;葛恭人卒时亦权厝,今迁祔于府君。且窆,乃伐石为志,而系以铭曰:[25]

乌乎!山川兮林莽,城之东映蔚而森爽也。[26]昔府君于兹兮,奠吾母之兆而今相望也。[27]世变无常,天道匪昧,其有神明,永巩我先人之臧。[28]

赐进士及第武英殿协修翰林院修撰加五级第四男謇泣志并书。[29]

《张謇全集》⑥第 255 页·据原志拓片

注释:

〔1〕中宪:中宪大夫,清正四品。是张父去世以后由朝廷赠封的封号。 墓志铭:放在墓里刻有死者事迹的石刻。一般包括志和铭两部分。志多用散文,叙述死者姓氏、生平等。铭是韵文,用于对死者的赞扬、悼念。

〔2〕族望:有声望的名门大族。 吴中:下文说吴郡,具体说是常熟。

〔3〕始迁祖:开始迁徙的始祖。 建:始迁祖之名。

〔4〕仍世:累世;历代。

〔5〕戚党:亲族。指嫁于邱姓的姐姐,唆使其夫家侄子诱惑张

謇的祖父参赌(详《述训》)。

〔6〕降神：谓神灵降临，民间的迷信说法，谓其曾祖母的灵魂附在姐姐或其亲友的身上，借其口说出事情的原委与责任，提出某种要求。如接下即说，要其负责为这孤儿弟弟纳妇。　吴公：即吴圣揆。

〔7〕仲父横遘家祸：指二父张彭庚与佣人争吵致成命案。季父：三叔父张彭龄。　城：南通。

〔8〕当事有稽：遇事稽考源流。　舍：事止。　嬉有察：以神思考察。典出《易纬是类谋》："帝必有察，握神嬉，世主永味，神以知来。"　穷人之天：天使之成穷人。

〔9〕"轻重者"句大意：以轻重不同态度对待事物，是根植于此人或贵或贱的根本。不要因为他人轻微而轻视，不要因为他人重视而重视。凡事均得有自己的考量。

〔10〕艺：种植。《书·禹贡》："淮沂其乂，蒙羽其艺。"孔传："二水已治，二山已可种艺。"　位器：安置器物。

〔11〕偷貳：苟且怠惰不专一。

〔12〕诎：屈服。　三光：日、月、星。

〔13〕耆儒：德高的老儒。　丧则经纪：出钱治丧。"或为"句，谓或以古礼而穿丧服。　岁祀：指对先祖岁祭时附祭。

〔14〕恤赎孤寡：见《述训》中"宁波行"。　祀故人之无子：无子即无人祭祀，则附祭。

〔15〕资以钱：例如两兄弟分财，难得均衡，资补少者。

〔16〕走哭：走来哭悼。　不赴(同讣)：未发到讣告。

〔17〕子尚为吾有：儿子既为君国而仕，还是我老翁所有的吗？

〔18〕"时亦"句：张謇曾五月回家准备"迎报""庆贺"，后七月

返京。　太后大庆：慈禧六十寿辰。

〔19〕季：老四季直，即张謇。　渠：他。启海方言中第三人称。　不当归：谓国事要紧。

〔20〕幸生：谓侥幸偷生。《管子·七法》："朝无政，则赏罚不明。赏罚不明，则民幸生……赏罚明，则人不幸。"尹知章注："侥幸以偷生也。"

〔21〕长句叙述由于謇任县令与謇大魁进仕而朝廷封赠祖、父，祖母、母名位。祖上健在为"请赠"，逝世后为"赠封"。　覃恩：广施恩泽。　推恩：帝王对臣属推广封赠，以示恩典。　朝议大夫：清时从四品。　恭人：古时命妇封号之一，清时从四品官的夫人。

〔22〕"葛恭人……育于吾祖"：即童养媳。　从九品职衔：是请赠之衔。　謇，为后于仲父：出嗣于二伯张彭庚。

〔23〕"行具"句：张裕钊为金氏写"行状"。

〔24〕讳：名。　贡生：例贡，花钱捐得。

〔25〕窆：将棺木葬入圹穴。

〔26〕林荟：草木丛聚之处。　映蔚：相互辉映，蔚郁多彩。森爽：盛多而光亮。

〔27〕犹谓过去原是父祭母，如今已合葬一处。

〔28〕匪昧：不昏昧，能明察。　臧：藏，指灵柩的安藏。

〔29〕赐进士及第：殿试一甲三人为"赐进士及第"，二甲为"赐进士出身"，三甲为"赐同进士出身"。　武英殿协修翰林院修撰：武英殿位于北京故宫外朝西路，始建于明永乐年间。清康熙年间设立武英殿书局，成为皇家修书处。　加五级：清制，凡官员立有功绩或经考核成绩优良者，可交部议叙，给予纪录或加级的奖励。第四男：謇排行第四。

三、关于张謇母亲

多把芳菲泛春酒

民国二年二月

已见沧海为桑田

南菁先生题生梅核

张謇书法欣赏之二

葛太夫人行述[1]

清光绪七年（1881）

先妣姓葛氏，兴化东图处士讳肇骥之女，褓褓而丧母。[2]肇骥尝以事至通，与先大父善，因字先妣于吾父，既归而殁。[3]先妣时仅六岁，先大父闻之，使使归而养焉。[4]既长，羸弱不娴作苦，而能事先大母。先大母怜之。是时家承中落，吾父岁十九，佐先大父田作，稍稍能自给。[5]重因家难，生计日蹙，伯叔亲故分遄异居。[6]而外曾大父母故侨居海门之东，外曾大父母故子吾先大父，而钟爱吾父，会老且衰，先大父命吾父侍焉。[7]是时先妣惟生不孝誉一人，外曾大父母、先大父母谋所以为吴氏后者，而金太安人来归，归因于吴，先后生庆华及不孝瞀、睿。[8]先妣性宽缓，而金太安人之持教也严，以故不孝誉瞀之幼，皆禀诸金太安人。[9]然先妣于不孝等之读书为学，日闻其有所进则喜，其或荒废，虽不加谴责，而未尝不蹙然而泣也。居平喜洁，服御之物不与人共；[10]冬布夏葛，虽至敝必躬浣濯若新时，非是不御，御亦即易去，不终日也。[11]性不耐烦剧，无事辄嘿坐。前年金太安人卒，先妣痛甚，与家人言辄饮泣曰："今而后谁佐儿父庇家政者乎？"[12]其至性如此。先妣生于嘉庆二十一年正月二十九日卯时，殁于光绪七年八月十八日申时，享年六十六。乌乎痛哉！不孝等既不能早致显扬,俾吾母有一日之乐;又不获日侍膝下,使瓶罄无罍乏之耻。[13] 读书羞士,耕田愧农,获罪于天,万死何补。惟是母氏圣善,有待阐扬。[14] 固不敢湮没以伤亲心,抑不敢粉饰以欺当世。巨人长德,倘哀而诔之,感且不朽!

《张謇全集》⑥第 40 页・原据《九录》

注释:

〔1〕葛太夫人:张謇祖父为父亲张彭年所娶第一位夫人。所生长子是张誉,按理说此文应由他写,但其文笔显然不如金夫人所生老四张謇,故张謇以张誉角度所写。　行述:即行状。文体名。指记述死者世系、籍贯、生卒年月和生平概略之文。葛氏逝于光绪七年。

〔2〕先妣:亡母。　兴化:江苏省兴化市。　东图:地名,或"东园"之形误。　处士:本指有才德而隐居不仕的人,后亦泛指未做过官的士人。

〔3〕字:旧时称女子许配,出嫁。此指许配。

〔4〕使使归:派人把她迎进家。归,女子出嫁,指来到男家。实指童养媳。

〔5〕岁十九:从文意,指结婚年龄,故夺"圆房""合卺"等语。

〔6〕重因家难:指张彭年二弟遇官司事,后文有"缘仲父横遭家祸,覆祖资产"之述。　伯叔亲故:指祖父张朝彦西亭的大家庭。分遏异居:分家并远迁。具体所指是父张彭年迁海门常乐镇,三叔父迁南通城中。遏(tì):远。

〔7〕海门之东:指常乐镇。　故子吾先大父:本就招祖父入赘而视如子。

〔8〕外曾大父母、先大父母:其所述是以"外曾大父母"为主,

"先大父母"为宾,为祖父母讳饰语(先大父母本无此打算),详下《代大人作合绘张氏吴氏四代支像记》一文注〔6〕。　谋所以为吴氏后者:谋划为吴氏接续后嗣的办法。　金太安人来归:即外曾大父母决定为张彭年另娶二房金氏。　归因于吴:金氏来归因于吴氏;金氏所生承祧吴氏。　庆华:老二后谱名张蓁。十岁溺亡。

〔9〕警:老五张警,其与张誉均葛氏所出。

〔10〕居平:平常生活中。　服御之物:指服饰及用具。　不与人共:不愿意与别人合用。

〔11〕夏葛:指夏天穿的葛衣,用葛的纤维制成的布,俗称夏布。　至敝:敝旧到极点。　躬:亲自。　浣濯:洗涤。　不御:不穿。　易:换掉。此说应时节走亲戚,应付后即换衣。

〔12〕庀:备办、治理。　至性:多指天赋的卓绝的品性。此处可指真性情。

〔13〕早致显扬:指获得功名而使母亲获得诰封。

〔14〕圣善:专用以称颂母德。《后汉书·邓骘传》:"伏惟和熹皇后圣善之德,为汉文母。"唐元稹《祭翰林白学士太夫人文》:"太夫人族茂姬姜,仁深圣善。"　阐扬:阐述发扬。

金太夫人行述[1]

清光绪五年(1879)

乌乎![2]张詧、张謇今为无母之人矣。自詧、謇读书识字，得交四方有道德、能文章之士，归而告父母，且私幸吾父母之康强而寿考，可以出而告吾友而以自多也。[3]今已矣，吾母之色笑不可复得，而吾父之戚且未有穷矣。[4]乌乎痛哉！吾母之在家也，兄弟凡十人，家清贫，衣食常阙乏。吾母接嫂妇，抚从子女，浣濯炊汲，以针绣佐不给。[5]天严寒，着单裈，手皲足瘃而不言劳。外大父殁，外大母以忧泣丧明，舅氏辈出营生计，左右唯吾母是赖。尝遇水灾，杂麦屑豆纥为食，吾母恒夜制履袜衣领，市而市肉以供外大母。[6]外大母尝扪食器掇尝之，粗粝不能咽，问谁食，嫂以告，乃呼母而号泣曰：[7]"吾累汝殊苦，天必福汝，然旦暮人又不能待也！"[8]相与哭，一家皆哭。比归吾父，无盈桁之衣，半盎之粟；[9]又频值荒旱，戚属之少裕者不相通问，时有馈两斗米者，矜矜有德色。[10]吾母持吾父恸曰："贫富有命，勤苦所自能者，何至仰人鼻息延残喘邪！"[11]吾父兄弟姊妹七人，大父卒，家事属吾父。[12]大母性急，有谗构吾母者，辄因大父怒相聚哗詈。[13]吾母无嗛词，奉侍益修谨，曰："吾自怨命耳。吾诚无失德，姑终当怜我。"大母渐悔，告吾母以向谗构者。吾母感且泣，愿不闻其人。

家后稍裕，吾父岁半外出，一切经纪皆吾母手自厘绪。家人四十余口，耕田纺布，人无废惰。督、謇年四、五，吾母教识字，及就外傅学，责课尤严，夜必命诵说日所受者。[14]偶嬉游，必痛笞楚，曰："一生困苦，冀汝曹成立偿吾志，今若此，是无望矣。"由是督、謇不敢自荒废。吾母善知人，凡督、謇交游，必问其行与习。有某若某，戒勿与亲，谓是浮薄，终败行检，后悉如母言。[15]吾父曩多病，母曰："人子当先知服劳。汝父辛苦甚，无有替者，汝兄弟可一人读，一人治生产。"督遂废举业。謇年十六入学，母曰："从此勉为好人，秀才不易作也。"謇少无知，有戚属欲妻以女而贫之者，属告母少为计。[16]母闻盛怒，曰："闻汝读有所谓父母在不蓄私财者，今敢以此言污吾耳耶！是诚不肖。"[17]癸酉后，謇先后参孙知府、吴提督幕，岁将修金归，告所从入。[18]母曰："汝何德于人而忝窃如此？君子不轻受人恩。"出则必以谦谨为勖，曰："汝性刚直，世不皆君子，恐得祸。"平居无事，令謇说列女事以教诸妇。戚族之贫者，乡里之有急者，凡相告，必请于吾父而后施与。父性精详，佣工所为或不当，父辄怒。[19]母曰："是亦人子。儿子辈作事庸尽当耶？"督去冬以父捐助豫、晋赈，得奖县丞，分发江西。[20]謇今年七月以试得优贡，乡试被黜，人告吾母制府而下皆太息。[21]母命謇曰："物太盛不详，享虚名者折福。汝曹田家子，不更修德，何以堪是？"母之病以十一月十一日，督以父命有事于东台，归方三日耳。謇侍病，叩所欲言。[22]曰："勉为好人，孝汝父。吾平时所言所为，汝曹所悉者，谨记之，一生学不尽也。有不讳，勿营佛事。[23]有钱，以偿凤负，振贫乏。汝曹有贤师友，乞数言以永吾生平之苦。[24]如是而已。"乌乎痛哉！母生于嘉庆二十四年十一月二十七日亥时，以光绪五年十一月十八日未时疾卒。乌乎！凡吾母之嘉言懿行，戚里中多有能道之者。苦块余生，诚何足表吾母于万分一。[25]顾或并戚里所能道者而失之也，不孝之罪，覆载不容矣。[26]用奉父命，濡泪恭述。贫贱不肖之子，所得自尽于亲而承吾母之训者惟此。当世大君子倘哀而鉴之。

《张謇全集》⑥第 29 页·原据《南通张氏常乐支谱》

注释：

〔1〕金太夫人：张詧、张謇生母，张彭年第二夫人。金氏逝于清光绪五年。

〔2〕乌乎：同"呜呼"，叹词。《小尔雅·广训》："乌乎，吁嗟也。吁嗟，呜呼也。有所叹美，有所伤痛，随事有义也。"

〔3〕自多：自满；自夸。谓自己父母双全并健康长寿事。

〔4〕色笑：指和颜悦色的态度。语本《诗·鲁颂·泮水》："载色载笑，匪怒伊教。"郑玄笺："和颜色而笑语，非有所怒，于是有所教化也。"

〔5〕接嫂妇：从嫂嫂手中接续治家之责。

〔6〕尝：曾。　麦屑：麦麸。　豆纪：此指黄豆榨油后的豆渣。　恒夜：长夜。　市：前一个"市"是卖，后一个"市"是买。

〔7〕扣食器掇尝：失明人摸索着从女儿（金氏）的食器中捡起食物试尝。　粗粝：指糠麸类喂牲畜之物。　告：所告指小姑子金氏自己的食物。

〔8〕不能待：遇不到。此说上天终将眷顾于你，但又不知此机遇发生在什么时候。

〔9〕桁：衣架。《乐府诗集·相和歌辞十二·东门行》："盎中无斗储，还视桁上无悬衣。"

〔10〕矜矜：自得貌。袁枚《随园诗话》卷一："魏泰讥山谷：'得机羽而失鹍鹏，专拾取古人所吐弃不屑用之字，而矜矜然自炫其奇……'"　德色：自以为对人有恩德而表现出来的神色。《汉书·贾谊传》："故秦人家富子壮则出分，家贫子壮则出赘。借父耰鉏，虑有德色。"

〔11〕"吾母"句：极言贫穷者之难以得到尊严。

〔12〕大父卒：祖父去世。　家事属吾父：此指祖父的丧事。按，张彭年弟兄居长，但继承海门常乐镇外祖父遗产，犹如出嗣。以长子身份到通州西亭老家为父亲办丧事，会引起兄弟及姊妹们的不满。

〔13〕谮构：在祖母前以谗言构陷母亲。此大意说，在西亭老家的两位婶婶与姑母们撺掇祖母，责骂母亲。按，葛氏是张謇祖父母为彭年所娶，而金氏是外曾祖父母为张彭年所娶"妾"，故她们以金氏为攻击目标。

〔14〕傅学：附学；在人家的私塾就读。

〔15〕行检：操行，品行。《三国志·魏志·曹仁传》："仁少时，不修行检。"

〔16〕欲妻以女而贫之者：以贫家女介绍与张謇为妻。　属告母少为计：叫母亲别理此种事。

〔17〕此言：即言中爱富嫌贫之意。

〔18〕孙知府：先入孙云锦发审局。孙曾任江宁知府、开封知府。　吴提督：后入吴长庆军幕，吴曾是浙江提督。　修金：本指教师的薪酬，此指幕宾的薪酬。　告所从入：禀告收入的原由。

〔19〕精详：精细周详。《后汉书·窦融传》："融小心精详，遂决策东向。"

〔20〕以父捐：以父亲的名义纳资（为儿子捐官）。 助豫、晋赈：帮助河南山西两声赈灾。 得奖县丞：得县丞虚衔。 分发江西：到江西任职。这里张謇在此纪念母亲的文中用"以父捐"之名义，别处则径言父亲为张謇捐监纳官。

〔21〕优贡：秀才优行试中的优秀者为贡生，可获廪膳资格（即公费膳食，每月六斗米，每年四两银子），可进国子监学习后可在北直隶应顺天乡试，可自行研习后选择去顺天乡试。 黜：黜落，未考中。 人告：他人转告。 制府：宋代的安抚使、制置使，明清两代的总督，均尊称为"制府"。实指当时的两江总督沈葆桢。事在光绪五年。

〔22〕叩所欲言：指询问遗言。

〔23〕不讳：此处是死亡的婉辞。 勿营佛事：此指丧事不必在佛道上太铺张。

〔24〕乞数言：指请求你的师友写几句挽联及其他简略的哀挽文字。

〔25〕苫块：居父母之丧，孝子以草荐为席。 余生：指一生孝思。

〔26〕顾或并：犹"假如……连"。 所能道者：指母亲的"嘉言懿行"。 覆载：《礼记·中庸》："天之所覆，地之所载。"此指天地。

题资政府君暨金太夫人画像^{〔1〕}

清宣统三年(1911)

　　此我先考资政府君、先妣金太夫人六十岁时海门张莘田君衡为画之小像，金太夫人像尤肖，时光绪三年也。^{〔2〕}宣统二年十一月，复属友人狄楚卿君葆贤，命工用泰西新法摄影之。^{〔3〕}计距画像时三十有四年，是时謇年裁二十五耳。今太夫人见背已三十二年，府君见背亦十有七年矣。^{〔4〕}黑发之儿，须鬓都华。瞻溯遗像，则犹是依依奉觞膝下时也。悲夫！装竟，泣而识之。

《张謇全集》⑥第 369 页 · 原据《九录》

注释：

　　〔1〕资政：资政大夫，清为正二品；为朝廷追赠。《日记》中最早出现"资政"一词在宣统三年的张父生日："资政府君生日，行礼后去通。"

　　〔2〕张莘田君衡：莘田与君衡，一是名，一是字。

　　〔3〕狄楚卿(1873—1941)：葆贤其名，字楚青，号平子。光绪三十四年为江苏谘议局议员时，与张謇相识。　泰西：指西方，实指欧美。　新法摄影：用照相机翻拍。

　　〔4〕见背：谓父母或长辈去世而离开，是死的婉辞。

四、关于张謇妻妾

賜進士及第翰林院脩撰通州

張謇撰書并篆盖

自咸豐同治以来東南商富寔者

稱而能以風義自樹立於當時者

於浙得三人馬若杭州之胡窟波南潯劉

之葉而其一則湖州烏程南潯

湖東南名郡饒桑棉文綠布帛

魚稻運河委輪四通唯南潯縠轂

氏東郵南潯民尤精繰絲合羅串

五尚衣使者歲籍其名而物之上

充丙庫而產七里者絕纖皎為歐

张謇书法欣赏之三

徐夫人丧帖[1]

清光绪三十四年三月二十八日(1908.4.28)

寒门不幸,蹇及元配诰封淑人特赏正二品封典累封二品夫人徐夫人悼于光绪三十四年三月二十五日亥时疾终海门长乐镇侨宅内寝。[2]距生于咸丰六年七月十七日寅时,得年五十有三岁。命男怡祖亲视含殓,遵制成服,择日治丧。忝在戚谊、年谊、世谊、友谊、族谊谨此赴闻。[3]

杖期	夫	张謇					扰泪稽首[4]
	哀子	怡祖					泣血稽颡[5]
期服	侄	仁祖	亮祖	承祖	念祖	慰祖	翼祖
							扰泪稽首[6]
功服	侄孙	祥武	修武	绥武	劼武	伟武	延武 景武
							扰泪稽首[7]
功服	夫兄	詧					扰泪稽首
缌麻服	夫弟	彬					拭泪顿首[8]
缌麻服	侄	祖续	祖荫				拭泪顿首[9]
祖免	侄孙	开武	休武	隆武	安武	通武	
							拭泪顿首[10]

护丧功服　夫兄　誉　　　　　　　　拔泪稽首

《张謇全集》⑤第 116 页·原据上海图书馆藏盛宣怀档案

注释：

〔1〕徐夫人：名端，字蒨宜。张謇原配夫人。张孝若(怡祖)的嫡母。　丧帖：犹讣告；讣闻。

〔2〕寒门：此谦称自己的家。　蹇及：厄运祸及。　诰封：明清对五品以上官员及其先代和妻室以皇帝的诰命授予封典，谓"诰封"。　淑人：古命妇封号。宋凡尚书以上官未至执政者，其母、妻封为淑人，明为三品官员祖母、母、妻封号。清因明制，又增宗室奉国将军之妻为淑人。　封典：封建帝王以爵位名号赐予臣下及其家属的荣典。始于晋代，至唐完备，其制各代略有不同。清制，以封典给官员本身称为"授"，给曾祖父母、祖父母、父母和妻室，存者称为"封"，死者称为"赠"。　累封：指最终的最高封赠。宋欧阳修《泷冈阡表》："皇妣累封越国太夫人。"侨宅：寄居之处。此时，张謇一家主要居住在南通。　内寝：指正妻之居室。

〔3〕年谊：科举时代称同年登科的关系。　世谊：世交之谊。

〔4〕杖期：旧时一种服丧礼制。杖，是居丧时拿的棒；期，是一年之丧。期服用杖的称"杖期"；不用杖的则称"不杖期"。如：嫡子、众子为庶母丧，服杖期。夫为妻丧，如父母不在，服杖期；若父母在，则服不杖期。　拔泪：擦眼泪。《楚辞·九章·悲回风》："孤子吟而拔泪兮，放子出而不还。"洪兴祖补注："拔，音吻，拭也。"稽首：古时一种跪拜礼，叩头至地，是九拜中最恭敬者。

〔5〕泣血：指因极度悲痛而无声哭泣时流出的眼泪。　稽颡：古代一种跪拜礼，屈膝下拜，以额触地，表示极度的虔诚。

〔6〕期服：为期一年的丧服。旧制，凡服丧为长辈如祖父母、

伯叔父母、未嫁的姑母等，平辈如兄弟、姐妹、妻，小辈如侄、嫡孙等，均服期服。

〔7〕功服：古代丧服名，大功、小功的统称。

〔8〕缌麻服：指为期三月的丧服。 夫弟彬：查《张氏常乐支谱》，张謇父亲张彭年的三弟张彭龄有养子"其彬"。

〔9〕祖续、祖荫：是张朝彦大哥张朝选家的排行。

〔10〕袒免：袒衣免冠。古代丧礼：凡五服以外的远亲，无丧服之制，唯脱上衣，露左臂，脱冠扎发，用宽一寸布从颈下前部交于额上，又向后绕于髻，以示哀思。

亡妻徐夫人墓表^[1]

清光绪三十四年六月十五日(1908.7.13)

　　光绪三十四年戊申三月二十五日,张謇妻徐夫人卒,其生以咸丰六年丙寅七月十七日,年五十有三。既卒,以十二月初九日归葬通州文峰塔院东原。^[2]夫人年十八来归,未弥月,謇即为书记出门,由是岁率腊归而正出,盖十二年。过是或以科举,或为旁州县书院长,或事实业,岁十八九役于外,又二十三年。^[3]凡此三十五年中,父母起居、疾痛之养、家人之调护、烹饪、浣濯、针黹之琐职,督治田园、宅庐、纺织,与夫宾客、祭祀之供备,一委诸夫人,事举而上下安之。謇归,则陈某事某事之纲要,其节目,询则对,详询则详对,不询则否,未尝一日使謇有家之恤也。今已矣,謇之怆恸失助固不忍无言,即夫人之贤亦胡可隐没,使无闻于后也。徐氏海门农家,距謇侨所五里弱。^[4]夫人讳端,謇字之曰蒨宜。祖父两世以力穑致富。父君选公,愿素,长者。^[5]夫人幼即勤敏,为祖母所钟爱,随诸兄学半年,即令习家事,既又试以督佃课租而当。祖母时时剧喜语人:“使端而男,吾家宁忧不大。”謇母金太夫人闻而廉之,信。^[6]会謇年十六补县学生员,论婚者百族,悉不当太夫人意,卒聘夫人。时夫人两兄惑人言,业商三年,失损巨万,倾其家,君选公复为粥田偿负。^[7]祖母令留田资女孙嫁,夫人不可,曰:"丰啬命也,岂忍不急父兄之急?"[8]嫁衣皆请以布,太夫人稍稍闻其言。[9]馈见后,青裙綡袄见太夫人。[10]太夫人旋语謇曰:"新娘子有志气,真儿妃也。"[11]久之,仅受田十二亩。[12]平时操作兼数人,好强任烦苦事,事过,耻喋喋自襮。己卯先太夫人之卒,叔兄他出;[13]及甲午先府君卒,謇偕叔兄皆在京师,夫人躬侍疾,候色迎意,连昼彻夜,至废餐寝。[14]丧次,哭辄沈嘶哀绝,谓舅姑知我过父母。年二十三生女淑,三月而殇;又数年不妊,为纳妾常州陈氏;久亦不妊,复为纳清河管氏。[15]而陈氏卒,夫人怆恨,谓为人妇而不能为夫延嗣,阙失之大无过是;乃祷神卜筮,博访良家,尝单车晨出,风雪,夜逾半而返。戚里或为言,致妾良家,要挟必甚,毋自苦。夫人曰:"妾亦人也,无贱理。良家易以义范,若求嗣于其人而必厌之;浇薄之心安望良嗣?我不为也。"[16]连娶,皆以礼。[17]既归,辄以己资助家定簁给之不足,复为裁鉴资性,因事施教,忠坦悱恻,咸倚如母。[18]謇所见闻有妾之家,其大妇未有若夫人者也。[19]謇年四十六,妾吴氏生子怡祖,夫人爱之如命。非病,儿未尝不从寝;儿或病,未尝安寝。[20]提抱之中,为儿说先世贞苦仁俭事,或说他事是非,使儿裁决。寝处言动,嬉戏之微,壹轨以礼。见孤贫失学无业少年,必扶掖之,曰:"为吾儿种德。"戒儿以礼待仆媪,曰:"小儿不可长骄也。"儿既就学通州,非假期不令归;至于疾革,犹申言之。[21]而平时无十日不令人视儿于校,背人独坐则思儿而泣,其能以礼约情类此。

注释:

〔1〕墓表:犹墓碑。因其竖于墓前或墓道内,表彰死者,故称;

其文体与碑碣同。此表作于六月十五日，下葬在十二月初九日，查日记无误。盖下葬日是预卜之吉日。

〔2〕文峰塔东原：文峰塔是通州城东的明代古塔，东原，犹东侧原野。

〔3〕过是：过了此段岁月。 科举：张謇科举考到四十二岁。 书院长：书院的山长，如赣榆县、崇明县等均有书院。

〔4〕侨所：张謇"归籍的籍贯定南通"，因海门称侨寓之处。

〔5〕君选：徐夫人父。 愿素：心愿只作平常人，不做官。

〔6〕廉：通"覝"，考察，查访。《管子·正世》："过在下，人君不廉而变，则暴人不胜，邪乱不止。"尹知章注："廉，察也。"《汉书·高帝纪下》："且廉问，有不如吾诏者，以重论之。"颜师古注："廉，察也。廉字本作覝，其音同耳。"

〔7〕粥：同"鬻"，卖。《礼记·曲礼下》："君子虽贫，不粥祭器；虽寒，不衣祭服。"

〔8〕留田资女孙嫁：留土地作孙女嫁妆，启海风俗谓之"妆人田"，这是有钱人家的标志。 丰啬：犹穷富。

〔9〕请以布：嫁妆只用棉布。 太夫人：张母金氏。

〔10〕馈：此指祭祀。按，启海风俗，结婚第二天要祭祀祖宗，让祖宗知道添增媳妇。《九录》"馈"作"庙"，意同。大户人家祭祀在家庙。 青裙：青布裙子。古代平民妇女的服装。 菉袄："青裙"的仿词，犹绿。 见太夫人：谓融入家中干活。

〔11〕妃：配偶；妻。《左传·桓公二年》："嘉耦曰妃。"

〔12〕久之：结婚很长时间后。 受田：接受家中的"妆人田"。

十二亩：当时启海的土地单位为"步"，指三千步。是有钱人家妆人田的起步数字。

〔13〕己卯：光绪五年(1880)。　叔兄：三兄张詧，外出不在家。(张謇在外幕)

〔14〕甲午：光绪二十年(1894)。　先府君：张謇的父亲。躬侍疾：亲自服侍公爹的疾病。　候色迎意：从公爹的脸色中揣摩其内心真意。

〔15〕"又数年"句：谓徐夫人主动为张謇纳妾。

〔16〕浇薄：指社会风气浮薄。《后汉书·朱穆传》："常感时浇薄，慕尚敦笃。"

〔17〕连娶：除了上文说及的陈氏、管氏意外，又连续聘吴氏、陈氏、梁氏三妾。

〔18〕己资：自己的资产，指"十二亩"妆人田所增殖等。　定簉：指选聘姬妾以生子。

〔19〕大妇：大老婆；正夫人。

〔20〕"非病"句：谓无病时，总是带着怡儿睡觉。

〔21〕疾革：病重。　申言：指上句"非假期不令归"。

夫人临事不慑。[1]先府君尝遘小疾，邻舍近府君卧室西南，夜忽火起，邻故障芦壁，夫人咄惊�躂救，麾佣仆壁扑火，佣瞀乱，夫人锹折丁处，壁开，猛推，俱仆，救亦适集，火熸。[2]岁丁酉，謇兄弟承先府君遗命成侨所长乐社仓，先实麦为众导。[3]次年戊戌，謇以散馆入京，家无男子，里獖儿以未有所染，构辞煽众数百人毁仓及监工人家，将并祸謇。[4]众叫于门，夫人出，慷慨说社仓本末，述两世处乡里前事，且述且覆问然否，众瘝被绐，喟顾散去。[5]方是时，謇以教育原本实业，所营未效，屡濒颠踬，夫人慰劝助策，曾无餧语。既效兴学，首立师范。[6]夫人谓妇女生世不当废处无用,当谋所以广君志者。先是夫人以奁田岁入之租,并婚时觊币,侦察物价,令人废著转贷,积三十年,有钱三万余千,亦以岁息资戚族邻里缓急与夫家人不时之需。[7]丙午,捐资建第三小学于其母家之里。丁未,大会缙绅闺阁,捐资唱造通州女子师范,会者翕应,得数几万。又规建女子小学于侨所,规幼儿园于通州尝所莅治之婴堂。[8]会效废著者中表尝遇以恩之子,貌忠而诡,伺夫人意而张之,缘为私利,违约矫诺,擅营他业,既蹶,乃悉委诸夫人。[9]謇得状,将告有司穷治,夫人阻焉,谓:"此辈虽无良,然不知人之咎在我,不可使他人因我名受愚而损。当亟尽罢一切,收余烬偿负,不足则捐所积益之,不累君也。"[10]然愤悔亦时露于词气,旧疾辄发。[11]间语后事,画殖为三,则一偿负,一竟所规园校,一付儿子。[12]曰:"吾向者固欲以半资教育,今乃不能。"謇家故俭,夫人来归时,举家役一媪,三十后以劳遘疾,劝置婢,泫然曰:"君不尝诵某忧患亲当安乐则妻子仆妾享之之言乎?[13]吾不使君负昔人之痛也。况未可安乐,而劳苦犹愈于忧患。"[14]既有诸妾,则令各役一媪。诘其故,曰:"吾昔尝逮事舅姑,力苟未至不可胜而佚焉,心不安也。何可以例人人?"[15]金太夫人之卒也,诫謇性刚勿仕。戊戌将入京,夫人述太夫人言,且曰:"君勿论何营,但勿仕,请帅家人力作赡家。[16]人自有生耳,何至赖仕?"呜呼!长宙大宇,贤妇人炜于史乘,或憔悴委巷而老死不彰者何可胜数,是固有幸不幸存焉,要之,妇人能树立自见恒难。[17]夫人未尝学问,而膺仁蹈义,纯出天授,应事赡决,勇过丈夫。自悔失学,而散其殖以坤凡女子之聚学。[18]督诸子则割不可忍之爱,至濒死而不间。生平朋辈,海内英谞,尚难其人,乃天既合之而又夺之速,岂惟室家之瘁中年之哀伤而已哉！[19]呜呼！贫贱夫妻，相为知己。揭书大者，表其墓趾。上质三辰，下讯无止。[20]其它可能，不著于是。

《张謇全集》⑥第 335 页·原据原件拓片

注释：

〔1〕惄：谓不怕事，不犹豫。《九录》作"爽决"。

〔2〕先府君：张謇父亲。　遘：遇。（意谓家中无男人主事）。火起：起火；火灾。　障芦壁：以芦芭为墙壁。　咄惊：惊惧地喊叫救火。　躘：趿拉。来不及穿鞋（小脚穿鞋有裹脚的繁复过程）。麾：指挥。　仆壁：拆破芦芭壁。　瞀乱：昏乱。　锹：用铁锹。折丁处：铲除钉合芦芭壁与木柱的长铁钉（谓"蟹钉"）。　壁开：破芦芭壁。　救：救火人。　熸：同熄。

〔3〕丁酉：光绪二十三年（1897）。　社仓：即义仓。古代为防荒年而在乡社设置的粮仓。　先实麦为众导：张家率先献上麦子作引导。

〔4〕戊戌：光绪二十四年（1898）。　散馆入京：指参加散馆试。明清时新进士朝考得庶吉士资格者入馆学习，三年期满举行资格考试，然后分配官职。张謇因丁父忧而延一年。　里猨儿：村中轻佻浮滑的人。　未有所染：未能得到义仓的好处。　监工人家：监管义仓者。

〔5〕两世：张謇与其父。　覆：按覆；审核事实。　绐：欺骗。此句说，夫人开门对闹事者陈说社仓始末，即张彭年、张謇父子两代人使用社仓赈济情形，一边叙述，一边与对话者审核事实否属实。闹事者终于明白被人蛊惑，于是离开。

〔6〕既效兴学：实业见效，随即办学。　师范：通州师范。

〔7〕奁田：即上文注及的"妆人田"。　觌币：新媳妇所受亲友

的见面礼(大户人家颇可观)。　废著：贱买贵卖。著，买进，囤积。
三万余千：以一千文为一两银子作单位。

〔8〕侨所：迁徙的地方，指海门常乐。

〔9〕遇以恩之子：恩遇其中表亲之子。　"伺夫人"句：谓窥伺
假借夫人的名义招摇撞骗。

〔10〕余烬："废著转贷"利息的余数。　益：增添钱项补"亏欠"。

〔11〕"然愤"：谓语气中听得出愤怒与懊悔。

〔12〕间：近来。《汉书·叙传上》："帝间颜色瘦黑。"颜师古注：
"间谓比日也。"指得病而知不治以来。　后事：后事的处置。　画
殖：把一生私蓄划分。　偿负：即注〔9〕所说之事。

〔13〕泫然：流泪貌。　"君不尝"句：大意是，您不是常说您把
忧患当安乐，妻、子、仆妾倒是享受者的话吗？——我那是学着您
的样子做事呀。

〔14〕"劳苦"句：说劳苦与忧患作选择，情愿劳苦。

〔15〕"何可以"句：大意是，当初一人服侍公婆，导致不周到，
怎能让众姬妾亦遭受不周到的服侍呢？

〔16〕入京：即散馆试。　力作：指实业。

〔17〕委巷：谓僻陋曲折的小巷，指民间。　觋数：详细地
叙说。

〔18〕殖：增殖的钱财。　埤：增益。

〔19〕"既合之"句：谓既上天赐予我结合，又早早夺去，召回天
上。　瘁：劳累。此句说，徐夫人之死，岂止一般家庭中年劳累而
死造成的哀伤而已。(言下之意，对张家的损失可大了！)

〔20〕上质三辰：(所述徐夫人事迹)上供日、月、星核实。　无
止：指地上的众人乃至花木草树。

祭先室徐夫人文[1]

清光绪三十四年九月二十日（1908.10.14）

惟光绪三十四年戊申九月望丁酉越五日壬寅，亡室徐夫人之丧距是已一百七十五日，杖期夫张謇复于侨所受邻里戚友之吊前夕，具牲醴庶羞以致祭于夫人之灵而告之曰[2]：呜呼！君往时以事或就医，离家十余日，则虞家无人，某事丛脞，某事堕，辄返。[3]今乃长往，自春徂秋而遂冥冥耶？[4]往念余之终岁役于时事不获归，而休于家相与课田里，行若三十四十以前之岁，犹得一二月归，则但相劳苦，一切纤悉不以乱余意者，今遂概置之耶？期儿子之勉于学，以为庶几其学之成而亲见之，能继余之志业，而又为择能治家之妇以永余家者，一付之何人耶？[5]往尝相语：两宅更事人少，吾病日瘁，若死则某可忧，某可忧，且重为余兄弟之虑者，今殆皆验而曾不复顾耶？[6]婴儿幼稚之园，女子承学之校，余诚不忍负君平生之愿，死后告儿于梦之言，而赍此志愿遂长埋于朽壤耶？[7]

日月既易，凉燠已迁。

津梁之役，曾无息肩。[8]

归抚君柩，若旅旅塵。[9]

想君历处，旦焉夕焉。〔10〕

谁同岁寒，谁能相怜？

怀忧耿耿，中宵涕涟。〔11〕

念君精爽，何人何天？〔12〕

凡此室家，园庐渠田。

君所督治，君所完坚。

拮据卒瘏，乃留蹄筌。〔13〕

君宁舍弃，来歆几筵。

尚飨！〔14〕

《张謇全集》⑥第 338 页·原据《九录》

注释：

〔1〕祭文：祭奠时表示哀悼或祷祝的文章。《文心雕龙·祝盟》："若乃礼之祭祀，事止告飨；而中代祭文，兼赞言行。祭而兼赞，盖引神而作也。"

〔2〕戊申：光绪三十四年（1908）之干支纪年。　望：每月十五日。　丁酉：该月十五日的干支纪日。　越五日：是望日后五日，即壬寅日。　丧：丧日是三月二十五日。　杖期夫：见《徐夫人丧帖》注〔6〕。　牲醴：祭祀用的牺牲（牛羊猪）和甜酒。　庶羞：多种美味。《仪礼·公食大夫礼》："上大夫庶羞二十，加于下大夫以雉兔鹑鴽。"

〔3〕丛脞：细碎；繁琐；杂乱。

〔4〕自春徂秋：去世在春天，祭祀在秋天。　冥冥：扬雄《法言·问明》："鸿飞冥冥，弋人何篡焉？"李轨注："君子潜神重玄之域，世网不能制御之。"后以指避世隐居之处。

〔5〕"以为"句，谓希望见到儿子学有大成。　永余家：使我家

永远保持。

〔6〕更事：经历世事。魏源《圣武记》卷二："三桂年老更事多，欲出万全，不肯弃滇、黔根本。" 重为余兄弟之虑：谓与我兄弟所虑重合。

〔7〕死后告儿于梦之言：徐夫人死后四日之三月二十九日，张謇《日记》记载儿子张孝若告诉父亲梦中"娘娘言：'儿告汝父，为我在长乐建一女子小学。'" 赍此志：指怀抱"建长乐女子小学"之事。 朽壤：犹黄泉之下。

〔8〕津梁之役：指在家所任重要事项。《国语·晋语二》："岂谓君无有，亦为君之东游津梁之上，无有难急也。"其取"津梁之上，无有难急"，谓全部完成。 曾无息肩：未曾息肩。

〔9〕旅廛：廛，是古代平民一家在城邑中所占的房地。后泛指民居、市宅。因此，旅廛，犹如旅行中新的居处。整句说，送你灵柩入葬，犹迁一新居。

〔10〕此句悬想，你新赴的旅程中，早晨到哪里，晚上到哪里。

〔11〕耿耿：烦躁不安貌。 中宵：半夜。

〔12〕精爽：魂魄。潘岳《寡妇赋》："晞形影于几筵兮，驰精爽于丘墓。" 何人何天：犹依于何人？存于何境。

〔13〕瘏，疲病，困乏。《诗·周南·卷耳》："陟彼砠矣，我马瘏矣，我仆痡矣。" 蹄筌：语本《庄子·外物》："筌者所以在鱼，得鱼而忘筌；蹄者所以在兔，得兔而忘蹄……"蹄，兔罝；筌，鱼笱。此说，自你死后，只留下工具，没人会干活做事了。

〔14〕尚飨：旧时用作祭文的结语，表示希望死者来享用祭品的意思。

蒨影室铭[1]（并序）

清光绪三十四年十一月十九日（1908.12.12）

　　光绪三十四年正月，室人徐夫人既有疾，乃就博物苑别室葺华竹平安馆，为休疗之所。将次成而夫人卒，怆痛逝者之不及处也，设生时摄影于室，节夫人字以名之。[2]以申其志，而志余悲。[3]

　　　影不独成贰于质，取影于质光所敓。[4]
　　　唯质唯影若主客，影存质乃有魄魄。[5]
　　　谓质然欥阒其室，谓影非欥俨吾即。[6]
　　　神明洞然记诸昔。[7]
　　　本不死有何可灭，既不灭无伸与屈。[8]
　　　太虚非虚，造物何物。[9]

　　　　　　　　　《张謇全集》⑥第 339 页·原据《日记》

注释：

　　〔1〕蒨影室：供奉徐夫人生前遗像的房舍，节取其字"蒨宜"之蒨命名，亦名花（华）竹平安馆。　铭：铭文。本指刻于器物之短文，此是韵文。　序：韵文前即是。

　　〔2〕处：居住休养。

　　〔3〕前一个"志"：愿望。　后一个"志"：记载。

〔4〕影：指遗像（照片）。 贰：副；附属。 质：指活着的身体。此铭所引申，犹中国古代哲学家讨论的"形质"的关系。 敫：委任，托付。

〔5〕上句：影客质主。 影存质：影存于质，两者合。

〔6〕质然：视质为是，即质的角度。 阒：空。 影非：视影为虚。 吾即：即我，靠拢我。

〔7〕神明：对西洋摄影的赞叹。 记诸昔：记录旧时真貌。

〔8〕本：铭中"影"与"质"的结合。 无伸与屈：指无死与生之别。

〔9〕太虚：宇宙万物。此表示对宇宙万物的崇敬，对造物主赋予生死的敬畏。

文峰塔院东原新阡石阙铭^[1]（有序）

清光绪三十四年五月十九日（1908.6.17）

同治庚午、癸酉间，謇应学使试，再寓城东阖文昌阁。^[2]每晨开窗凭几，东南望文峰塔院，地气滂涌，酿若釜蒸，横溢村林，萦青缭白，塔时隐时见，旭射其颠，金光散迸云罅，心辄悦之，谓是固一州胜处也。^[3]庚辰奉葬金太夫人于院西北小虹桥，乙未于院之南王字河奉葬先通奉府君，他日伯氏、叔氏皆将从焉。^[4]戊申室人殁，又卜兆于院东之原，并营寿藏。^[5]三坟鼎若，渠水环通，狼、军、剑三山并秀出，当阡前向。^[6]乃伐石立阙，系之以铭。铭曰：

> 人即百龄，必有归宿。
>
> 相兹大宅，川原靓秀。^[7]
>
> 前瞻后依，我父我母；^[8]
>
> 我兄我嫂，及我夫妇。
>
> 聆我簧钟，昕宵在右。^[9]
>
> 若或启之，上有星斗。^[10]

《张謇全集》⑥第 335 页·原据原石拓本。

注释：

〔1〕文峰塔院：南通一明代古塔。　东原：东侧田野。　新

阡：新筑的墓道，是徐夫人墓地。　石阙：石筑的墓阙，用以铭刻，作记爵位、封号、功绩或装饰用。

〔2〕庚午、癸酉间：同治九年至十二年(1870—1873)。　学使试：省学政(即学使)主持的各类科举试——岁试、科试。　阇(dū)：城门上的台。　文昌阁：今不存，另迁于新造城隍庙。

〔3〕醲：浓。　釜蒸：锅中开水的蒸汽。　青：树。　白：雾气。　旭：旭日。　颠：文峰塔顶。　云罅：云霞的缝隙。

〔4〕庚辰：光绪十一年(1885)。　金太夫人：张謇生母。　乙未：光绪二十一年(1895)。　通奉府君：张謇之父。前奉赠中宪大夫，通奉大夫又加一级。　"他日伯氏、叔氏"句：意思是将来大哥、三哥葬于父母的旁侧；他自己当然另谋墓地，即此文峰塔院东原。结果，他有另营今之墓地。

〔5〕戊申：光绪三十四年(1908)。　室人：徐夫人。　卜兆：堪舆定坟墓。　寿藏：自己的预营墓穴。

〔6〕三坟：即小虹桥、王字河、文峰塔院东原。　鼎若：如鼎立。　狼、军、剑三山：以对应屏障三个墓穴。　当阡前向："阡陌"中"阡"为南北向，谓坟墓的走向，指风水好。

〔7〕相：观览选择。　大宅：指坟墓。

〔8〕前瞻后依：说这三个墓穴分别是我父母、兄嫂、自己夫妇，互相照看依附。

〔9〕黄钟：指文峰塔院的钟声。　昕宵：早晚，终日。

〔10〕若或启之，上有星斗：假如谁要盗墓，天上日月星辰看着呢！

徐夫人像赞[1]

民国二年(1913)

清光绪三十二年,张徐夫人既预于赞助南通女师范之议,意俟毕业有人,然后设女小学于侨所常乐之市。越二年夫人病卒。病中以是志愿伸言于謇,卒之次日又兆梦于儿子怡祖,诏必成之。[2]度地计时,更历六年而后,吾徐夫人之志愿以遂。[3]九原可作,一笑庶几。[4]用志于像侧,为校纪念,而系以赞曰:

木生以根兮,无华叶荣悴之足论。[5]

人寿以志兮,宁有间于躯命之亡存。[6]

夫人自病其未学,而矢以学饷后来茕茕之女子兮,

精诚贯九天九地而质鬼神。[7]

集夫人之遗资以成其遗命兮,盖犹是久要平生之言兮。[8]

校之宇渠渠轩轩兮,校之徒常常源源。[9]

是瞻是式兮,众所睹之像。[10]

是喜是慰兮,我知有不可睹之魂。[11]

闻而兴起,敢望庶嫒。[12]

注释:

〔1〕像赞:旧时家谱,对家族中的重要人物,有画像,有对画像的韵文题赞。此像是供奉在纪念室的,与家谱像赞有别。

〔2〕"兆梦儿子怡祖"句:徐夫人光绪三十四年三月二十五日逝世,二十九日,张孝若告得如此一梦(张謇日记):"二十九日。怡儿早起言:昨夜梦见娘娘言:'儿告汝父,为我在长乐建一女子小学。'"

〔3〕更历六年:此事是徐夫人逝后六年之后。 志愿:指在长(常)乐建女子小学。

〔4〕九原:九泉。 作:起立。表示欣慰。 庶几:表示估测,犹"应当如此"。

〔5〕华叶:花叶。 荣悴:繁荣与凋零。 足论:明晰的分别。

〔6〕人寿以志:人之寿命只记录长短而已。 间:区别。

〔7〕病其未学:因为未参与学习诗书而遗憾。 矢:立志。饷:奖励。 茕茕:孤伶无依靠貌。 "精诚贯"句,犹"惊天地,泣鬼神"。

〔8〕遗资:其妆田所产等。 遗命:即办小学等。 久要平生之言:《论语·宪问》:"久要不忘平生之言。"何晏《集解》引孔安国曰:"久要,旧约也。平生,犹少时。"

〔9〕渠渠轩轩:深广宽敞。 常常源源:经常;源源不断。

〔10〕是瞻是式:这就是瞻仰,这就是范式。

〔11〕不可睹之魂:谓还有猜不透的心思。

〔12〕闻而兴起,敢望庶媛:此句意为,希望妇女们听说此处悬挂了徐夫人的像,有人瞻仰并追随她的足迹,成为她一样的人。

亡妾陈氏葬志[1]

清光绪十九年十二月二十四日(1894.1.30)

乌呼！礼，嫡子于父无子之妾无服，兄弟之子即不得为伯叔无子之妾行服。[2] 我其敢违礼乎哉？女子嫁为人妾而无子，而恭谨婉嬺，能事其夫，无拂怨于嫡，而尽敬于夫之父，与凡家人之尊与亲与疏与卑者，死而皆哀之。[3] 而为之夫者无子也，不得致哀于其妾，而增父顾子失助而于其子望孙之恸，我其敢溺情乎哉？礼制于不可假，情又有所不可遂而嗇焉，其何以无恫于死者乎？[5] 可哀也。妾故浙鄞人，育于常州陈氏，而陈为农于海门。[6] 以光绪十一年来归，十九年七月初五日卒，年二十有九。葬侨所长乐镇仲氏殇墓右陇，庶祭省易及而魂有所依。[7]

《张謇全集》⑥第 232 页·原据《九录》

注释：

〔1〕陈氏：徐夫人为张謇所纳第一个妾。

〔2〕嫡子：指张謇正房徐夫人所生子，徐氏无出（吴氏生之张孝若尚未出生）。　无服：不穿丧服。　兄弟之子：如张詧之子。行服：穿孝服。按风俗，得穿孝服。因其无子，故不得穿孝服。张謇深为无人为陈妾行孝，及自己不得以形式（葬礼）致哀而痛憾。

〔3〕婉嬺：温顺娴静。

〔4〕父：张謇父张彭年。　顾子失助：顾惜儿子失去佐助。溺情：溺于情而违礼制。

〔5〕不可假：不可假借变通。　恫：哀痛。《诗·大雅·思齐》："神罔时怨，神罔时恫。"毛传："恫，痛也。"此句谓，作为丈夫怎能不表达我的悲痛呢？

〔6〕鄞：今宁波市鄞州区。　育于：为陈氏收养。

〔7〕侨所：张视通州为籍，则海门长（常）乐为侨所。　仲氏：二兄张詧。　陇：同垄，坟茔。此说居张詧墓右侧的位穴。　祭省：祭祀与省视。

五、关于族谱

《南通张氏常乐支谱》书影

张氏四修族谱序[1]

清光绪二十九年七月初十日(1903.9.1)

国与家相消息而维系者也,国积民,家积族。[2]民不竞不智,不智故日安于惰而流于弱,弱故外侮得而乘之;族不竞不才,不才故日离于独而渐于微,微故强宗得而藐之。[3]是故善谋国者必智其民,善谋宗者必才其族,智之才之之道,必使不惰而奋于勤,不独而萃于群。[4]群生竞力,勤生竞心,而国乃存,而家乃兴。必常有新家,而后能常有旧国。[5]《周礼》设族师,《易》言类族,周公之法,孔子之言,盖亦黄帝、尧、舜、禹、汤、文、武以来,君相士大夫之公理如此。[6]自汉、唐之匈奴、回纥入居内地而种淆,自晋、宋被逼徙之祸而族乱,族姓之辨,埋废殆二千余年。[7]今世所谓宗族,主收恤之而已,其次则以氏族之空文维系之。[8]空文不足以维系也,并此维系之空文而亦亡之,恶可哉?[9]通州张氏郡望,率祖清河,丁口之盛,以我三姓街张氏为最。[10]谱牒相传,元以前世为吴中右族,富义公避元季之乱,由常熟土筑山迁通,元以前世系不可考矣。[11]顾明明言世家吴中,义不当远系清河而近祧吴郡,若所谓土筑山者,謇尝寻姑苏志不得其名,泛舟访于常熟虞山尚湖之间,其学士里老并不知其地。[12]一家记载,沿讹如此,则夫中原氏族,糅于汉、唐、晋、宋之乱,其口口相传至于纷纭蹐驳无可踪迹者,可胜究耶?[13]嗟夫! 由元季迄今五百年耳,宗法既不可复兴,世乱又变而日亟,又安知更五百年之后,人事之迁贸何如? 立乎今以望想乎前后遥遥千岁之间,风云陵谷,可坐而待?[14]则夫我族今日犹得用空文维系万余子姓,使悱然生其相属之情,而以仕宦商旅贫贱忧患之故,离散至于旁郡或他行省者,犹略可考稽,不至随空波而俱荡,亦岂得尽委诸天?[15]幸也哉! 族师掌族之戒令、政事、庆赏、保受,月吉则书其孝弟睦姻有学者,教养之本,巩于一族。[16]士竞学,农、工、商竞业,而天下乃无不大之族,无不昌之国。[17]成周之盛固矣,沿至西汉,士食旧德之名氏,农服先畴之畎亩,商循族世之所鬻,工用高曾之矩矱,盖犹有周之余风焉,抑可见必竞于善之不可以已也。[18]族长老叔陶、丽轩、体福诸公,既本维系之义,倡修于百余年坠逸之后,事未竣而相继即世,开阳、西铭诸君则始终兹事之成。[19]由是而进焉,其在兴学使族人相竞于善乎,是则余亦有责者矣。谱成,为述私所愿望者以序之。[20]若修辑事例,间亦从长老之后,稍参末议。西铭能择取之,不复赘云。

《张謇全集》⑥第 300 页·原据《九录》

注释:

　〔1〕《张氏四修族谱》:由张謇远族通州地区望族金沙的"三姓街张"主修。光绪二十九年七月十日《日记》记载作序事。

　〔2〕消息: 消长,增减;盛衰。《易·丰》:"日中则昃,月盈则食,天地盈虚,与时消息,而况于人乎? 况于鬼神乎?"高亨注:"消息犹消长也。"

　〔3〕离于独:自卑引起孤独,从而离开族群。　澌: 尽;消亡。《礼记·曲礼下》"庶人曰死",汉郑玄注:"死之言澌也。"　强宗: 豪

门大族。《汉书·赵广汉传》："其后强宗大族，家家结为仇雠。"

〔4〕智其民，才其族：使民智，使族才。 不独而萃于群：不离开族群而在族群中出类拔萃。

〔5〕新家：因竞争而诞生的新发之家。 旧国：历史悠久的祖国。

〔6〕族师：周代官名。地官之属。百家之长。 类族：犹类聚。因同类而相族聚。《易·同人》："君子以类族辨物。""周公之法"以下各句，说古时圣贤说及"国、家、族、民"，均源于此，被君相士大夫视如公理。

〔7〕"汉、唐"与"晋、宋"以来句：叙及外族入侵，原汉族人民南迁，各民族混杂，使得原族姓拆散而不纯净，各族难以溯源而维系。

〔8〕收恤：收容救济。谓对族中孤寡老幼的辅助，与上文的"智""才"强族的识见相距甚大。 空文：指这类家谱。

〔9〕空文而亦亡：此说聚族修谱亦极不易，族谱往往失修。恶可：何可。这段关于聚族、强族的文字的逻辑思路第次是：智族、才族→收恤→立谱→不立谱。其由此感慨。

〔10〕郡望：古称郡中为众人所仰望的贵显家族，如陇西李氏、太原王氏等。 清河：张姓最著郡望，在今河北省清河县。

〔11〕谱牒：记述氏族或宗族世系的书籍。 吴中：文中指常熟。 右族：豪门大族。 富义公：迁往江北通州的始祖。 土筑山：其地名查无实据。

〔12〕"骞尝"句：说苏州、吴中找不到土筑山。

〔13〕蹉驳：错乱，驳杂。左思《魏都赋》："非醇粹之方壮，谋蹉驳于王义。"

〔14〕陵谷：《诗·小雅·十月之交》："高岸为谷，深谷为陵。"

毛传："言易位也。"比喻自然界、世事、人事的巨变。

〔15〕仕宦商旅贫贱忧患之故：此说离散的种种缘由。 "不至"句：谓许多张氏后裔凭此谱牒知自己宗族渊源。 委诸天：委托给苍天。

〔16〕政事：大家族管理。 保受：对孤寡老幼的赈济。 "月吉"句：谓每月吉时记载族中大事。 孝弟睦姻：家族中德行。有学者：读书优秀者。 巩于一族：把整家族连为一体。

〔17〕此句说"学,农、工、商"的兢兢业业,是兴家族、盛国家的基础。

〔18〕成周：周公辅成王的兴盛时代。 "士食"及后续四句：见班固的《西都赋》,意为读书学习古时的圣贤,务农在祖先留下的土地上认真耕作,经商循本族的经验,作工用祖上的规矩。 "必竟"句：谓振兴家族,能用竞争激励,使之完善,这种方法是停不得的。

〔19〕"叔陶"等三人,生前曾提倡修谱。开阳、西铭：张謇的同辈主持修谱事者。

〔20〕私所愿望者：即指激扬家族竞争,"智民""才族"的观点。

南通张氏常乐支谱序[1]

民国十年(1921.1)

张氏之在南通也不一族,而三姓街之张,丁为盛。[2]旧谱言,元季建公自常熟迁通,生十子,后各有一庄以居,名十张家园。[3]迄今近六百年,乡人之指说,犹沿为名称。丁繁逾万,散而处于四方者代有之,时或相值,询字系,彼此知辈行,他弗能详也。[4]进而即常熟访所谓土竹山者,绝无人知,意竹或筑之讹,而又不闻常熟有土筑之山。世荒远而口口相传之语弗详,记载因之失实,古往往有之矣,未可独咎旧谱。其字系在乾隆三修谱,掇《常武》之诗曰"昭兹来许,绳其祖武"。[5]比光绪癸卯四修,则掇《书·太甲篇》曰"慎乃俭德,惟怀永图"。以是为一氏一族子姓之符号,维系是或聚或散万余丁之序。[6]夫聚者必犹其蒙业可安者也,至生计迫而至于散,则大都贫厄,专智虑于事畜衣食或且不给,遑复能记其祖祢以上之戚里若何,言行若何乎?[7]宜其弗能语诸人而详也。顾弗能详,则后世递嬗,必有忘其祖者。光绪四修,族人聚谋,乃有据所访知,仍三修世表补遗之先例。礼缘情而起,夫固有不得不然者也。[8]謇兄弟于字系为十六世,溯而上至十一世,则高、曾以上数传,但能记其考妣之名氏,生卒宅兆且不可考,乌从而知与正谱某支某支相衔接也?[9]宗之废兴,丁之衰旺，不尽系乎人事，然际乎可以详而犹弗详焉，不能无责矣。[10]是以别为《南通张氏常乐支谱》。[11]年代近则询访易，纪载慎则事实确，卷帙简则保守便，且亦族谱所不能为详者也。然溯往推来，则亦八世矣。[12]继是而作，待之后人。民国十年一月，张謇。

《张謇全集》⑥第 497 页·原据《九录》

注释：

〔1〕张謇决定从元末由常熟迁至江北的庞大的张氏家族中，分编出常乐张氏为独立支谱。

〔2〕三姓街：在今南通市通州区金沙镇。

〔3〕建公：即始迁祖张建。 土竹（筑）山（音）：至今未能查实，下说及。

〔4〕相值：犹相遇。江淹《知己赋》序："始于北府相值，倾盖无已。" 字系：按谱所取名字。

〔5〕《常武》：《诗经·大雅》中诗篇。按，前人排谱序，常从经典中辑录。

〔6〕是（以是）：代《常武》与《太甲篇》中前后相连十六字。序：辈分的次序。

〔7〕"夫聚者"句说，后代聚一处的条件是同蒙可安之业。下句说离散的条件是"生计所迫"。 专智：集中智慧。 事畜："仰事俯畜"的省略语。谓侍奉父母，养育妻儿，维持一家生计。 祖称：先祖、先父，泛指祖先。 戚里：这里指远房的亲戚。此犹说，每人忙于生计犹不及，岂还顾及自己与族人的生世次序？

〔8〕不得不然：指上句"仍……先例"。

〔9〕宅兆：墓地。

〔10〕"然际乎"句：谓适值能把宗族谱系记述详细之际而未能做，这就有责任了。

〔11〕是以别为：因此另作。

〔12〕八世：本谱有八代，以张謇祖父张朝彦的祖父张元臣为始祖。

此诗概述张姓的由来与张謇家族的历史，因此附上。

附：谒墓祠排律[1]

退翁赎先大父幼年家金沙时为人剥蚀之田，建先茔祠与塾，计一百二十年矣。落成率同谒告，恭赋排律二十六韵。[2]

黄帝启青阳，张星况著张。[3]

汉推金许并，吴与顾朱翔。[4]

始徙终元代，初分衍十房。[5]（二世十人，谓十张家园。）

三朝参夏狄，一水接虞狼。[6]（元季始迁祖自常熟至通。）

我族农相禅，支条远莫详。[7]

礼征由祢上，亲数服缌当。[8]

王父高无尚，慈孙典不忘。[9]

籍谈闻故事，陆氏有荒庄。[10]

先祖嗟孤露，邻姻正独强。[11]

诱之科博负,逼甚纳田偿。[12]

已尽南东亩,旋抛六七堂。[13]

上留穷告诉,中路子旁徨。[14]

天假齐髟赘,人休重耳亡。[15]

未嫌鄪袭莒,还序魏先唐。[16]

忠厚迁邶又,艰难启楚方。[17]

再传鸰翼翼,五世凤锵锵。[18]

庙例迁宗纪,坟都合葬防。[19]

秦人惭诳璧,郑伯肯归祊。[20]

百变乾坤运,重轮甲子光。[21]

崇封规马鬣,广兆斥牛场。[22]

陈蘖苏条茂,新畦宰树芳。[23]

栖灵求密迩,顺俗却辉煌。[24]

启宇匔当坫,依门塾在厢。[25]

恭惟昭德旧,亦以牖童狂。[26]

岁祀凭租课,田歌当乐章。[27]

仍云式勤俭,耕稼奉蒸尝。[28]

徐乃为《张謇诗编年校注》下册第 866 页

注释:

〔1〕民国十三年二月二十四日《日记》记作此诗。原诗题置为小序,今诗题取自《日记》:"扫金沙墓。……有《谒墓祠排律》。"此诗用诗的形式概述张姓的由来与张謇家族的历史。

〔2〕小序大意,张謇祖父张朝彦原居金沙东,少年时因他人诱赌败家,将祖上房屋田产卖与瞿家,后入赘吴家,再移家西亭。张謇从瞿氏赎回田产建先茔祠与私塾。由此恭赋排律。此诗后刻成

碑,立于祠堂,诗碑今在废祠的墙中发现。

〔3〕首句说张姓渊源。《元和姓纂》:"黄帝第五子青阳生挥,为弓正,观孤星,始制弓矢,主祀张星,因姓张氏。" 著张:使张姓显扬。

〔4〕此句说张家在汉、晋都是望族。扬雄《解嘲》:"有作叔孙通仪于夏殷之时,则惑矣;有建娄敬之策于成周之世,则乖矣;有谈范蔡之说于金、张、许、史之间,则狂矣。"李善注:"金日䃅、张安世、许广汉、史恭、史高也。"吴有朱、张、顾、陆四姓(见陆机《吴趋行》李善注)。

〔5〕见上文《常乐支谱》。

〔6〕三朝:元、明、清三朝。 夏:代指汉族政权的明朝。狄:代指少数民族政权的元朝与清朝。 一水:长江。 虞狼:常熟的虞山与南通的狼山。

〔7〕上句说世代以农业传承。下句说,迁通以来的支系旁条由于时代久远无从详考。

〔8〕礼征:遵照礼仪。 祢:古代对已在宗庙中立牌位的亡父的称谓。此说根据亡父张彭年的述训,了解祖上的演化并记录。张謇从光绪六年至二十年追述增补父亲关于张氏家族变迁的《述训》。 服缌(sī):《仪礼·丧服》:"改葬缌",郑玄注曰:"服缌者,臣为君也,子为父也,妻为夫也。必服缌者,亲见尸柩,不可以无服,缌三月而除之。"此说严格按照礼仪治丧。

〔9〕王父:祖父。 慈孙:特指张詧,说其赎回出卖的祖产。 典不忘:数典而不忘祖。

〔10〕"籍谈"句:谓祖籍之事来自旧事传闻。 陆氏有荒庄:最早在荒凉的陆家庄落脚。

〔11〕孤露:早早成孤儿。张朝彦九岁父逝,十六岁母逝。

邻姻：指祖姑邱张氏（祖父之姊）。

〔12〕"诱之"句：《述训》有"先祖姑疑弟尽有母蓄，令从子（夫家侄）邱某诱先祖为最易晓之博……不二岁而产尽"的记载。逼：逼债。　纳田偿：卖田偿债。按，邱氏侄与朝彦同赌属实，而引诱以谋利云云，不足信也。其房屋田产被迫卖与瞿家而非祖姑邱家，因此，这里是讳饰之词。

〔13〕上句说卖田，下句说卖屋。

〔14〕上句说，只留下让你告诉的对象——老天。　中路：人生之路。　孑：孤独。

〔15〕天假：老天给予机会利用。　齐髡(kūn)赘：淳于髡，战国时期齐国人，齐国赘婿，此说祖父张朝彦只好入赘金沙镇上小瓷商吴家。　人休：犹说人的命运不济。　重耳：晋国公子因国乱而外亡二十八年，终回晋国而称霸，此喻祖父张朝彦。

〔16〕鄫(zēng)袭莒(jǔ)：周武王灭商后，封鄫为子爵，移封鄫于山东临沂苍山县西北，终为莒国所灭。此说祖父并未以"小子无能，随妻改姓"的入赘的屈辱地位而消沉。　魏先唐：此说若追溯唐朝皇帝的渊源，还得从魏说起。唐朝开国皇帝李渊的祖父李虎，在西魏时官至太尉，这是发家的基础。此说虽入桃吴家，犹不忘张家。总说张家之发，由祖父开始。

〔17〕迁邠又：《汉书·地理志》："大王徙邠（即岐山），文王作酆"。此说又一次搬家定居，指祖父从通州之金沙搬到通州之西亭。　启楚方：在陌生的地方重新开拓，此指父亲再迁往先期抵达海门常乐的外祖父吴氏家中。

〔18〕再传：二传，孙子辈，即张謇兄弟。　鸰翼翼：指兄弟如相互急难扶持的鹡鸰鸟。语出《诗·小雅·常棣》"脊令在原，兄弟

急难"。　　五世：张謇兄弟已有第三代,故曰"五世"。　　凤锵锵:指后辈中亦出人才。

〔19〕上句说,家庙纪录祖宗迁徙状貌。　　下句说各处祖坟都按礼标示整理。张謇前一天《日记》:"同退翁扫近墓五处。"

〔20〕上句说,秦人因谋骗赵国的和氏璧而惭愧,指瞿氏同意把当初从张朝彦处买来的土地让张謇赎回。　　"郑伯"句:《左传》:"郑伯请释泰山之祀而祀周公,以泰山之枋易许田。三月,郑伯使宛来归枋,不祀泰山也。"意思是郑伯奉田与鲁国。　　枋(bēng):邑名,郑国在泰山附近的汤沐邑,在今山东费县。

〔21〕上句说天地变化极大。　　重轮:两个轮回。　　甲子:一甲子六十年,二甲子一百二十年。

〔22〕崇封:高封(土)。　　马鬣(liè):坟墓封土的一种形状。宋胡继宗《书言故事·坟墓》:"称坟曰马鬣封。"广兆:扩大坟墓兆域。　　斥:开拓,扩大。　　牛场:《古文苑·扬雄》:"(张伯松)属雄以此篇目,颇示其成者,伯松曰:'是悬诸日月不刊之书也。'又言恐雄为《太玄经》,由鼠坻(窝)之与牛场(栏)也。"此"牛场"是"马鬣"的对词,亦"鼠坻"的对词。并非真的是牛栏、牛场。借指风水好的场所。

〔23〕陈蘖(niè)、苏条:犹老树新芽。　　新畦:新整坟地。宰树:坟墓上的树木。

〔24〕栖灵:栖息于泉下的祖宗灵魂。　　求密迩:密,子孙多;迩,子孙近,祈能多来常来祭祀。　　下句说,遵从风俗,仍很辉煌。

〔25〕启宇:开门。　　龛当坫:神龛作供桌。　　塾在厢:厢房即是私塾,即"张氏私立小学校"。

〔26〕昭德:家祠敬崇祖上高尚道德。　　牖:同诱,作开导

讲。　办家塾使村童雀跃。

〔27〕凭租课：用家祠公田的租税。　田歌：农村山歌。　乐章：祭祀的音乐。

〔28〕仍云：仍，八世孙；云，九世孙。泛指子孙后代。　式勤俭：以勤俭为范式。　蒸尝：指春秋二祭。此指世代传承。

南通张氏常乐支谱赞[1]

民国十年(1921)

一、谱世系

水必有源,析而为派。[2]

木殖其本,枝乃旆旆。[3]

上继下维,百世未艾。

二、谱生卒

一姓隆替,人为之天。

其隆其替,亦视乎年。

要其始终,志业见焉。

终身之慕,礼又云然。

三、谱宅兆

生必有宅,卒必有兆。

式闻封墓,凭兹以表。[4]

矧在子孙,不忘祖考。

图之录之,百世易晓。[5]

以信以征,并载契草。[6]

连及外家,人理重报。[7]

四、谱庙祀[8]

支子立庙义所宗,殊大夫士有杀隆。[9]

子孙致孝期无穷,以仁保之责在躬。

五、谱志传[10]

无美而称诬先人,有而不称为不仁。[11]

经传有训日月新,林宗有道蔡有文,以示来祀绵无垠。[12]

六、谱寿赠

贤哲所尊,声名之寿。

士庶声名,惟善而茂。[13]

惟文善善,亦与不朽。[14]

光我家乘,俪于衮绣。[15]

七、谱哀挽

旌以旌贤,诔以累德。[16]

古今致哀,循涂一辙。[17]

惟我考妣之丧,极里嘘而巷惜。

假代表于斯文,传百龄而有余邑。

八、谱述训[18]

治天下事,至纤至屑。

况家之常,千理百节。

精神所著,匪文伊质。[19]

小子所知,胪为嗣式。[20]

《张謇全集》⑥第 528 页 · 原据《九录》

注释:

〔1〕此"赞"载《南通张氏常乐支谱》。 本赞分八个小类,即家

谱所应记述的方面。赞,一般是韵文。原散文排列,今作诗歌排版。标题原承赞后,今置前;序号注者另加。

〔2〕派:江河的支流。此比喻各家族。

〔3〕旆旆:同"芾芾",茂盛貌。《诗·大雅·生民》:"蓺之荏菽,荏菽旆旆。"

〔4〕式闾:车过里门,人立车中,俯凭车轼,表示敬意。式,通"轼"。 封墓:增修坟墓,以旌功勋。 兹:此指谱中墓图。表:标志。

〔5〕图之录之:将坟墓用图录表示。

〔6〕契草:墓兆的土地契约。

〔7〕外家:此指吴氏。 人理:做人之理(谓吴氏招赘之恩当报)。

〔8〕庙祀:谱中记载祭祀的规格与仪式。

〔9〕支子:总族分支的子姓。 立庙:另立家庙。 所宗:合正宗。 殊大夫士:出王安石《临吴亭作》"补穿葺漏仅区区,志义殊嗟士大夫",王诗说士大夫志义的区别,此喻族中人尊卑的悬殊。

杀隆:隆杀,因押韵而倒置。犹尊卑、厚薄、高下。《礼记·乡饮酒义》:"至于众宾,升受,坐祭,立饮,不酢而降,隆杀之义别矣。"郑玄注:"尊者礼隆,卑者礼杀,尊卑别也。"

〔10〕志传:人物志与人物传。谱中指墓志铭、行状等。

〔11〕此句说为先人列传,要实事求是,不虚美,不遗漏。

〔12〕林宗:郭林宗,被举"有道",东汉名士。蔡:蔡邕。郭死后蔡邕为其撰碑,为碑传的范文。

〔13〕茂:同懋,劝勉。谓佳美的文联是用以劝善的。

〔14〕善善:称扬善举美德。前之善作动词。

〔15〕家乘：家世；家史。 俪：依附；相配。 衮绣：衮衣绣裳。指显宦。沈作喆《寓简》卷八："衮衣绣裳，世俗以为荣，吾不与易也。"

〔16〕旌贤：表彰贤人。 诔：列述死者德行。《礼记·曾子问》："贱不诔贵，幼不诔长，礼也。"郑玄注："诔，累也。累列生时行迹，读之以作谥，谥当由尊者成。" 累德：积德。

〔17〕循涂一辙：所循途径沿前车的辙印，谓完全一致。涂，同"途"。

〔18〕述训：见前《述训》文。

〔19〕匪文伊质：不仅在文，而且在质。

〔20〕胪：陈述。 嗣式：继承其范式。

代大人作合绘张氏吴氏
四代支像记[1]

清光绪六年（1880）

支像之绘也，恶乎而昉也？[2]子孙去其先日远，颁貌仪色之不可目而接，一一象其生于绘，岁时展祭，致其慕而因诏于后，曰若者高，若者曾，若者祖，如是也。[3]然则虽上溯之始祖固宜，曷为四代也？士庶祭只四代，将以奉祭也，制不得以越也。[4]其合吴于张者何？张之先中落，我父孤而寒微，昏于吴，靡自成立，父于吴，抑婿而子也。[5]父兼子于吴，故合吴二代也。[6]图自我曾王父、外曾王父始，曰四代者，我与之也。[7]我与之者何？程子有言，不似则人须及早为衰老而自图，犹先贤志也。[8]像有本，有无本。[9]无本者象有本之像，与幼所咨闻于长老，铢摹而黍拟者也。[10]图上方之左，曾王父元臣公，曾王母秦孺人。[11]右外曾王父松年公，外曾王母徐孺人、陆孺人。[12]次左王父文奎公，王母姚孺人。[13]右外王父圣揆公，外王母殷孺人。[14]又次父朝彦公，母吴孺人。[15]又次手如意而坐者我也。[16]坐少前而左者妇孺人葛，右妇孺人金。[17]金，外王父母所聘，命生子为吴后者也。[18]其立而左右金孺人者子庆华若妇。[19]华，孺人出，盖吴姓。[20]华同母生督若謇。[21]督、謇今不吴而华独仍吴者何？华十岁殇，去

督、謇试而归张九年,事原其旧,庶后之人得镜其朔也。[22]绘者
谁?海门上舍生张莘田衡也。[23]记者彭年。奉命而书者子謇
也。绘之时,光绪六年六月也。

《张謇全集》⑥第 34 页·原据《九录》

注释:

〔1〕大人:张謇父亲张彭年。 合绘张氏吴氏四代:将张家吴
家两家合起来的祖上四代合画成像。张吴两家合绘之因,详本文。
四代,指连同自己往上第四代,即曾祖父止。 支像:分辈支列的
画像。这是为年节祭祀祖上而为祖上所画的遗像。此文是张謇代
父亲写的。

〔2〕昉:天始明,引申为开始。此说从何处开始说清这问题?

〔3〕颂貌:仪容;容貌。《说文·页部》:"颂,皃也。"段玉裁注:
"古作颂皃,今作容皃,古今字之异也。" 象其生于绘:从绘像中看
到生前的大致形貌。

〔4〕士庶祭只四代:这是礼制。《朱子语类》有云:"尧卿问始
祖之祭。曰:'古无此。伊川以义起。某当初也祭,后来觉得僭,遂
不敢祭。古者诸侯只得祭始封之君,以上不敢祭。大夫有大功,则
请于天子,得祭其高祖;然亦止得祭一番,常时不敢祭。程先生亦
云,人必祭高祖,只是有疏数耳。'又问:'今士庶亦有始基之祖,莫
(墓祭)亦只祭得四代……'" 制:祭祀的礼制。 越:僭越。高
祖即己之上溯四代。以上说"祭四代"的依据。

〔5〕靡:亲顺;顺服。《庄子·人间世》:"凡交,近则必相靡以
信。"王先谦《集解》引宣颖曰:"相亲顺以信行。"

〔6〕兼子:其始,张朝彦是入赘,当有全子之责。然张朝彦颇
不惬于入赘女婿身份,七八年后离金沙吴家而去西亭自立,且所生

三子一个都不姓吴。张彭年之"兼子"说，为其父朝彦开脱。　吴二代：吴圣揆及父亲（即下文"松年公"）。

〔7〕王父：祖父。　"曰四代者"句：张彭年口吻，从"我"上溯到曾王父、外曾王父，四代。

〔8〕我与之者何：我为何也绘在图中呢？下句犹说，程颢说过，世人应在自己衰老前把自己的画像留下来。

〔9〕有本：指健在的祖上，可请画师写生。　无本：指已逝世的祖上。

〔10〕此句大意为：欲使无依据的祖上的画像，如同有依据祖上的画像那样，那就得让幼辈去咨询认识祖上的长者老辈，以获知祖上形貌的细微特征，摹拟而成。　铢黍而黍拟：被分置的"黍""铢"均为轻微的重量单位，比喻微细之处。

〔11〕曾王父元臣：曾祖父张元臣。　曾王母秦孺人：曾祖母秦氏。孺人，古代称大夫的妻子，唐代称王的妾，宋代用为通直郎等官员的母亲或妻子的封号，明清则为七品官的母亲或妻子的封号。亦通用为妇人的尊称。此作通用妇人的尊称。

〔12〕右外曾王父松年：即外祖父吴圣揆之父。

〔13〕王父文奎：祖父张文奎。　王母姚孺人：祖母姚氏。

〔14〕右外王父圣揆：外祖父吴圣揆。

〔15〕父朝彦：父亲张朝彦。　吴孺人：即吴圣揆之女，张謇祖母。

〔16〕如意：器物名，梵语"阿那律"的意译。古之爪杖，其端多作芝形、云形，表示吉祥。

〔17〕妇孺人葛：张彭年葛氏夫人，张朝彦为其所娶。　妇孺人金：张彭年第二位夫人金氏。

〔18〕金,外王父母所聘:金氏是吴圣揆夫妇主持为外孙张彭年另娶之二房,因有下一句"命生子为吴后者也"。此是吴圣揆对女婿张朝彦不让儿子姓吴的无奈之举。

〔19〕庆华:吴庆华,张彭年二儿子,金氏生第一胎。 若妇:以及庆华的媳妇。

〔20〕华:庆华。 盖吴姓:表示姓吴的原由。

〔21〕"华同"句:金氏共生三子,庆华,及张詧(初名吴首梅)、张謇(初名吴起元)。

〔22〕殇:天折。庆华因溺水而亡。 詧、謇试:指科举考试有冒籍案后才复归张姓。 事原其旧:把吴庆华之姓名原由说清楚,詧、謇的复归张姓说清楚。 庶:庶几;希望。 得:能。 镜:考镜;参证,借鉴。 朔:初,始。《礼记·礼运》:"后圣有作,然后修火之利,范金合土……皆从其朔。"郑玄注:"朔,亦初也。"张彭年在此处,也是对吴圣揆关于金氏生子姓吴的交代。

〔23〕上舍生:宋代太学分外舍、内舍和上舍,学生可按一定的年限和条件依次而升。见《宋史·选举志三》。明清因以"上舍"为监生的别称。 张莘田衡:张衡字莘田。

迁吴氏张氏常乐先茔记[1]

民国五年二月初二日(1916.3.5)

　　昔外曾祖父母葬所,故濒常乐川洪东十余步。[2]而近会地方议广治道路,当为众先,而葬所妨路,乃别度地于洪西十塽第五圩横河之阳。[3]昔之葬首卯趾酉者,今易而反之,与昔若相望然。[4]自余兄弟幼时,习闻外曾祖父尝至栟茶,奉外高祖父母与其弟之骨葬于常乐,外曾祖父母既殁而祔焉。[5]今启外曾祖之茔,得外叔曾祖之骨。求外高祖父母遗蜕所在,纵横尽兆域十余步,深逾四尺,先后竟三日不可得也。[6]不敢以昔闻自诬,乃奉外曾祖父母为新茔主,而外叔曾祖,及仲兄、五弟,及謇亡妾与謇之殇子、謇之殇女,以次隶昭穆。仲兄前殇时,故葬川洪西岸,謇妾亡时葬其旁近,而五弟及謇、謇殇子女则故祔外曾祖茔,今并迁而序焉,庶后之人不懵于识别也。[7]迁茔以民国丙辰年一月二十四日,于太阴历为十二月二十日辰时,以求外高祖父母遗蜕,故至二十八日丑时始正外曾祖父母之葬位,而筑而封焉。外氏茔侧故有柏,八十年物也,中遭野火,再悴而再荣,潇散清竦,沃霜泽雪,色异他树。[8]仲兄茔有柏,顶尝摧于牧竖,岐枝逸出,久而矫健,势若攫拏,亦五十余年物也。[9]各移以植焉,以为新茔记念。

注释：

〔1〕本文记述吴张两姓迁葬事宜，参上文。

〔2〕濒：濒临。　川洪：河名。

〔3〕地方议：张謇是地方自治倡导者，此说地方筑路妨害坟墓，于是迁坟。　别度地：另规划新坟地。　垧：土地单位。启海地区前后为河、左右为沟、面积10—50亩上下的方正田块。　阳：河北边。

〔4〕首卯趾酉：墓葬的方向，（墓主人）头东脚西。卯，东方；酉，西方。

〔5〕"自余"句：谓最初吴氏坟茔两代墓葬。　栟茶：今如东，是吴氏老家。

〔6〕遗蜕：仍指骨殖。　兆域：坟墓四周。

〔7〕此说原有两块墓地，一吴氏墓地；二是仲兄、五弟等张氏墓地，今合葬一处。　是迁而序：即迁移而分昭穆之序。

〔8〕外氏：外祖父家、岳父家。

〔9〕牧竖：牧童。　岐枝：旁枝。　逸出：超出；超越。　攫拏：以爪相持，伸展腾跃。

六、关于其他亲人

《张季子荷锄图》

析 产 书[1]

清光绪三十年正月二十九日(1904.3.15)

具析产书：退庵、啬庵。[2]自同治十三年长兄、五弟析居西亭，父、母亲将家产匀作四分，命兄弟四人分领。平均产数，详载遗嘱，具可覆按。[3]其时余兄弟二人，合计所认应还之债，若以所受分之产作抵，数尚不敷。[4]是岁啬庵即谋食兵间，退庵在家佐父亲理治生计。[5]冬，啬庵娶妇。至光绪六年宿债粗了，而母亲弃养。八年，退庵亦同客兵间，由是薄有所积，而食用亦渐繁。[6]十四年，退庵候补江西，啬庵旅食于开封、崇明、赣榆、江宁等处，又十有三年。[7]盖兄弟出处相依，自为知己。啬庵自创营纱厂著效后，所得公费花红较丰于前人。[8]退庵自服官后，并无余蓄，间有所寄以佐家用，乞归时犹有二千余金之债，此盖父、母亲所教兄弟相勖刻苦自励之意，虽妻子不能尽知。然家中之一草一木，何莫非兄弟二人心血相贯输相凝合而成，此固我父、母亲所默鉴，今虽分宅而居，而未始有异也。

旧宅自光绪七年退庵在家增建堂屋照厅，十二年改建东厢，十八年啬庵在家改建西厢，二十二年增建包堂及东西厢东院前中后三进，同时又建义庄家庙三进。[9]其资半由借贷，而兄弟次第规偿。新宅于二十九年啬庵所特造。念余兄弟齿皆逾五十矣,拮据卒瘏以成此业,非始愿所及料,宁当有所区分。[10] 而更数十载以后,子姓兄弟之相爱,未必如我二人,则表而明之以示识别,俾日后相安,而不至于争。若魏季子所云不肖能守义之善者,诚今日之要务矣。[11] 田宅器物,或两宅永久公共,或两宅各执为业,详列二簿,各存一以为据。田产断自二十九年以前,额租底面活买,并统计均分。[12] 房屋西宅较多,故以祥隆栈三十一间归东宅。其妯娌各以奁资展转增置之田房,不预此数。[13]

器具则东宅关于啬庵书房内室原用之物,移置西宅,余存东宅归退庵用,当时分清,不列细账。义庄公置之器具,二宅并有移用,此后仍应公共酌增,以足义庄之用。其退庵自江西携回,与啬庵自他处携回,及两宅此次新制者,并已分清,不列细账。书籍则父亲与退庵所置者归东宅,啬庵所置者归西宅。书籍者,世界公共物也,子孙能读,两宅仍可通用。

字画碑帖,各以所置分藏。

后园自曲桥以北两横段,有亭有竹有桑有花有蔬有果有树,余兄弟岁时归家游息之所,公共管理。果非及熟,非公取不取。笋非依养竹法,非公取不取。鱼池亦公共管理,鱼秧公下,非祭祀、请客、开仓,非公取不取。用款公认,此为保全妇孺家人之公德公益。

庙祭墓祭,其资皆取给于墓田之租,东西宅一岁一轮管,当轮则收租,并管与收租关涉之事。先忌日,两宅各自治馔致祭。[14]

家庙礼器,两宅亦不借用。义庄用物,两宅非有重要事不借用,用过即时归全。

两宅永久公共管理金沙、西亭、通州、长乐镇续置墓田二万八千一百四十九步,义庄东隔壁店房九间,又拟建女学校第六垗基地一千九百步,又预捐充女学校经费吕四二补荡十四万步。[15]
墓田及女学校基地、经费地,均各契存西宅。[16]

东宅执业王定元、陈桂林、李嘉猷、陈朝玉、沈霖等案额租田
三十四万六千三百二十六步二分五厘六毫,吴克信案底面田九
千二百八十四步、活契田一万一千三百步,市房祥隆栈三十一
间,牌楼衕店房一间,后园租房五间(价租详簿),随宅田一万一
千七百三十二步,契存东宅。[17]

西宅执业钱德英、崔集庵、周诗、季元邦、戴性存、易永昇、西
赵堂等案额租田三十四万步零,吴克信案底面田一万一千二百
步、活契田一万零四百七十步,随宅田一万三千二百二十五步,
契存西宅。

纱厂、油厂、面厂、垦牧各公司股份,除奉思堂为义庄备款
外,两宅均分。东宅以敦裕堂为表,西宅以尊素堂为表,股票分
存两宅。[18]

自三十年始,两宅各收执业之租。其公共管理之租,两宅间
年轮收,正月交接。[19]始买年份、卖户姓名、坐落地段、契若干
纸、价若干数详后,原契随地分执。各公司股票亦两宅分执,各
自收息。公共管理之股息亦间年轮收,归义庄之用,不足公补,
有余公储,亦正月交接。

方同治十三年析居时,凡家中一册一器,父、母亲皆命详列
匀分,而嗇庵归籍所用之亏负,皆嗇庵任还。今余二人之析产,
则二人三十年之积累。退庵无弟则创之势薄,嗇庵无兄则助之
力单,故蛩螀相依,非他人兄弟可比,此当垂示子孙者。[20]子孙
而贤,必相顾相惜不相较矣。

方光绪初嗇庵贫困出游,母亲尝顾而太息,谓安得家收三四

百千之租,儿辈在吾眼下耕田授读,以免冻馁而处乱世乎。[21]今所有过之远矣,而父、母亲不及享也。而世之大乱且至,即此所有遗之子孙,供大为恶则不足,供小为善则有余,为善为恶,亦听之子孙。[22]要之,此后之皮骨心血,当为世界牺牲,不能复为子孙牛马,则余二人志愿之所同也。

《张謇全集》⑥第 304 页·原据《九录》

注释:

〔1〕析产书:张詧与其三兄张謇兄弟分家文书。

〔2〕退庵、啬庵:张詧与张謇的号。

〔3〕遗属:指父亲的遗嘱。　覆按:两相对照;验证;查究。

〔4〕敷:施予;付出。

〔5〕谋食兵间:入吴长庆军幕。其实,先入孙云锦发审局之幕。

〔6〕同客兵间:謇荐詧入朝至吴幕主管财务。

〔7〕候补江西:捐监后捐官,从收税官做起。　开封:佐助开封太守孙云锦治黄。　崇明、赣榆:任教谕;书院山长。　江宁:任文正书院院长。

〔8〕公费:当初办纱厂有官股。　花红:红利。

〔9〕义庄:旧时族中所置的赡济族人的田庄。此处包括他文所述的义仓、社仓。

〔10〕此说老兄弟本不拟分家。使引出分家之由。

〔11〕魏季子:清文人魏礼。　"不肖"句:谓后代纵不肖,盼能守义而达善。

〔12〕额租:地租。　底面活买:土地属权性质不同。原买价田,全权;原崇划田,只有面权,无底权。活买,指死契、活契(可赎),下有涉及。这是泛指,具体更复杂。

〔13〕奁资：是謇、詧夫人们的嫁妆中娘家带来的土地与积蓄。

〔14〕庙祭：岁祭，在家庙举行。　墓祭：扫墓。此说墓田公用不分。

〔15〕步：是启海地区的土地面积单位。每一万步是四十亩。塓：启海地区前后为河、左右为沟、面积 10—50 亩上下的方正田块，一开始住一家，种此地。　预捐充女学校经费吕四二补荡十四万步：是吕四财主彭小池所捐。

〔16〕均：全部，所有。因吕四彭氏土地是捐于张謇的教育事业的，故地契归张謇。

〔17〕王定元……等案：案，界限、域界、区域。江北泰州以东沿江至长江口作自然区域名。人名均历史人物。某案，即是以此人为首开发（如筑堤）占有沙洲荡田。也有不以人命名的，如"二案"，是以序次排列。

〔18〕敦裕堂：是原其父张彭年的堂号，张謇继承。　尊素堂：张謇自建后自号。

〔19〕间年轮收：一年间隔一年，轮流收取地租。

〔20〕蛩蟨：《吕氏春秋·不广》："北方有兽，名曰厥，鼠前而兔后，趋则跲，走则颠，常为蛩蛩距虚取甘草以与之；蹶有患害也，蛩蛩距虚必负而走。此以其所能托其所不能。"蹶，同"蟨"。后遂以"蛩蟨"比喻二者相依为命。　垂示：留下察示。　不相较：不计较。

〔21〕三四百千之租：即三四百两银子。千，千文，合一两。

〔22〕大为恶：作大恶事，如欺行霸市、啸聚山林、篡权夺位等事。这里表示"家财不多"的意思。

儿子怡祖字说[1]

民国二年十二月二十四日(1913.1.30)

前儿之生十有三年，余膺乡举于顺天。[2]故事，行卷书子姓，余未有子，先府君命书子而怡祖名，以为得孙之祥。[3]越十年甲午成进士，而府君弃养。又四年戊戌而儿生，乃实府君所命之名，痛府君之不及见是孙也。于儿离襁褓后，时时举府君之言行节概语之，庶几思所以怡夫祖。[4]民国改朔新历之二月，犹旧历之正月也，儿于是年十六矣，将往学于青岛。[5]人事之交际将始，循今之宜，不可以无字，乃字之曰孝若。夫孝之义至微而至广，《曲礼》所谓不登高，不临深，不苟訾，不苟笑，不服暗，不登危，为凡为卿大夫士庶人之孝言之也，而致其用者在顺。[6]《记》曰："孝者，蓄也。顺于道不逆于伦，是之为蓄。"[7]若之义训顺。[8]顺必有序，顺于学之序则学进，顺于事之序则事治，顺于人之序则人洽，顺于礼之序则身安。学进、事治、人洽、身安，顺之效也。能顺者能爱身，必能知登高临深之为亲忧；能顺者能谨身，必能知苟訾近谗、苟笑近谄之为亲玷；能顺者能修身，必能知冥冥堕行、行险侥幸之为亲羞。[9]无不顺，则备矣。《记》所谓"福者，备也"，而非世所谓福也。人亦孰不愿福其子者？[10]勖之以孝而若，所以福余子也。[11]儿知受此福乎哉？青岛之学，德意志所设东方之大学校也。闻其校严肃,而其地阻海而负山,游其校之学子凡数百人。[12]有高焉,有深焉,有独处之时焉,有众处之时焉,有其校所许之事与所不许之事焉,有为合于孝而若之事焉,有否焉。儿将受此福,儿其思余字儿之意矣,儿其勉乎哉!名儿者祖,而字儿者父也。

《张謇全集》⑥第 381 页·原据《九录》

注释:

〔1〕张謇儿子怡祖,字孝若。"怡祖"之名是謇父早年所预名。"孝若"是张謇在其十六岁远学时所取,本文阐说"孝若"与"怡祖"的关系,其实是对孩子的教育与希冀。

〔2〕膺:承当。 乡举:乡试。 顺天:顺天府,明、清设于京师之府制,掌京畿之刑名钱谷、监临乡试等事。謇以优贡生资格报备国子监,然后应其乡试。

〔3〕故事:旧时行事规矩。 行卷:科举时代习尚,应举者在考试前把所作诗文写成卷轴,投送朝中显贵以延誉,称为行卷。明清时所刻是科试中式的诗文。 "先府君"句:謇父嘱謇写上儿子,命名"怡祖"。 祥:此说这可招引孙子的降临。从本书知道,"怡祖"是写在"亲供"(履历)上,"亲供"写在"行卷"上。

〔4〕思所以怡夫祖:使他记住怡乐孝顺祖父的责任。

〔5〕改朔:更改正朔,借指改换朝代。 新历:此指民国启用之阳历。

〔6〕至微而至广:此说"孝"不仅在孝顺父母,还有以下列举之"微"与"广"也是孝。 "不登高"等"六不"亦见《礼记注疏》卷一下有注"为其近危辱也"。此说"不近危辱"也是孝,表明张謇对儿子生命安全的关心,下文有诠释。 卿大夫士庶人之孝:指各种人对

孝的理解。

〔7〕《记》:《礼记》。此句说,孝即蓄。

〔8〕若:张孝若的"若"。

〔9〕"能顺者能爱身"以下几句是对所引《曲礼》几句的阐释与引申。 訾:孔颖达疏:"相毁曰訾。"

〔10〕福其子:使儿子得福而"完备"。

〔11〕勖:勉励。此即写此文的目的。

〔12〕青岛之学:即青岛大学。

代后记

张謇出嗣其三叔张彭寿考论
——兼揭其遮隐此事之因与三叔另有养子其彬之秘

徐乃为

【题记】在上海古籍出版社为本书编排之际,责编赵澜波先生询约后记事宜,恰其时发现张謇出嗣其三叔之秘。出嗣乃人物身世的重要关节,此举素未有人提出,因撰此文,作本书"代后记",以示收集、整理、注释、研究张謇身世之重要性。

引　言

光绪甲午(1894)状元张謇,在清末朝廷,中华民国临时政府、北洋政府均任要职,且对当时及此后的社会产生重大影响。因此,张謇成了新时期以来中国近代人物研究的热点。而学界所重则在张謇的宪政立国、教育与实业救国、地方自治,近代社会的生产、生活模式构建等对中国近代社会转型产生重大影响的领域,而对张謇的家世与身世研究则鲜有关注。其原因或当是:张謇有《日记》在,有《啬翁自订年谱》在,有多部传记在,于是人们觉得张謇的家世与身世早已清楚明白。其实不然,本文所述其出嗣问题，就素未有人提出。这原因首先在于张謇在关于自己身世的叙述中有意遮隐，同时其三叔另有养子，更使此事云笼雾罩。像张謇这样重要历史人物的出嗣经历，当然是人物研究的重要关目，而个中的隐曲与因由颇须辨析清楚。

因此，本论题须得解决三个问题：一、关于张謇出嗣三叔张彭寿（后更张彭龄）的考证，这是关键；二、关于张謇有意遮隐此事原因的研析；三、关于其三叔养子其彬来龙去脉的揭示。

一、三叔张彭寿循宗法与
习俗应选嗣张謇

张謇的父辈共三兄弟，父亲张彭年居长，有二弟张彭庚、三弟张彭寿。张彭年生儿五而存四，唯彭庚、彭龄两兄弟均未生子。按宗法与习俗，无子嗣者的首选，当选择兄弟家的儿子入嗣，以接续香火；除非因家族矛盾等特殊原因，选嗣方得由近而远，选择远族的侄子入嗣。二叔张彭庚无后，据张謇亲修的《南通张氏常乐支谱》载，安排张彭年第五个儿子张警作张彭庚的嗣子。但在该谱中，三叔张彭寿并未载明有张彭年的儿子入嗣，而是领养了来路不明的叫"其彬"的孩子：

> 镜湖公讳彭庚。生清嘉庆二十五年七月初五辰时，卒清同治四年三月初二日戌时享年四十有六。
>
> 娶章氏。生年未详，卒清咸丰二年三月二十日辰时，得年二十有八。
>
> 无子。彭年第五子警，嗣。
>
> 茂华公讳彭龄。生清道光八年八月初一日丑时，卒清光绪二十

三年八月二十六日辰时,享年七十岁。

娶邱氏。生道光八年六月初六日酉时,卒清光绪二十九年五月十五日辰时,享年七十六岁。

养子一。其彬,字隽民。(清咸丰十一年十一月二十四日亥时生;生子一 祖佩 [括号中据后文"其彬"条补])

——据《南通张氏常乐支谱》十四至十六页

凡是稍稍了解张氏家族关系的人都知道,三叔张彭寿与张謇家的关系远比二叔张彭庚与张謇家的关系亲近;因此,若三叔彭寿循礼而择嗣,在其二兄彭庚优先选嗣张警后,其可嗣者,只能是张謇。

这里稍作回顾与解说。张謇父亲张彭年有葛氏、金氏两位夫人,葛氏是六岁时到张朝彦家的童养媳。五个儿子中老大张誉、老五张警是发妻葛氏所生,中间三个是金氏所生。

按张彭年当时的经济状况,以及此时葛氏已生有张誉等事实,他既没有经济实力,①也没必要再娶第二位夫人金氏。故张彭年再娶金氏另有因由:

当年张彭年父亲张朝彦做了金沙镇上小瓷商吴圣揆的上门女婿,允诺生子姓吴;然而,张朝彦却翻悔了,三个儿子俱姓张——即张彭年、张彭庚、张彭寿,因此导致翁婿反目。张朝彦西迁二十里,在今西亭镇安家;吴圣揆则东迁五十里,来到后来张謇出生之地海门常乐镇。幸而张謇父亲张彭年代父母尽孝,经常走七十里路为外祖父母打理生意与农活,并弥合父母与外祖父母间的裂痕。于是,吴圣揆重起接续香火的念头,将常乐的

---

① 张彭年《虞祭葛安人文》中,谓当时"飘摇荡析,危不几存",《南通张氏常乐支谱》第五十一页。

所有家产——二十余亩地与一个瓷器店尽数传给大外孙张彭年,并在老家东台梓茶(今如东)花钱"聘"来贫家女金氏做张彭年的二房,并约定金氏所生须得姓吴以承祧吴氏——这是吴圣揆的第四代了,可见世间对子嗣的执着。吴圣揆的意思是,葛氏是女婿张朝彦为你大儿子(我大外孙)养的童养媳,她生的儿子姓张,我奈何不得;我花钱为大外孙"聘"来的媳妇金氏则由我做主——所生儿子须得姓吴。关于这一条,张謇代父亲张彭年写的一段文字中有明确记述:

> 金,外王父母所聘,命生子为吴后者也。(此张彭年口吻,外王父母,即外祖父母吴氏夫妇;张謇则称外曾祖父母)[1]

金氏很争气,连续生了三胎儿子:头胎老二遂取名吴庆华,后谱名张薔;二胎老三吴首梅,即张詧;三胎老四吴起元,即张謇。不幸得很,头胎老二吴庆华十岁时溺殇。于是,二胎吴首梅(张詧)成了承祧吴门的老大。

长子有时刻接续父亲掌持家族的重任,因有"长子不离父"的宗法,所以在出嗣的习俗中,有弟弟的长兄一般不出嗣,出嗣者从老二开始。(几个兄弟只有一根独苗,则谓"兼祧")可见老大张誉不出嗣,金氏所生头胎吴庆华(张薔)溺殇,二胎张詧顶上,犹老大,而亦不出嗣,可出嗣的就只有吴起元(张謇)与本就姓张的张警。若循礼俗,当是老二张彭庚先选嗣子,张警本姓张,当为老二张彭庚所选;剩下"姓吴"的吴起元(张謇),就只能配给三叔张彭寿。

二叔张彭庚四十六岁逝世时,张謇才十三岁虚龄;小张謇一

---

[1] 本书《代大人作合绘张氏吴氏四代支像记》,第349页。

年的张警才十二岁,张警的出嗣自然全由父亲安排,其嗣子职责悉由家庭操作。当张警独立门户后,再单独行使嗣子烧经、祭祀等责。出嗣入继,还关系着兄弟间亲疏。据笔者推测,根据彭年、彭庚、彭寿三兄弟间的亲疏关系,应当是三叔张彭寿首先选中张謇,张彭年才把张警安排于二弟张彭庚的。原因有二:一是葛氏生的孩子不如金氏生的孩子。张謇有记述:"弟警不喜读书,先君(此指张彭年)督责良苦。一日语謇曰:'他日必为汝累。汝知天下父母之常情乎?爱少子亦爱了子(通海人谓不长进为了)。'"①原因之二,老三张彭寿与长兄张彭年家的关系极好。因此,大概率是三叔张彭寿先选,即选他特别喜欢的张謇。

由以上叙述与分析得以知晓,若三叔循例所选的该是张謇,就其感情所选也应是张謇。实际上他们之间就是以嗣父子关系相处终生,只是因为张謇特殊经历中的种种隐曲,不愿明示这一层关系。张謇也就只尽嗣子之职责,而不言其名分了。

二、三叔对张謇尽嗣父之职分

明乎以上的叙述与分析,就容易理解《张謇全集》中所显现的三叔对张謇异乎寻常的亲近,从而表现为父亲的情结。举例如下:

《啬翁自订年谱》"咸丰七年丁巳"条载:"正月,三叔父来,知余已识字,命背诵《千字文》,竟无讹,三叔父喜;先君、先母亦喜。遂命随伯仲叔三兄入邻塾。"②张謇从小聪明异常,称赞者岂止

---

① 本书《述训》,第273页。
② 本书《啬翁自订年谱》,第11页。

三叔一人？二叔呢？舅舅、姑父、姨父、亲邻中年高德劭者呢？称赞者不知凡几，何以只记三叔一人？只因三叔是嗣父。而且，三叔"命背"，是父亲口吻。叙述时用语，三叔是"喜"，为主；父、母却是"亦喜"，为宾。最后还"遂命"张謇入学，正是嗣父的期待。

《啬翁自订年谱》"同治二年癸亥"条载："先君见以'日悬天上'对师所命'月沉水底'而喜，谓可读书，谋于三叔父，明年延师于家。"①张謇记载父亲生平的《述训》一文中曾说到，如若发觉自己的孩子"能读书"——指可走科举仕途，则自己家中设塾延师。父亲见张謇"能读书"，却"谋于三叔"，当然因为张謇是三叔的嗣子。此犹告诉三弟——你命入学的嗣子张謇"能读书"，你曾建议自己设塾，你看请哪里的塾师？结果，塾师是通州籍的宋蓬山(三叔住州治通城)，而不是张彭年居住的海门籍的老师。因此，塾师当是三叔请的，也许，三叔还承担塾师部分的薪酬呢。

张謇冒籍案所遭被敲诈等种种麻烦，根因是张彭年听从塾师宋璞斋寄籍他人的主张，于是"三叔闻余入县学，颇咎父过听宋师言，相视瞠目而已"。②"颇咎"即"很责备"，语气很重，假若张謇仅是一般侄子，岂会用"颇咎"一语？"相视瞠目"，是嗣父子之间特殊情感的交流，叔侄岂有此等交流？三叔认为，謇儿已入嗣于我，"再出嗣"如皋张驹家的重大决定应当征求我的意见。再说，为什么张謇只反复地记述三叔的态度，而未见叙述其他亲友长辈的态度呢？显然因为三叔有特殊身份——嗣父。

实际上，宋璞斋也知道张謇入嗣于其三叔。当宋璞斋决定将张謇再入嗣张驹时，曾"且戒毋令先三叔知而泄"，就是唯恐三

---

① 本书《啬翁自订年谱》，第 13 页。
② 本书《归籍记》，第 216 页。

叔表达嗣父意见而阻挠。①

张謇在《归籍记》的开头，谓所遭遇之苦痛为被陷"阱擭"。张謇原本普通农家，祖父以下无秀才以上功名，谓之冷籍。因此，报考生员须得五名廪生认保，以证明家世清白及本人良善。但若寄籍于有功名之家，则毋须认保。张謇的"准岳父"、被称为问业师的通州举人宋璞斋执意让张謇寄籍于"素以识学使（省、州学官）书吏（随员）招摇为事"（《归籍记》）的考场捐客如皋举人张駉家的亡侄张铨，结果张謇考中如皋第二十五名生员（即秀才）。张駉以张謇生员三试中的"县试"与"州试"中出了大力为由，将酬金由原定的二百四十银元升高至四百五十银元；同时捏造各种名目，尤以"不泄露情蔽"作要挟而肆意敲诈，致使张謇家负债千金之数。张謇家在忍无可忍之时，乃决定向州府与省学政"自告"，情愿割去功名而归籍再考。而"如皋张"与如皋县学沆瀣一气敲诈张謇家，并阻挠张謇归籍。一场归籍案，丛集了张謇与如皋张家、张謇与如皋县学及县府、通州府与如皋县学及县府多重而交织的矛盾。

冒籍案之始，张謇还"未成年"（十六虚龄），虽然早熟，但一些关键场合，仍得家长出面。细看张謇撰写的《归籍记》，三次到如皋作重要交涉的全是三叔：

同治十年四月二十九日，如皋学门斗夏堃，持学官初十日签传，"限十日赴学面询，如果不受家教，以凭惩儆；倘违，牒县会详学宪核办"。张謇只得在"五月初四日"，"乃乘梢蓬小船，只身携咸蛋四枚、饭焦一篮，走二百里，往谒杨（如皋学官杨泰煐）"，结

---

① 本书《啬翁自订年谱》，第 19 页。

果在如皋"自五月初八日初押至七月杪"。"八月,资延海门朱某,与三叔往如皋……嗣用银圆百余,修敬于学官及其书斗……纳而释焉。"此说三叔携百余银元到如皋打通关节,"赎回"张謇。(以上均见《归籍记》)

《归籍记》同治十一年又记载:

> 四月初,与叔往如皋谒学官。至甫二日,县小吏诇报(内线侦知情况后报告)县有传签,事秘而速,语竟,遑遽即去。差旋至,签据抚幼塾董事禀,以抚幼塾童应试,例不用原籍,张生昔既有籍,何为至塾?昔已在塾,例可不归。而以余名合于塾定字行为证。盖学官董事辈关通知县为之,必制余无他遁之途,而后可柙而絷之也。

那是说,通州州府已判定张謇可归通州籍,张謇与三叔去如皋办归籍手续。但如皋方面恼羞成怒,将张駧使张謇冒充抚幼塾籍的情蔽揭出,拟重办张謇——"柙而絷之"。结果是两人商量着"不如叔留而余回通",张謇连夜冒雨回通,三叔则留着与如皋方面周旋。

同年五月下旬,通州知州再次下文至如皋,不允许如皋方面就张謇的归籍横加阻拦。"五月下旬,仍与叔至马塘,规取认派保廪生及同学诸结。认派保犹豫,乃属函请行止于学官,叔赍函星夜驰诣取答,答不能有他语,令迅成。""星夜驰诣",指在南通如皋之间奔走着为侄子办事,哪个叔父能如此?此等情状非父而谁?(以上均见《归籍记》)

然而,《归籍记》中未写及张謇的父亲正面与如皋方面交涉的场景。那么,是否因为三叔善于言辞,办事机敏,而请三叔出场呢？非也，张謇的父亲是一个极为精明强干的人，而且极善言辞。"先君六十后……而日为乡里排难释纷，日不足则继以夜。"[①]因此，三叔的举动就是舐犊情深的父亲情结。

由此而再回视张謇日记中关于三叔的记载，就会发现张謇与三叔更多"出嗣入继"的过硬证据。因篇幅有限，这里选几则最能说明问题的。

光绪二年闰五月初，张謇往江宁任职，初一已到通城三叔家，并记有"与叔久谈"语；初二，访了许多人，办了许多事，日记谓"晚饭后方归"。"归"，指归三叔家，即视三叔家为自己家。初三、初四因办事宿塾师宋先生家，日记中均写得甚明。初四日，三叔做了一件十分重大的事情——为张謇的前程专门请星相家卜测"运势"。初五清晨，张謇在宋家吃罢早饭，师弟宋佩廷送张謇到州城南门，三叔专来送行。张謇日记是：

> 佩弟送之南门。三叔送行，以昨日王星者（算命的星相家）言告余，谓廿三岁后命宫墓库（恶劣的运势），诸事不吉，而独利科名，且恐有不利尊长之语。呜呼！星者之言验，我将安之？星者之言不验，我心亦滋戚矣。人子不能长承色笑，徒令倚闾愁盼，而卒无以释高年之愿也，贫贱乎？乃能令人不可为人，不可为子乎？[②]

三叔忧心忡忡地把星相家关于张謇的运势告诉张謇：说张謇二十三岁（此年二十三周岁）以后行"墓库"运，"诸事不吉、独

---

① 本书《述训》，第 276 页。
② 张謇：《日记》，李明勋、尤世伟主编：《张謇全集》，第八册，上海辞书出版社，第 80 页。

利科名,且恐有不利尊长"。首先,替人算命为时俗民间所忌,只有特定原因,极亲之人如父子、夫妻、兄弟才迫不得已而然。一般情形下,叔叔为侄子算命,必被视为多事,甚或视如暗中"算计",而关涉的偏偏是敏感的不利"尊长"(即父母)的内容。这就说明张謇与三叔不是一般叔侄,而是犹父子,当时场景中只存在嗣父子关系。因此,张謇听了以后,反应极为强烈——"科名"竟然与"孝顺父母(嗣父母)"矛盾对立,预言的"验"与"不验"成二难选择。"人子不能长承色笑",即"不可为人,不可为子",分明是就自己的嗣子身份对"嗣父"的"不利"而言的。因此,此条日记,是张謇确为三叔嗣子力证。

光绪三年正月十一日是张謇生父张彭年六十寿辰,家中隆重庆祝。今把张謇正月九日、十日的日记移录于下:

> 九日　料理各事。馥畴送幛来,略谈即去。织云、三叔、延卿、肯堂先后来。秉烛读延卿祝寿序,序为葛青伯(桐)所书,凡八帧,文以散行,字得隶意,亦可目也。

> 十日　邵幼亭、石泉兄及诸亲友来。延卿示以榜后奉怀诗。置酒宴客。随三叔祝严亲寿。①

张父六十大寿,前来贺寿的人甚多,所列人名均张謇的要好朋友,此后都是名家;长辈肯定很多,记及仅三叔一人,其余一概不写,连相离只几华里的张謇岳父也未提及。而两次提及三叔:第一次,说三叔提前两天就到,表明关系与他人不同。第二次,请特别注意,生日前一天晚宴,礼俗谓之"暖寿",是家人、亲近戚

---

① 张謇:《日记》,李明勋、尤世伟主编:《张謇全集》,第八册,上海辞书出版社,第101页。

友出席的,晚辈当向寿星庆贺。张謇的叙述是:"随三叔祝严亲(生父)寿。"这里表示的身份关系,就是我三叔带着自己的儿子向伯父祝寿,没有另一种解释。父亲六十寿,其他三个儿子张誊、张詧、张警必在场,三叔为何不让他们"随着"? 三叔的言外之意还有:张謇的朋友"馥畴、织云、延卿、肯堂"们看着,你们是看着张謇的面子给我大哥祝寿的,而我还是张謇的嗣父呢。因此,此条日记堪称是张謇出嗣给三叔的铁证。

三、张謇对三叔尽嗣子之职责

子对父的职责,是赡养送终,营葬祭祀。赡养,是儿子的责任,却并非嗣子的"规定动作";因此,尽赡养责任的,当然更是嗣子了。弃养,是父母离世的婉辞;对叔父用"弃养"一词,当然是嗣子了。张謇对三叔恰用了此两词。以下是张謇在江宁文正书院院长任上接到三叔逝世讯息时的日记:

> (光绪二十三年八月)二十九日 得三叔弃养之讯。自迎养长乐已十余年,先与中宪府君(朝廷赠张彭年的名号)同餐共处,旋别领田二十余亩,试《农政全书》法,居长兴仓督课,不效则长扬而去,遗累百余千。嗣是每间二三年必逞兴狂走一次,若中风者。所至有事,大约取不问可取与否,与不问可与与否,遗累必百余千。去年忽又大剧,知者谓其失常,今果不起。中宪府君兄弟无人矣。百日之内,遭两期丧,五内摧痛。[1]

---

[1] 张謇:《日记》,李明勋、尤世伟主编:《张謇全集》,第八册,上海辞书出版社,第433页。

弃养，《古代汉语词典》词条是："父母逝世的婉词。谓父母死亡，子女不得奉养。亦泛指尊者、长者死亡。"鉴于此词引申义有"泛指尊长者死亡"一项，我们考察一下张謇对长者之逝是用什么词语叙述的。

张文中对死的叙述极大部分用"卒"，如叙述二叔、极尊敬的沈葆桢、黄体芳皆用"卒"；而张謇对岳父逝世用"谢世"，今搜索张謇最大可能用到"弃养""谢世"两词汇的《张謇全集》第六册"艺文杂著"与第八册"日记与自订年谱"，看张謇对"弃养""谢世（含'辞世'）"使用对象的区别，来判断张謇对三叔用"弃养"所体现的身份特征。

表一："弃养"一词的使用对象

册　别	页码	例　　　句	逝者身份
第六册	256	而府君则既弃养矣	府君指父亲
第六册	258	先府君弃养之明年	父亲
第六册	305	而母亲弃养	母亲
第六册	381	而府君弃养	父亲
第八册	161	母病危笃……延至未刻弃养	母亲
第八册	431	二十九日 得三叔弃养之讯	三叔即嗣父
第八册	740	既感父母之弃养，复伤内助之失贤	父母
第八册	837	一夕北堂弃养，失母尤哀孺泣人	北堂即母亲

表二："谢世"一词的使用对象

册　别	页码	例　　句	逝世者身份
第六册	386	李君亦园,湘人……距其辞世殆不远	古人
第八册	142	知林师谢世	林天龄,江苏学政
第八册	219	外舅谢世	外舅即岳父
第八册	223	知夏师母复继松孙谢世	夏同善,江苏学政
第八册	458	闻菘师谢世	王菘畦,海门学官
第八册	458	闻范丈谢世	友范肯堂父

对比以上两词的使用情况可以看出:岳父与老师、一般长辈、陌生人一样,逝世用"谢世";而只有父母与三叔用了"弃养",表示三叔的宗法地位与情感关系高于"岳犹父"的岳父。可见,三叔确是张謇的嗣父。"五内摧痛"也是儿子丧父之痛的用词。

嗣子最重要的职责是营葬、忌日、四时祭祀,张謇都做得极为周到。

先补说一件事。张謇的父亲比三叔长十一岁,知道自己大概率死于三叔之前。由于嗣子有为嗣父营葬的职责,于是张父在生前,有意把三叔下葬的墓穴位置专门吩咐给张謇。张謇在《述训》中有以下记载:

> 先祖墓在西亭河西三总桥,近二十年内,形家推为吉壤。地为先三叔所卜,价则先君任之。临葬,墓邻以风水阻挠捍围,理释亦叔之力为多。每上冢时,先君指穸穴处示

督、謇曰："他日三叔位此。"①

三叔的营葬是嗣子之责,因此预先告诉张謇三叔墓穴的位置。说到二叔的墓穴了吗? 没有。文中"督、謇"之"督"是宾,"謇"才是"主",这犹如"并列式合成词"的复词偏义现象,偏在"謇",下文有详。

三叔的葬仪全由张謇一人主持,与张督无关,张督不在家。张謇花两个月办理此事。

> (光绪二十五年十一月)九日　周厚卿(风水先生)来,与订相度三叔、亮侄及仁侄聘妇葬地。
>
> 十二日　家庙祀先,冬至不能在家也。⋯⋯
>
> 十三日　启行,亥刻至西亭。
>
> 十四日　候周厚卿,戌刻方到。
>
> 十五日　微雨。与厚卿看祖墓穆穴地。午后行,亥刻至城。

通启海风俗,棺柩在家停厝三年(实二十七个月)"脱孝",然后下葬到祖坟墓地。此说张謇与风水先生商定三叔下葬的有关细节。

这里特别说一下"十二日"的日记。日记的意思是,作为嗣子本当隆重地在"冬至家祭"时向地下列祖列宗上告三叔将相会于地下的"讯息";但计划中,张謇冬至日在通城,不在家中,因此将家庙的"冬祭"提到冬至之前。这表明张謇承担三叔的忌日烧经、四时祭祀的职责,这也是嗣子规定的重要职责。一个多月以后,正式下葬:

---

① 本书《述训》,第271页。

（十二月）二十日　题三叔、亮佢及仁祖聘妇祔庙神版。

二十一日　午前启行至西亭。

二十二日　移舟三总桥茔侧。搭棚治三叔葬。子刻大风,卯刻雨。

二十三日　祀司土,开圹。候叔枢不至。大风小雨。得叔兄十六日讯。

二十四日　叔枢至,逾巳刻。巳刻前卜,改卜未初刻登穴,亥初封穴。大风小雨。

日记记得很详细:"题神主""搭棚治三叔葬""候叔枢不至""叔枢至,逾巳刻。巳刻前卜,改卜未初刻登穴,亥初封穴"。由于三叔死在被张謇迎养之地的海门,离通州西亭七十里,结果过了下葬吉时,不得不请阴阳先生"改卜未初刻登穴"。而二十三日日记"得叔兄十六日讯",证明张謇不在家。而为三叔营葬是嗣子张謇的责任,为三叔祭祀是张謇的责任,因此张謇是三叔的嗣子无疑。

有鉴于以上述析,再回视张謇的日记,方知张謇早已尽嗣子职责:

光绪二年正月二十一日"与培哥(张詧)话三叔事",即是讨论如何照顾三叔。因当时张謇在外游幕,张詧居家处理家务,是嘱托张詧代为关心。

光绪十年三月十三日日记中"属敬夫措四洋寄三叔",此当是嗣子给嗣父的赡养费。

光绪十六年十二月十七日日记只一句话"三叔仍病心疾",是嗣子对嗣父身体的关心,表示此后当"迎养家中"。

张謇诗集中涉及三叔的诗篇有五题六首之多,其中有"感怀先叔"等语,用"臣叔不痴"等深情之典,张謇关于生父的诗倒不曾见,张謇与三叔的嗣父子关系可得辅证。

四、张謇查找三叔的遗愿与 继承三叔的遗产

嗣子最重要的权利,是继承嗣父的遗产。张謇正是三叔的遗产继承人,此事张謇有所记述。

三叔的葬礼在光绪二十五年十二月二十四日结束(见上文所引),六天后的十二月三十日有以下日记:"三十日 检三叔旧记……"葬礼结束后,继承人方有时间整理逝者的遗物,最重要的遗物显然是逝者的文字记述。继承人想知道的是:先人有何遗愿?有何遗嘱?哪些需要后人完成?还有什么遗产?有何重大债权、债务要处理?此所以"检三叔旧记"也。如若张謇不是三叔的嗣子,私密性极大的关键"旧记",只可能传到其他承继者的手上,而不可能由张謇得到。

这里需要特别指出的是,张謇后来在南通城建筑自己居住的建筑群濠阳小筑、曼寿堂、因树斋等(现已整理修缮为张謇纪念馆)处的地基,正是当年三叔的住宅所在,换言之,张謇继承了三叔的宅基遗产。张謇建造之时离三叔的离世不过二十年,其中蕴含的继承关系完全在情理之中。而且,张謇之建筑,又明确表达了纪念三叔的意愿。

张謇关于三叔居处的诗写得很早,第一首"题壁"诗,据张謇生前印行编年的《张季子诗录》,笔者认定在光绪元年左右,甚至

是更前的冒籍案时期（同治末期），另一首则是民国早期的。今只录第二首于下：

重题药王庙壁 有序

庙为清乾隆朝处士陈若虚实功建（旧州志失载），陈善医。庙与家隔一墙耳，祀神农，秦越人扁鹊卢医；及汉张机，晋王叔和，梁陶贞白，唐孙思邈、刘元素，宋缪仲淳，元朱丹溪、李东垣、汪石山，明薛立斋十人。

旧闻医士构，曾与叔家邻。（张自注：清咸丰朝，叔茂华买陈宅居之）

本草尊炎帝，香花主越人。

欲恢孤瑟奏，谁被十龛尘。

爱甚鸡栖树，荒庭意自春。（民国五年八月十四日《日记》记作此诗）[1]

小序中"庙与家隔一墙"句之"家"，当初注释时未注意，撰文至此，遂恍然大悟，言"叔家"谓"家"，即自家，自己即嗣子。药王庙在南通濠河的北边，三叔家在药王庙的隔壁。濠河的北边，即濠河之"阳"，因此，张謇在此地建的住处谓"濠阳小筑"，并有跋文："濠阳小筑为留先叔父故居之纪念。……叔父始尝讳'寿'……欲寿者，古今人之所同也。汉《安世房中歌》言'世曼寿'，曼故有引而长之之义，乃取以名吾堂。"[2]此说"濠阳小筑"中"曼寿堂"就有纪念三叔的意思，因为三叔"张彭寿"中有"寿"，"曼寿"是"长寿"的意思。

---

[1] 徐乃为：《张謇诗编年校注》，上册，北京：中华书局，2021年，第479页。

[2] 张謇：《濠阳小筑曼寿堂跋》，李明勋、尤世伟主编：《张謇全集》，第六册，上海辞书出版社，第429页。

总之,张謇继承了三叔的遗产,并在遗产处建造了纪念三叔的堂舍。鲜明地表示着张謇与其三叔"出嗣入继"关系。

五、张謇有意遮隐此事之因揭示

张謇出嗣其三叔是铁一般的事实,不容置疑。但是,张謇对此事却是有意遮隐,研究者素未注意到。其一,自己编修的家谱不将此事载入,而在其三叔名下只写上"养子其彬";其二,光绪二十五年记载为三叔营葬的日记中,跨十一月与十二月两个月,对营葬过程作了详细的记述。但是,到了晚年自订年谱时,将此事全部抹去。

上引日记中,张謇这样写:(光绪二十五年十一月)九日,周厚卿(风水先生)来,与订相度三叔、亮侄及仁侄聘妇葬地。(十二月)二十日,题三叔、亮侄及仁祖聘妇祔庙神版。关于"亮侄与仁祖聘妇"丧事的只带到这两句,日记具体所写全为三叔营葬事宜。显然,为三叔营葬为主,为"亮侄、仁侄聘妇"治丧为副。但到了晚年的"自订年谱",竟只剩一句,在九月记事之末附上十一、十二月的事,"葬从子亮祖于金太夫人墓昭位",这表明张謇不愿意再提三叔的葬事了。

张謇有意遮隐此事,有深层原因。

第一,在"冒籍案"引发重大社会影响之后,不适合再有出嗣三叔之事宣示于世间。

从上文叙述中我们知道,张謇幼年出嗣三叔,犹"籍"在三叔家;而后来为考秀才而"寄籍",则"籍"在如皋张家。最后通过诉讼,"籍"从如皋张家回归父亲身边。而这次好不容易的"归籍",

是向通州知州与省学政"乃自递禀检举"(有自首意味),讲清情由,获得同情,而允许"归籍"。张謇的原文是:"再四思维,惟有检举求正,以端大本,至一衿之得失,不暇计矣"(《归籍记》),就是割去功名,也要归籍。

而且,通州知州孙云锦是这样判决的:先承认张謇出嗣如皋张的既成关系,由此判张謇出二十四银元(钱孙云锦出)给当抚养的已亡嗣父张铨之母陈媪,让嗣祖母陈媪同意放归张謇。(《归籍记》)既然张謇的那次出嗣与归籍惊动官府,闹出极大的动静,如何能再将出嗣三叔的事情宣示于世间?岂非出嗣于三叔,再出嗣与如皋张家,回归于自家,再回复三叔家,出尔反尔,岂不为世人所诟病?于是,张謇一家将此事遮隐。

第二,从家族中说来,张謇显然是四兄弟中的佼佼者,尤其得到南通海门的一批重要官员与师友高度赞赏与热诚相助(详《归籍记》),虽然其时只是秀才,此后的前程自然大可看好。然而,如此有出息的"麟儿"却被出嗣,自是遗憾,通过这场风波,此时亲生父母自然心生不舍之意,再说此刻又有了遮隐此事的合适的理由;而从三叔说,遮隐的理由也是为嗣子张謇的前程,于是就不再坚持这一嗣子"名分",但盼能有嗣子"实质"。相信其时张謇必有郑重的"送终营葬、忌日烧经、四时祭祀"的嗣子之责的承诺。

第三,张謇出嗣三叔关系的转折在"冒籍案"审结后归宗这一节点,而《张謇全集》的所有文字大凡形成于这一节点之后。张謇的日记始记于同治十二年九月,正是此案刚刚结束。张謇此后的文字,当然与三叔家调整嗣继关系的说法保持一致。因此,包括家谱在内,张謇的出嗣情状,不再出现。

第四,还有一个重要之点是心理的,即每一个人都有"认祖归宗"的情结。作为嗣子的张謇,生活在生父家,而不是嗣父三叔家,感情就偏于生父。生父又极精明强势,三叔年老时又有神经病,到晚年不愿再提此事了。假如三叔是翁同龢、夏同善、赵彭渊一样的高官名师,这自然会是另一种情状。

再说,张謇家祖上的嗣继关系,也是如此:祖父张朝彦答应吴圣揆生子祧吴,结果翻悔;吴圣揆为外孙张彭年另聘金氏,"命生子为吴后者",也未实行。金氏头胎吴庆华溺殇,不去说他;张謇只生一个儿子张孝若,也就罢了;张詧生了六个儿子,有姓吴的吗?没有!泛看社会上的嗣继现象,大多都在一两代后"认祖归宗"了。吴圣揆的两次努力,均未如愿,遑论其他。三叔能有张謇实质上的"送终营葬,岁时祭祀",已经满足,何论名分焉?

六、揭三叔后来的养子张其彬之谜

此前素未有人发现或提出张謇出嗣其三叔之事,重要的原因即是《常乐支谱》中三叔名下有养子张其彬的存在。既然有养子,就想当然地以为不会再有嗣子。于是,便没有人想到张謇与其三叔的嗣继关系。

其实,生子而养子,嗣子而养子,在社会生活中广泛存在,即张謇编修的《常乐支谱》中就有不少这样的例子:

> 张謇生了儿子怡祖(即张孝若),又领养两个儿子佑祖与襄祖;

> 张詧生有六子而又有养子豫祖；
>
> 张詧子张仁祖生一子缵武而又领养二子嘉武与扬武；
>
> 张詧子张亮祖兼祧了侄子缵武，又养一子延武……

因此，三叔先选嗣张謇，再领养其彬是完全可能的——而且是必然的，因为大概率恰是张謇叫三叔再领养其彬的。

我们先宕开一笔——说说嗣子、继子、养子的宗法地位问题。我国宗法社会的核心，无论是邦国还是家族，都是父子间权杖、爵位、财产等的传承，继承者曰"承嗣子"，简称"嗣子"（此义项一）。"嗣"在《说文解字》谓："嗣，诸侯嗣国，从册，从口，司声。孠，古文嗣，从子。"其意义是从邦国到家族，应由"有司"（族长或长老）出口宣布选定嫡长子为继承者而记录在册。若没有儿子继承，就入嗣一个"嗣子"（此义项二），嗣的意思就是继承。入嗣是在亲兄弟而延伸至同宗兄弟之间的选择，以保持男权社会的父系血统；而过继的则可以放宽到亲属之间，领养的则可以是无血亲关系的。旧时有些宗族甚至规定，抱养非本宗小孩的养子，不得入宗谱。因此，在宗法地位上，是以嗣子→继子→养子作递降。

所以，张謇三叔领养其彬，并不影响张謇承嗣后的嫡长子地位。基于此，来研探其彬的种种：

一、领养其彬之因。作合理推测，张謇在结婚若干年而仍未有儿子出生，已觉得子嗣渺茫，乃向三叔主动进言：我入嗣本为延续子息，而我至今无儿，因请嗣父大人领养一儿，以继香火。而我嗣子的职责则一如既往，不变丝毫。

二、领养其彬之时。上限是光绪三年，此年张謇父亲庆寿，

"(张謇)随三叔贺严亲寿",若已领其彬(其彬小张謇八年),则有"余与其彬随三叔贺严亲寿"。领养的下限尚难以确定,但领养其彬时,其彬并非幼年。

三、其彬之来历。其彬的取名未从张彭年家的言字底"誉、謩、詧、謇、謷"排行,而是从张謇大伯祖张朝选仅有的两个孙子"其庭、其勤"的排行,这有深意。首先,请千万别认为"其彬"即是伯祖家的裔孙,是"其庭、其勤"的弟弟,因为其庭、其勤的父亲,即大伯祖朝选的独生子"绳成"卒于咸丰八年;"其彬"生于咸丰十一年,其时未到世间,且二伯祖朝余无子。因此,其彬不是张氏血缘宗亲,而是其他形式的,譬如朝彦女儿家、三叔内兄弟姊妹家的等等。

而之所以取名从伯祖家的"其"而不从自家的"言"字底,当是彭年、彭寿两兄弟商量后而有意为之。就表明张謇仍是嗣子,如入嗣二叔家的张謷一样,名字不变,嗣子的身份不变;"其彬"则从堂兄弟,鲜明地表明在宗法地位上,张謇高于其彬。

明乎此,一些疑难问题就得以很好地解释:

上文说及张謇主持三叔葬礼的叙述中,为什么不见其彬的踪影?因为据之宗法,同姓血亲的嗣子的地位高于养子,张謇此时已是状元,故由张謇主持。其次,张謇谓迎养三叔至自己家中十余年,应当连其彬也一起迎进。可见,其彬或是身体孱弱,或是能力有限;不仅养父,就是自己的生活都倚靠张謇。

关于张謇后来继承三叔的宅基而修建住宅,不见有其彬的份儿,应当是这样的,张謇实际上是负责了其彬的生活。而张謇做大了事业,需要三叔的地基造住宅,当然会给其彬以富足的生活保障。

光绪三十四年,张謇发妻徐夫人逝世,张謇发布了具有讣告并治丧性质的《徐夫人丧帖》,这是其彬在《张謇全集》中唯一出现的一次。今将"丧贴"后的署名移录于下:

杖期	夫	张謇						抆泪稽首
	哀子	怡祖						泣血稽颡
期服	侄	仁祖 亮祖 承祖 念祖 慰祖 翼祖						抆泪稽首
功服	侄孙	祥武 修武 绥武 劲武 伟武 延武 景武						
								抆泪稽首
功服	夫兄	謇						抆泪稽首
缌麻服	夫弟	彬						拭泪顿首
缌麻服	侄	祖续 祖荫						拭泪顿首
袒免	侄孙	开武 休武 隆武 安武 通武						拭泪顿首
护丧功服	夫兄	誉						抆泪稽首①

第七行中"彬",当即"其彬",帖中直称"夫弟彬",与"夫兄謇、夫兄誉"处同样的地位,且紧挨并立在张謇之后。固然,丧服有区别:张謇、张誉是"功服",而其彬是"缌麻服",逊一等。其区别在于,徐夫人是大伯父为儿子张謇娶的媳妇,从这点说,徐夫人是其彬的堂嫂;若据嗣继的另一种礼俗——"兼祧双娶"(俗称两头大),即徐夫人若是嗣父三叔这边为张謇另娶的媳妇,其彬则取得与张謇、张誉完全等同的地位。

《常乐支谱》载,其彬生有一子祖佩,其三叔有后,张謇就不再操这个心了,于是其彬在《张謇全集》中不再出现了。

那个时代违碍多,避忌多,婉曲的说法也多,文字的背后往

---

① 本书《徐夫人丧贴》,第309页。

往另有真相;因此,张謇的身世是研究的薄弱环节之一。身世研究看似无关人物之本质形象,无关时代之宏大主题,但是研究总是相通的,触类旁通便或有新的发现。退一步说,还原历史的真相,总还是必要的。更退一步说,至少在研究方法的探析与总结上,也或有助益。

图书在版编目(CIP)数据

张謇自叙传谱辑注 / 徐乃为辑注. -- 上海：上海
古籍出版社，2025.5. -- ISBN 978-7-5732-1581-9

Ⅰ.K825.38

中国国家版本馆CIP数据核字第2025MV7059号

张謇自叙传谱辑注

徐乃为　辑注

上海古籍出版社出版发行

(上海市闵行区号景路159弄1-5号A座5F　邮政编码201101)

(1) 网址：www.guji.com.cn

(2) E-mail：guji1@guji.com.cn

(3) 易文网网址：www.ewen.co

苏州市越洋印刷有限公司印刷

开本850×1168　1/32　印张12.625　插页2　字数273,000

2025年5月第1版　2025年5月第1次印刷

ISBN 978-7-5732-1581-9

K·3841　定价：62.00元

如有质量问题，请与承印公司联系